초등 국어 문해력

- 독해 3원리가 적용된 지문 써머리 학습
- 초등 교과 수업의 이해를 돕는 풍부한 글감 학습
- 문해력 향상을 위한 초등 필수 어휘 학습

워크북 | 자기 주도형 심화 학습 노트

1 단계
기본편

초등 1·2학년

이투스북

똑똑 초등 국어 문해력 시리즈 (6종)

3가지 독해 원리를 바탕으로 문해력을 기르는 훈련을 해 보세요.

	1단계	2단계	3단계
기본편			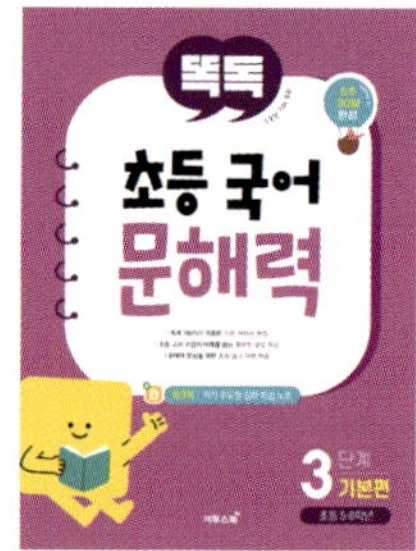
	난도 up	난도 up	난도 up
실력편			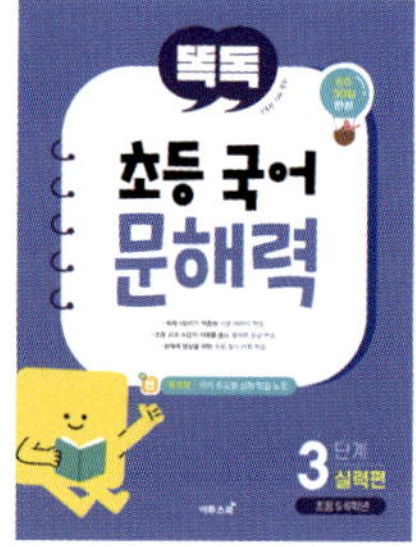
	초등 1·2학년군	초등 3·4학년군	초등 5·6학년군

똑똑 초등 국어 문해력 시리즈 독해 3원리

STEP 1
핵심 내용 정리하기

글의 글감을 확인하고,
문장의 중요한 정보들이
무엇인지 살펴봅니다.

STEP 2
짜임 이해하기

문단 간의 관계를 통해
한 편의 글이
어떤 짜임을 갖추고
있는지 확인합니다.

STEP 3
내용 요약하기

글 전체의 내용을
한두 문장의 짧은 글로
요약하여 표현할 수
있도록 훈련합니다.

초등 국어 문해력

1단계 | 기본편

초등 1·2학년

STAFF

발행인 정선욱
퍼블리싱 총괄 남형주
개발 김태원 김한길 신영한 박수빈 김성준 육인선 민소희 권민경
기획·디자인·마케팅 조비호 김정인 강윤정
유통·제작 서준성 신성철

똑독 초등 국어 문해력 1단계 기본편 202209 초판 1쇄 202410 초판 3쇄

펴낸곳	이투스에듀(주) 서울시 서초구 남부순환로 2547
전화	1599-3225
등록번호	제2007-000035호
ISBN	979-11-389-1046-0 [53700]

· 이 책은 저작권법에 따라 보호받는 저작물이므로 무단전재와 무단복제를 금합니다.
· 잘못 만들어진 책은 구입처에서 교환해 드립니다.

똑똑 초등 국어 문해력

똑독이의 학교 시험은…

친구들 만날 생각에 신이 나서 학교까지 뛰어간 똑독이.
'아, 오늘 국어 단원 평가 보는 날이구나.'
'어쩔 수 없지. 영어도, 수학도 아닌 국어인데, 뭘.'
문제를 몇 번을 읽어도 무엇을 물어보는지 모르겠다.
한참을 고민하며 몇 글자 끄적이다가 결국엔 연필을 내려놓았다.
단원 평가가 끝나고 선생님이 똑독이를 부르셨다.
"똑독이는 글자도 잘 읽고 대답도 잘하는데,
글의 의미를 파악하고 어떤 답을 요구하는지 잘 몰랐나 보구나."
'열심히 풀려고 했는데, 무슨 말인지 알 수가 없더라고요.'

똑독이와 같은 학생에게 필요한 것이 바로 문해력입니다.

문해력은 '글을 읽고 내용을 정확히 이해하고 판단하는 능력'을 말합니다.
문해력을 갖추려면, 낱말의 의미를 익히고 문장과 문단의 내용을 바탕으로
전체 글의 내용을 정확하게 이해하는 연습을 반복해야 합니다.
똑독 초등 국어 문해력 시리즈는
어휘 학습, 문장 독해, 문단 독해, 지문 독해에 대해 해법과
자신의 생각을 표현하는 능력을 길러 주는 문해력 향상 훈련서입니다.

구성과 특징

글을 읽는 방법을 익히고 배우는

똑독 초등 국어 문해력 기본편

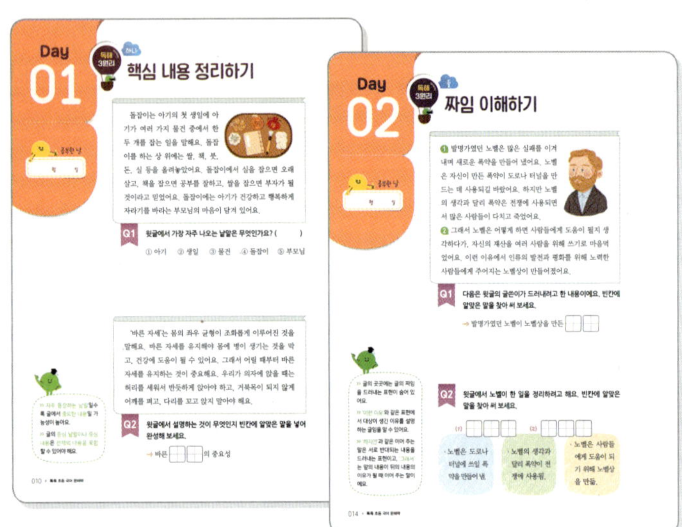

1 원리를 배우는 문제 풀이

다양한 문제 풀이를 통해 독해력을 기르는 데 필요한 기본 원리 3가지를 학습할 수 있어요.

2 원리를 알려 주는 도움말

문제 속에 담긴 독해 원리를 쉽고 명확하게 이해할 수 있어요.

3 통합 학습

Day 01~03에서 배운 독해 원리를 종합하여 지문에 적용하는 연습을 해 볼 수 있어요.

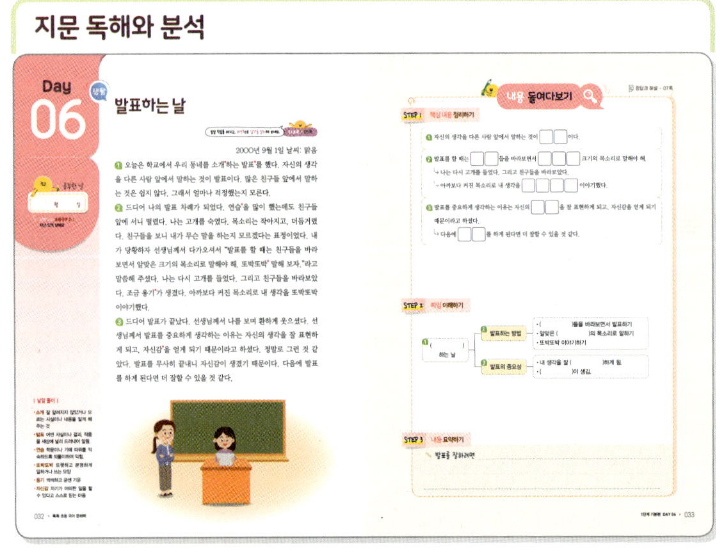

1 지문 독해

생활, 사회, 과학, 예체능, 융합, 문학 등 다양한 분야의 재미있고 유익한 정보들을 읽을 수 있어요.

2 내용 들여다보기

독해 3원리에 따라 지문의 내용을 단계별로 완벽하게 분석하고 정리하는 연습을 반복적으로 할 수 있어요.

문제로 확인하기

학교 시험이나 수능에서 출제되는 원리와 유형에 따라 문제를 구성하였어요. 문제 풀이를 통해 이해력과 사고력, 문제 해결 능력을 기를 수 있어요.

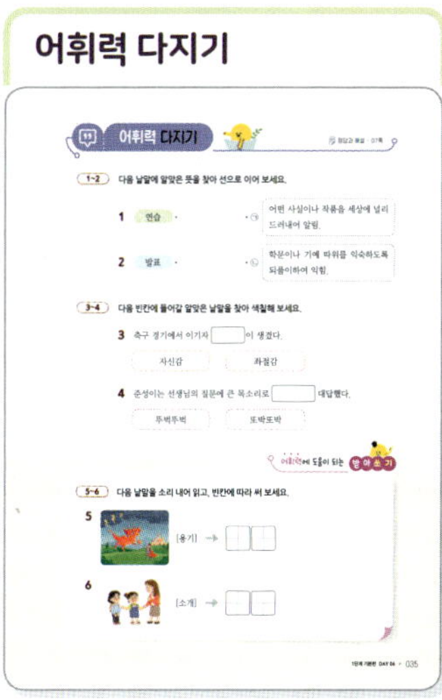

어휘력 다지기

- 앞에서 지문을 읽으면서 학습한 낱말의 의미와 쓰임을 재미있는 문제를 통해 재확인할 수 있어요.
- 그림을 보고 지문 속 낱말을 따라 쓰는 받아쓰기를 하면서 낱말을 익힐 수 있어요.

정답과 해설

- '내용 들여다보기'의 답안을 한눈에 확인할 수 있어요.
- '문제로 확인하기'와 '어휘력 다지기'의 정답을 확인하고 정답의 이유를 알기 쉽게 이해할 수 있어요.

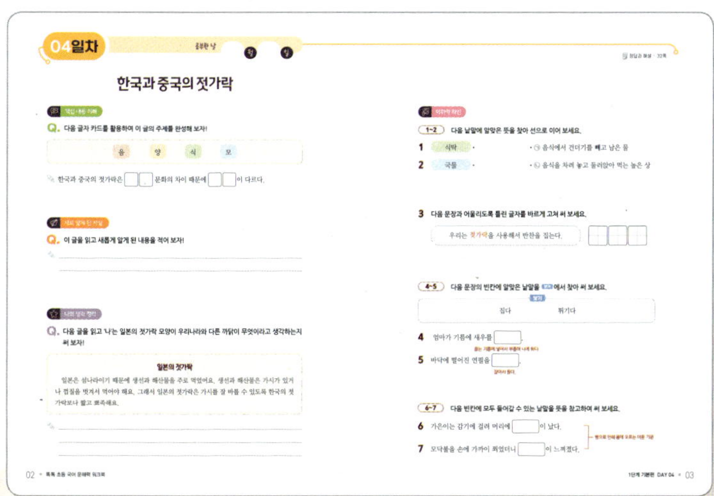

워크북 자기 주도형 심화 학습 노트

- 일차별 지문에 대한 핵심 내용을 정리하고, 새로 알게 된 사실과, 자신의 생각을 노트에 정리해 보세요.
- 재미있는 문제 풀이로 자신의 어휘력을 테스트해 보세요.

이 책의 차례

똑독 초등 국어 문해력의
써머리 학습법과 효과

---

step 1 핵심 내용 정리하기

지문에서 중요한 정보를 담은 문장들만을 뽑아 글의 흐름이 보이도록 정리했어요.

- 지문을 참고하여 빈칸을 채워 가며 핵심 내용만을 다시 한번 읽어 보세요.
- 지문의 흐름을 나타내는 말, 이어 주는 말 등을 중심으로 내용의 흐름을 한눈에 확인해 보세요.

핵심 내용 정리하기

❶ 인류는 오랜 시간을 살아오면서 다양하고, 많은 문화유산을 남겼어요.
 ↳ 함께 봐야 한다는 생각으로 ☐☐☐☐☐☐ 을 정하게 되었어요.
 ↳ 우리나라에 있는 세계 문화유산 중 하나는 ☐☐☐☐ 이에요.

❷ 수원 화성은 시설물의 모양이 ☐☐ 하고, 동양과 서양의 군사 이론이 잘 조화된 건물이에요. 또 ☐☐ 의 공격을 막는 데 효과적인 성이기도 해요.
 ↳ 이러한 특징 때문에 수원 화성은 세계 문화유산으로 뽑혔어요.

❸ 조선 시대 때 정조가 만든 수원 화성은 조선 시대의 ☐☐ 이 얼마나 발전했는지를 알 수 있는 성이에요.
 ↳ 정약용이 발명한 ☐☐☐ 를 이용해 큰 돌들을 들어 올려, 안전하게 성을 쌓았어요.

---

step 2 짜임 이해하기

문단과 문단의 관계와 구성을 이해할 수 있게 구조도로 나타냈어요.

- 빈칸을 채워 가며 각 문단의 소주제를 확인해 보세요.
- 각 문단의 기능과 역할을 중심으로 전체 구조를 이해해 보세요.

짜임 이해하기

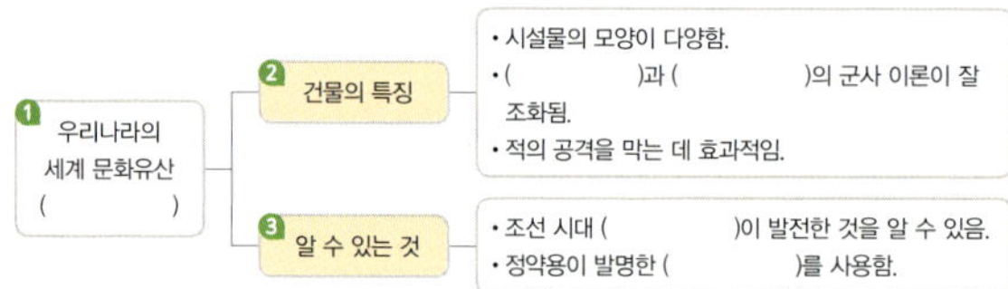

---

step 3 내용 요약하기

지문 전체의 내용을 짧은 한두 문장으로 간추려 써 볼 수 있도록 했어요.

- 지문의 내용을 자신만의 말로 짧게 간추려서 요약 내용을 완성해 보세요.

내용 요약하기

✎ 우리나라의 세계 문화유산인 수원 화성은

문해력을 기르는 독해 3원리

Day 01	하나	핵심 내용 정리하기
Day 02	둘	짜임 이해하기
Day 03	셋	내용 요약하기
Day 04	통합 1	한국과 중국의 젓가락
Day 05	통합 2	어떻게 만든 발명품일까?

핵심 내용 정리하기

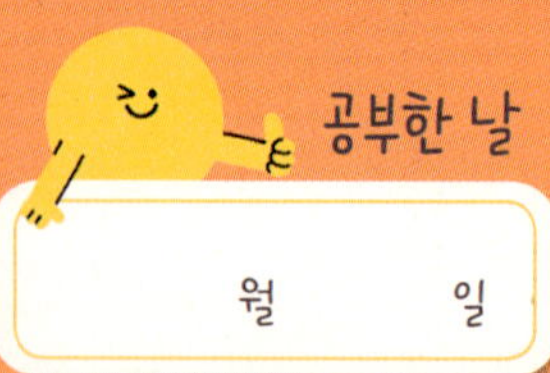

돌잡이는 아기의 첫 생일에 아기가 여러 가지 물건 중에서 한두 개를 잡는 일을 말해요. 돌잡이를 하는 상 위에는 쌀, 책, 붓, 돈, 실 등을 올려놓았어요. 돌잡이에서 실을 잡으면 오래 살고, 책을 잡으면 공부를 잘하고, 쌀을 잡으면 부자가 될 것이라고 믿었어요. 돌잡이에는 아기가 건강하고 행복하게 자라기를 바라는 부모님의 마음이 담겨 있어요.

Q1 윗글에서 가장 자주 나오는 낱말은 무엇인가요? (   )

① 아기 ② 생일 ③ 물건 ④ 돌잡이 ⑤ 부모님

'바른 자세'는 몸의 좌우 균형이 조화롭게 이루어진 것을 말해요. 바른 자세를 유지해야 몸에 병이 생기는 것을 막고, 건강에 도움이 될 수 있어요. 그래서 어릴 때부터 바른 자세를 유지하는 것이 중요해요. 우리가 의자에 앉을 때는 허리를 세워서 반듯하게 앉아야 하고, 거북목이 되지 않게 어깨를 펴고, 다리를 꼬고 앉지 말아야 해요.

>> 자주 등장하는 낱말일수록 글에서 중요한 내용일 가능성이 높아요.

>> 글의 중심 낱말이나 중심 내용은 전체의 내용을 포함할 수 있어야 해요.

Q2 윗글에서 설명하는 것이 무엇인지 빈칸에 알맞은 말을 넣어 완성해 보세요.

→ 바른 [ ][ ]의 중요성

　우리가 식탁에서 흔히 볼 수 있는 버섯은 채소가 아니라 곰팡이, 효모와 같은 균류에 속해요. 버섯과 식물은 둘 다 움직일 수 없기 때문에 옛날에는 버섯과 식물이 같은 종류라고 생각했어요. 하지만 식물은 햇빛을 받아 영양분을 만들고 버섯은 영양분을 만들지 못한다는 차이가 있어요. 놀랍게도 과학자들이 연구해 보니 버섯은 식물보다 동물에 가깝다고 해요.

Q3 윗글에서 설명하는 버섯의 특징을 나타내는 말을 보기 에서 모두 찾아 빈칸에 써 보세요.

보기

균류	동물	식물	햇빛
영양분	움직이지	종류	연구하지

(1) 버섯은 ☐☐에 속해요.

(2) 버섯은 ☐☐☐☐ 못해요.

(3) 버섯은 식물보다 ☐☐에 가까워요.

(4) 버섯은 ☐☐☐을 만들지 못해요.

>> 문장은 '무엇이 어찌하다.', '무엇이 어떠하다.', '무엇이 무엇이다.'와 같은 형태로 이루어져 있어요.

>> 문장에서 설명하는 대상은 '무엇이'에 해당하는 말이에요.

>> 문장에서 설명하는 대상의 행동이나 상태, 특징들은 '어찌하다', '어떠하다', '무엇이다'에 담겨 있어요.

　　문익점은 원나라에 갔다가 목화씨를 붓에 숨겨 우리나라에 들여왔어요. 고려 시대 당시 우리나라에서는 백성들이 모시와 삼베로 만든 옷을 입고 겨울이면 추위에 시달렸어요. 문익점은 목화씨를 남쪽 지방에서 잘 키워서 목화 실을 뽑아내었어요. 그때부터 우리 백성들은 무명으로 따뜻하고 부드러운 옷을 지어 입고 따뜻한 겨울을 지내게 되었어요.

Q4 윗글에서 문익점이 우리나라로 들여온 것은 무엇인가요? (　　　　)

① 실　　　　② 삼베　　　　③ 무명　　　　④ 모시　　　　⑤ 목화씨

　　여러 나라들이 전쟁을 치른 2차 세계 대전이 끝날 무렵, 세계 각 나라의 지도자들은 인류가 다시는 전쟁을 겪지 않기를 원했어요. 그래서 전쟁, 가난, 기후 변화, 전염병 등의 문제를 각 나라들이 협력하여 해결하기 위해서 국제 연합을 만들었어요. 국제 연합에는 어린이를 돕는 유니세프, 교육과 과학을 위해 협력하는 유네스코 등이 있어요.

Q5 윗글의 '국제 연합'에서 해결하는 문제를 보기 에서 찾아 그 기호를 모두 써 보세요.

(　　　　　　　)

보기
㉠ 가난　　　　　㉡ 기후 변화
㉢ 전염병　　　　㉣ 각 나라의 정치

까치밥은 늦가을에 감나무에서 감을 딸 때, 까치나 다른 새들이 먹으라고 남겨 두는 감을 말해요. 까치가 울면 반가운 손님이 온다는 말이 있을 정도로 우리 조상님들은 까치를 좋은 소식을 전해 주는 새로 여겼고,  그래서 보답의 뜻으로 열매를 남겨 놓았다고 해요. 배고픈 새들을 배려해서 까치밥을 남겨 두는 조상님들의 마음이 아름다워요.

Q6 다음 빈칸을 채워 까치밥을 남겨 둔 이유가 무엇인지 써 보세요.

→ 까치밥은 ☐☐나 다른 새들이 ☐☐☐☐☐ 남겨 두는 것이에요.

놀이터나 바닷가에 있는 반짝이는 모래는 어떻게 만들어졌을까요? 모래는 바위와 돌이 깨지면서 생기는 아주 작은 조각이에요. 또 산호나 조개껍데기가 부서져서 모래가 되기도 해요. 모래의 빛깔은 모래가 원래 어떤 물질이었는지에 따라 달라져요. 하  얀 모래는 석영 같은 광물이나 산호, 조개껍데기였을 것이고, 검은 모래는 현무암 같은 바위였을 거예요.

Q7 윗글에서 모래가 되기 전에 원래 물질이었던 것을 모두 써 보세요.

(1) ☐☐☐   (2) ☐☐

(3) ☐☐☐☐☐☐   (4) ☐☐☐

독해 3원리 · 둘

짜임 이해하기

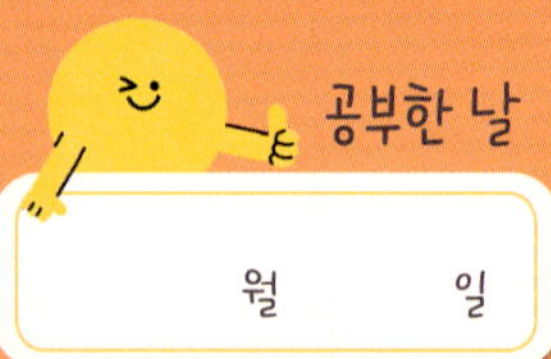

❶ 발명가였던 노벨은 많은 실패를 이겨 내며 새로운 폭약을 만들어 냈어요. 노벨은 자신이 만든 폭약이 도로나 터널을 만드는 데 사용되길 바랐어요. 하지만 노벨의 생각과 달리 폭약은 전쟁에 사용되면서 많은 사람들이 다치고 죽었어요.

❷ 그래서 노벨은 어떻게 하면 사람들에게 도움이 될지 생각하다가, 자신의 재산을 여러 사람을 위해 쓰기로 마음먹었어요. 이런 이유에서 인류의 발전과 평화를 위해 노력한 사람들에게 주어지는 노벨상이 만들어졌어요.

Q1 다음은 윗글의 글쓴이가 드러내려고 한 내용이에요. 빈칸에 알맞은 말을 찾아 써 보세요.

→ 발명가였던 노벨이 노벨상을 만든 □□

>> 글의 곳곳에는 글의 짜임을 드러내는 표현이 숨어 있어요.

>> '이런 이유'와 같은 표현에서 대상이 생긴 이유를 설명하는 글임을 알 수 있어요.

>> '하지만'과 같은 이어 주는 말은 서로 반대되는 내용을 드러내는 표현이고, '그래서'는 앞의 내용이 뒤의 내용의 이유가 될 때 이어 주는 말이에요.

Q2 윗글에서 노벨이 한 일을 정리하려고 해요. 빈칸에 알맞은 말을 찾아 써 보세요.

[1] □□□   [2] □□□

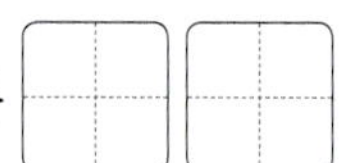

- 노벨은 도로나 터널에 쓰일 폭약을 만들어 냄.

- 노벨의 생각과 달리 폭약이 전쟁에 사용됨.

- 노벨은 사람들에게 도움이 되기 위해 노벨상을 만듦.

1 미세 먼지는 공기 중에 떠다니는 눈에 보이지 않을 만큼 작은 먼지를 뜻해요. 미세 먼지는 숨을 쉴 때 몸속으로 들어와서 우리 몸에 나쁜 영향을 줄 수 있어요.

2 미세 먼지는 연료를 태울 때 생기는 매연에서 발생하고, 쓰레기 소각장의 연기나 자동차의 배기가스 등에서도 생겨나요. 건설 현장에서 생기는 먼지나 중국에서 불어오는 황사도 미세 먼지의 원인이 돼요.

3 미세 먼지의 양은 계절별로 다른데, 봄에는 비가 많이 내리지 않기 때문에 미세 먼지가 많이 생기고, 여름에는 장마철에 비가 자주 오기 때문에 미세 먼지가 적어요. 가을에는 공기의 흐름이 빠르기 때문에 미세 먼지가 상대적으로 적고, 연료를 많이 쓰는 겨울에는 미세 먼지가 다시 많아져요.

Q2 윗글의 내용을 다음과 같이 정리했을 때, 빈칸에 들어갈 알맞은 말을 써 보세요.

미세 먼지란?

눈에 보이지 않을 만큼 □□ 먼지

미세 먼지의 원인

매연, 배기가스 등에서 발생함.

미세 먼지의 양

□□에 따라 달라짐.

Q3 윗글의 내용을 아래와 같이 간추릴 때, ㉮와 ㉯에 들어갈 알맞은 말을 써 보세요.

눈에 보이지 않을 만큼 작은 먼지인 ㉮ 는 매연이나 배기가스 등에서 발생하며, 계절에 따라 생기는 ㉯ 이 달라진다.

[1] ㉮ : □□□□

[2] ㉯ : □□

❶ 집이나 건물, 도로, 다리, 댐을 지을 때 꼭 들어가야 하는 재료가 있어요. 그것은 바로 콘크리트예요. 오늘날 도시를 콘크리트의 숲이라고 하는 이유이기도 하지요.

❷ 콘크리트는 시멘트와 자갈, 물을 섞어서 만들어요. 시멘트와 물을 섞으면 단단하게 굳어요. 단단하고 튼튼한 콘크리트는 이렇게 생겨나지요. 즉 접착제 역할을 하는 시멘트와 모래나 자갈과 같은 단단한 재료들을 한 덩어리로 만든 것을 콘크리트라고 해요.

❸ 또한 콘크리트에 넣는 자갈의 크기와 종류에 따라서 콘크리트는 더 단단해질 수 있어요. 시멘트가 굳을 때 열을 내는데, 자갈은 시멘트가 너무 뜨거워지는 것을 막아 주고 시멘트가 쩍쩍 갈라지는 것도 막아 주지요.

Q4 윗글의 내용으로 구조도를 그렸을 때, 빈칸에 들어갈 알맞은 말을 써 보세요.

콘크리트란?	자갈이 하는 일
☐☐☐ 와 자갈, 물을 섞어서 한 덩어리로 만든 것 →	콘크리트를 단단하게 해 주고 시멘트가 뜨거워지거나 갈라지는 것을 막음.

Q5 윗글의 내용을 아래와 같이 간추릴 때, 빈칸에 들어갈 알맞은 말을 써 보세요.

☐☐☐☐ 는 시멘트와 자갈, 물을 섞어서 한 덩어리로 만든 것입니다. ☐☐ 자갈은 콘크리트를 단단하게 해 주고 시멘트가 뜨거워지거나 갈라지는 것을 막아 줍니다.

❶ 한복은 우리나라의 전통 옷입니다. 고구려 벽화를 보면 남성과 여성이 모두 저고리에 해당하는 긴 윗옷과 바지나 치마를 입고 있습니다. 남성은 저고리와 바지, 여성은 저고리와 치마를 입고, 그 위에 예의를 갖추기 위해 두루마기를 더 입었답니다.

❷ 오늘날엔 중요한 행사가 있는 날에 한복을 많이 입는데, 색동옷과 같이 명절이나 결혼식에 입는 화려한 한복에는 화사하고 밝은 이미지를 좋아하는 한국인의 정서가 담겨 있습니다.

❸ 한복은 어떠한 몸매의 사람에게도 풍성하게 잘 맞습니다. 한복은 입은 사람에게 점잖고 엄숙한 분위기가 나타나게 합니다. 그리고 옷을 입은 모양에 따라 우아한 맵시가 드러나며, 그에 따라 생기는 주름은 한복의 아름다움을 보여 줍니다.

Q6 윗글의 내용으로 구조도를 그렸을 때, 빈칸에 들어갈 알맞은 말을 써 보세요.

- 한복은 저고리와 바지, 치마로 이루어진 한국의 전통 옷임.
- 한복에는 한국인의 ☐☐가 담겨 있음.

→ 한복은 우아한 ☐☐를 드러내는 아름다운 옷임.

Q7 윗글의 중요한 내용을 한 문장으로 알맞게 간추린 친구를 써 보세요. (   )

- **승원**: 고구려 벽화에는 한복을 입은 모습이 나타나 있습니다.
- **예은**: 한복은 오늘날에는 명절이나 결혼식 등 중요한 행사에서 많이 입는 옷입니다.
- **인희**: 한복은 한국인의 정서가 담겨 있는 전통 옷이며, 우아한 맵시를 드러내는 아름다운 옷입니다.

독해 3원리

통합

한국과 중국의 젓가락

공부한 날

월   일

1 한국과 중국은 밥을 먹을 때 젓가락을 사용해요. 젓가락은 음식을 집는 데 사용하는 도구예요. 하지만 한국과 중국의 젓가락은 모양이 조금 달라요. 두 나라의 젓가락이 어떻게 다른지 살펴볼까요?

2 한국의 젓가락은 보통 금속으로 되어 있고, 길이는 중국보다 짧아요. 한국의 젓가락을 금속으로 만드는 이유는 음식 문화와 상관있어요. 우리나라는 국물이 있는 음식이 많다 보니 음식을 집을 때 국물이 젓가락에 스며들지 않도록 금속으로 만들었어요.

3 반면에 중국의 젓가락은 보통 나무로 되어 있고, 우리나라보다 길어요. 중국은 음식을 식탁 가운데에 놓고 먹는 음식 문화가 있기 때문이에요. 멀리 있는 음식을 잘 집을 수 있도록 젓가락을 길게 만들었어요. 또 중국은 튀기거나 뜨거운 음식을 자주 먹어요. 그래서 열이 잘 전달되는 금속 대신 나무를 사용해서 젓가락을 만들었어요.

| 낱말 풀이 |

• **집다** 손가락이나 발가락으로 물건을 잡아서 들다.

• **도구** 어떤 일을 할 때 쓰는 연장을 통틀어 이르는 말

• **모양** 겉으로 나타나는 생김새나 모습

• **금속** 쇠, 구리, 금처럼 번들거리고 빛이 통하지 않으며 열과 전기를 통과시키는 성질이 있는 단단한 물질

• **이유** 어떠한 결론이나 결과에 이른 까닭이나 근거

• **스며들다** 속으로 배어들다.

1 이 글의 중심 낱말이 무엇인지 골라 ○표 해 보세요.

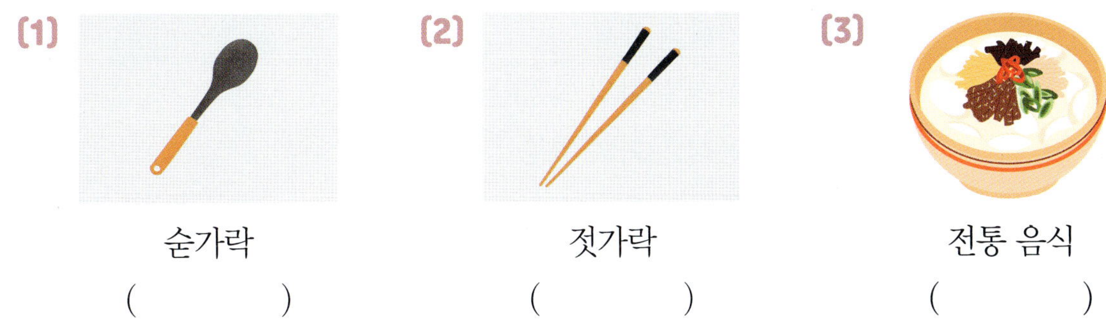

(1) 숟가락	(2) 젓가락	(3) 전통 음식
( )	( )	( )

2 글 ❷와 글 ❸의 관계를 알 수 있는 말을 찾아 써 보세요.

3 이 글의 내용을 아래와 같이 간추릴 때, ㉠과 ㉡에 들어갈 알맞은 말을 써 보세요.

한국	젓가락	중국
• 길이가 짧다. • (㉠)으로 만들었다.		• 길이가 길다. • (㉡)로 만들었다.

(1) ㉠

(2) ㉡

화제 파악 1 이 글에서 설명하지 <u>않은</u> 내용은 무엇인가요? (   )

① 한국 젓가락의 재료
② 중국 젓가락의 재료
③ 한국의 음식 문화의 특징
④ 중국의 음식 문화의 특징
⑤ 한국과 중국의 음식의 공통점

내용 이해 2 이 글을 읽고 한국의 젓가락과 중국의 젓가락의 차이점을 알맞게 말한 친구는 누구인가요? (   )

①

②

③

④

⑤

내용 추론 3 이 글에 나타난 한국의 젓가락과 중국의 젓가락 모양이 다른 까닭은 무엇인지 빈칸에 알맞은 말을 써 보세요.

→ 한국과 중국의 ☐☐ ☐☐ 가 다르기 때문이다.

1~2 다음 낱말에 알맞은 뜻을 찾아 선으로 이어 보세요.

1 집다 ・ ・㉠ 속으로 배어들다.

2 스며들다 ・ ・㉡ 손가락이나 발가락으로 물건을 잡아서 들다.

3~4 다음 문장의 빈칸에 들어갈 알맞은 낱말을 찾아 색칠해 보세요.

3 교실에는 청소할 때 쓰는 청소 □□□ 가 많다.

도구 　　　　 문구

4 혜진이가 나에게 화가 났는데 그 □□□ 를 모르겠다.

사과 　　　　 이유

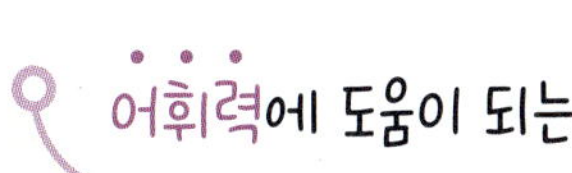

5~6 다음 낱말을 소리 내어 읽고, 빈칸에 따라 써 보세요.

5  [금속] →

6  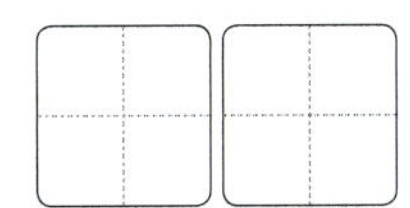 [모양] →

통합2

어떻게 만든 발명품일까?

1 우리가 사용하는 물건들 중에는 동물의 모습을 보고 만든 발명품이 많아요. 동물은 각자의 모습대로 살아가요. 사람들은 그걸 자세히 관찰해 우리 생활에 필요하고, 편리한 물건을 만들었어요.

2 동물의 모습을 관찰하고 만든 발명품으로 헬리콥터가 있어요. 헬리콥터는 잠자리를 보고 만들었어요. 잠자리는 빠르게 날다가도 마음대로 방향을 바꿀 수 있

어요. 그리고 하늘에서 멈춰 있기도 해요. 잠자리가 나는 모습을 자세히 보고, 헬리콥터를 만들었어요.

3 그리고 핀셋도 동물의 모습을 관찰해서 만들었어요. 핀셋은 도요새를 보고 만들었어요. 도요새의 부리는 길고 뾰족해요. 길고 뾰족한 부리로 갯벌에 숨은 먹이를 집어 먹어요. 도요새의 부리

모양을 보고 길고 끝이 뾰족한 핀셋을 만들어서 물건을 잘 집을 수 있게 했어요.

┃ 낱말 풀이 ┃

• **발명품** 아직까지 없던 기술이나 물건을 새로 생각하여 만들어 낸 것

• **관찰** 사물이나 현상을 주의하여 자세히 살펴봄.

• **편리** 편하고 이로우며 이용하기 쉬움.

• **방향** 무엇이 나아가거나 향하는 쪽

• **부리** 새나 짐승의 주둥이

• **갯벌** 바닷물이 드나드는 넓은 땅

원리로 확인하기

1 이 글의 중심 내용은 무엇인지 빈칸에 알맞은 말을 써 보세요.

> 헬리콥터와 핀셋은 ☐☐의 모습을 보고 발명했다.

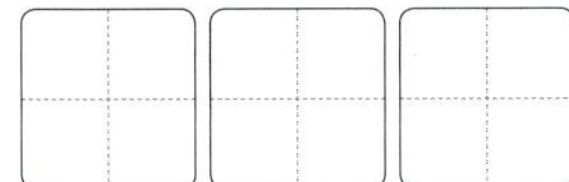

2 글 ❷와 글 ❸의 관계를 알 수 있는 말을 찾아 써 보세요.

☐☐☐

3 이 글의 내용을 다음과 같이 간추릴 때, ㉠과 ㉡에 들어갈 알맞은 말을 써 보세요.

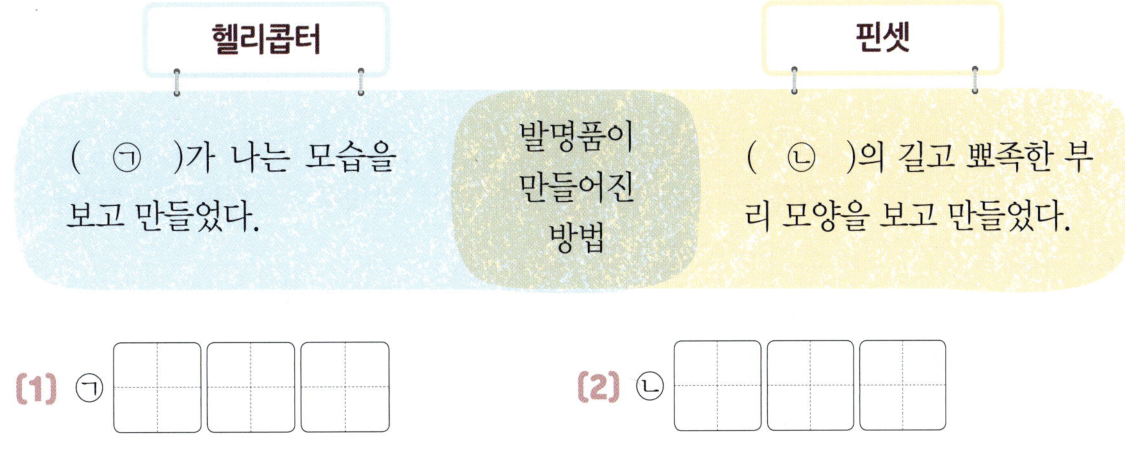

(1) ㉠ ☐☐☐

(2) ㉡ ☐☐☐

화제 파악

1 이 글에서 설명하는 것은 무엇인가요? (　　　)

① 세상에서 가장 비싼 발명품
② 세상에서 가장 유명한 발명품
③ 과일의 모습을 보고 만든 발명품
④ 동물의 모습을 보고 만든 발명품
⑤ 식물의 모습을 보고 만든 발명품

내용 이해

2 다음 그림은 무엇을 보고 만든 발명품인지 찾아 선으로 이어 보세요.

(1) 

· ⊙ 도요새의 길고 뾰족한 부리를 보고 만들었다.

(2) 

· ⓒ 잠자리가 나는 모습을 보고 만들었다.

내용 추론

3 다음 중 이 글을 보고 한 생각이 알맞지 <u>않은</u> 친구의 이름을 써 보세요.

(　　　)

· **가을**: 동물들의 특징을 잘 살펴보면 새로운 발명품을 만들 수 있을지도 몰라.
· **지윤**: 동물의 모습을 보고 만든 발명품은 사람들의 생활에는 필요하지 않아.
· **수호**: 사람들이 동물을 자세히 관찰했기 때문에 여러 가지 발명품을 만들 수 있었어.

1~2 다음 낱말에 알맞은 뜻을 찾아 선으로 이어 보세요.

1 방향 •

• ㉠ 무엇이 나아가거나 향하는 쪽

2 발명품 •

• ㉡ 아직까지 없던 기술이나 물건을 새로 생각하여 만들어 낸 것

3~4 다음 문장의 빈칸에 들어갈 알맞은 낱말을 찾아 색칠해 보세요.

3 전화기는 다른 사람과 쉽게 연락할 수 있는 ☐☐☐ 물건이다.

편리한   불편한

4 우리는 과학 시간에 올챙이가 개구리로 변하는 과정을 ☐☐☐ 기록했다.

발명해   관찰해

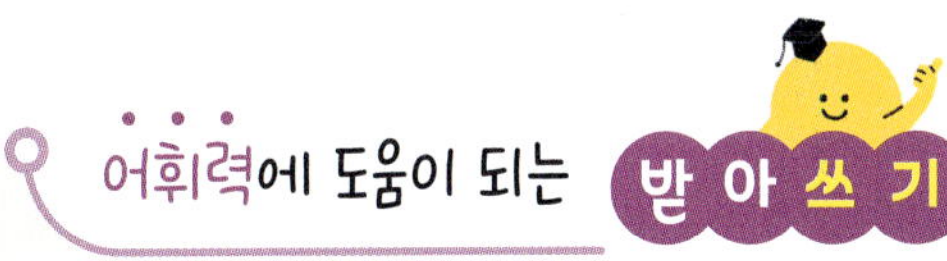

5~6 다음 낱말을 소리 내어 읽고, 빈칸에 따라 써 보세요.

5  [갯벌] ➡ ☐☐

6  [부리] ➡ ☐☐

운동화에 달린 벨크로는 어떻게 만들어졌을까?

우리가 운동화를 편하게 신고 벗게 해 주는 벨크로 테이프는 산우엉의 가시를 보고 만든 발명품이에요. 스위스의 메스트랄이 사냥을 다녀오는데, 옷에 산우엉의 가시가 붙어서 떨어지지 않았어요. 그 이유가 궁금해서 가시를 확대경으로 살펴보았더니 가시는 갈고리 모양이었어요. 그래서 메스트랄은 한쪽에 갈고리가 빽빽하게 있는 테이프를 만들어서 '벨크로'라고 이름 붙였답니다.

숟가락과 젓가락은 왜 받침이 다를까?

왜 숟가락은 'ㄷ' 받침이고, 젓가락은 'ㅅ' 받침일까요? 숟가락은 '밥 한 술, 두 술'할 때 '술'과 '가락'을 합해서 만든 말이에요. 두 말을 합하면 '술가락'이 되지요? 이때 '술'을 강하게 발음하면서 '술'이 '숟'으로 바뀐 거예요. 젓가락은 한자어 '저(箸)'와 '가락'을 합해 만든 말이에요. 그러니까 두 말을 합하면 '저가락'이 되지요. 이때 소리는 [저까락]으로 나니까 '저'와 '가락' 사이에 '시옷'을 넣어 주었어요. 조금 어렵지만 알고 보면 재미있는 우리말이랍니다.

백두산과 한라산은 어떻게 만들어진 화산일까?

백두산과 한라산 모두 화산 활동으로 만들어진 산이에요. 백두산의 천지와 한라산의 백록담은 용암이 솟아났던 분화구지요. 그런데 백두산은 솟아난 용암이 멀리 흐르지 않고 종처럼 볼록하게 쌓인 종상 화산이고, 한라산은 용암이 멀리까지 서서히 흐르며 완만하게 쌓인 순상 화산이라는 점이 다르답니다. 옆의 사진을 보면 한라산은 정말 넓찍하게 옆으로 퍼져 있지요?

2주

발표하는 날

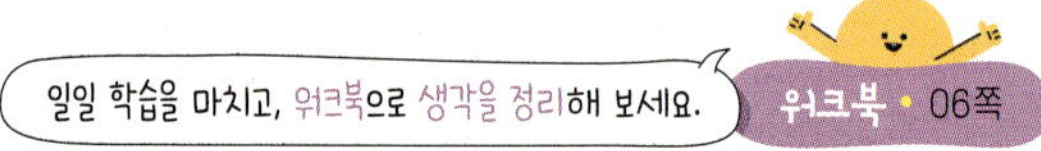

공부한 날

월   일

관련 교과 초등국어 2-1
자신 있게 말해요

2000년 9월 1일 날씨: 맑음

❶ 오늘은 학교에서 우리 동네를 소개°하는 발표°를 했다. 자신의 생각을 다른 사람 앞에서 말하는 것이 발표이다. 많은 친구들 앞에서 말하는 것은 쉽지 않다. 그래서 얼마나 걱정했는지 모른다.

❷ 드디어 나의 발표 차례가 되었다. 연습°을 많이 했는데도 친구들 앞에 서니 떨렸다. 나는 고개를 숙였다. 목소리는 작아지고, 더듬거렸다. 친구들을 보니 내가 무슨 말을 하는지 모르겠다는 표정이었다. 내가 당황하자 선생님께서 다가오셔서 "발표를 할 때는 친구들을 바라보면서 알맞은 크기의 목소리로 말해야 해. 또박또박° 말해 보자."라고 말씀해 주셨다. 나는 다시 고개를 들었다. 그리고 친구들을 바라보았다. 조금 용기°가 생겼다. 아까보다 커진 목소리로 내 생각을 또박또박 이야기했다.

❸ 드디어 발표가 끝났다. 선생님께서 나를 보며 환하게 웃으셨다. 선생님께서 발표를 중요하게 생각하는 이유는 자신의 생각을 잘 표현하게 되고, 자신감°을 얻게 되기 때문이라고 하셨다. 정말로 그런 것 같았다. 발표를 무사히 끝내니 자신감이 생겼기 때문이다. 다음에 발표를 하게 된다면 더 잘할 수 있을 것 같다.

❘ 낱말 풀이 ❘

• **소개** 잘 알려지지 않았거나 모르는 사실이나 내용을 알게 해 주는 것
• **발표** 어떤 사실이나 결과, 작품을 세상에 널리 드러내어 알림.
• **연습** 학문이나 기예 따위를 익숙하도록 되풀이하여 익힘.
• **또박또박** 또렷하고 분명하게 말하거나 쓰는 모양
• **용기** 씩씩하고 굳센 기운
• **자신감** 자기가 어떠한 일을 할 수 있다고 스스로 믿는 마음

내용 들여다보기

STEP 1   핵심 내용 정리하기

❶ 자신의 생각을 다른 사람 앞에서 말하는 것이 ☐☐이다.

❷ 발표를 할 때는 ☐☐들을 바라보면서 ☐☐☐ 크기의 목소리로 말해야 해.

↳ 나는 다시 고개를 들었다. 그리고 친구들을 바라보았다.

↳ 아까보다 커진 목소리로 내 생각을 ☐☐☐☐ 이야기했다.

❸ 발표를 중요하게 생각하는 이유는 자신의 ☐☐을 잘 표현하게 되고, 자신감을 얻게 되기

때문이라고 하셨다.

↳ 다음에 ☐☐를 하게 된다면 더 잘할 수 있을 것 같다.

STEP 2   짜임 이해하기

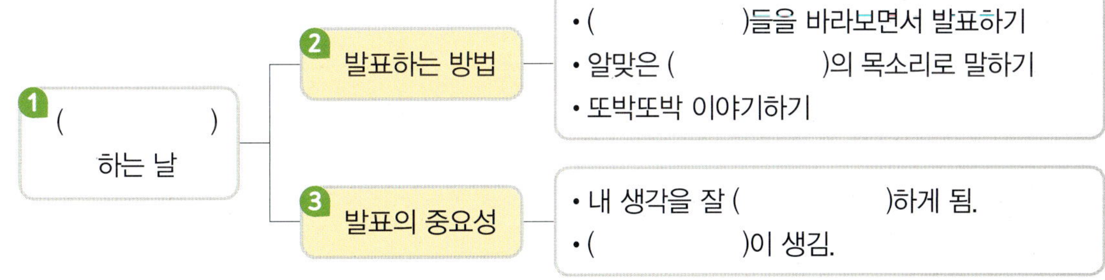

STEP 3   내용 요약하기

🖊 발표를 잘하려면

화제 파악 **1** 이 글의 글쓴이에게 있었던 일에 맞게 빈칸에 알맞은 말을 써 보세요.

> 나는 친구들 앞에서 우리 동네를 소개하는 (   )을/를 했다.

내용 이해 **2** 이 글의 내용으로 알맞지 <u>않은</u> 것을 모두 골라 보세요. (   )

① 발표를 할 때에는 또박또박 말해야 한다.
② 발표를 할 때에는 책을 보면서 해야 한다.
③ 발표를 할 때에는 친구를 바라보아야 한다.
④ 발표를 할 때에는 작은 목소리로 해야 한다.
⑤ 발표를 할 때에는 알맞은 크기의 목소리로 해야 한다.

내용 추론 **3** 이 글을 통해 알 수 있는 발표를 잘하면 좋은 점을 모두 찾아 ○표 해 보세요.

[1] 발표를 잘하면 인기가 많아진다. ──────── (   )
[2] 발표를 잘하면 자신감을 얻게 된다. ──────── (   )
[3] 발표를 잘하면 자신의 생각을 잘 표현하게 된다. ──── (   )

비판과 평가 **4** 다음 그림에서 발표하는 친구의 모습을 보고 고쳐야 할 점이 무엇인지 찾아 ○표 해 보세요.

[1] 발표를 할 때에는 조용한 목소리로 해야 한다.
──────── (   )

[2] 발표를 할 때에는 친구들을 바라보면서 해야 한다.
──────── (   )

1~2 다음 낱말에 알맞은 뜻을 찾아 선으로 이어 보세요.

1 연습 ·

· ㉠ 어떤 사실이나 작품을 세상에 널리 드러내어 알림.

2 발표 ·

· ㉡ 학문이나 기예 따위를 익숙하도록 되풀이하여 익힘.

3~4 다음 빈칸에 들어갈 알맞은 낱말을 찾아 색칠해 보세요.

3 축구 경기에서 이기자 [　　] 이 생겼다.

　자신감　　　　좌절감

4 준성이는 선생님의 질문에 큰 목소리로 [　　] 대답했다.

　뚜벅뚜벅　　　　또박또박

어휘력에 도움이 되는 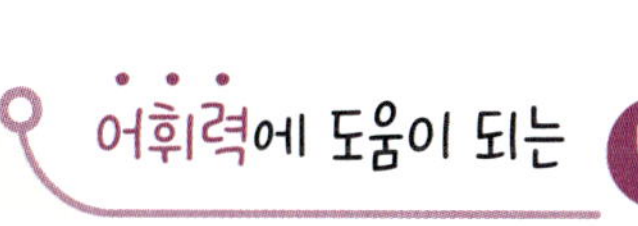 

5~6 다음 낱말을 소리 내어 읽고, 빈칸에 따라 써 보세요.

5  [용기] ➡

6  [소개] ➡

학교에서 지켜야 할 규칙

일일 학습을 마치고, 워크북으로 생각을 정리해 보세요. 워크북 • 08쪽

❶ 여러 사람이 '학교'라는 같은 공간에서 잘 지내기 위해서 규칙을 정하고, 지키도록 하고 있어요. 먼저 학교에서는 시간을 잘 지켜야 해요. 그래서 정해진 시간에 맞춰서 등교해요. 수업 시간과 쉬는 시간도 잘 지켜야 해요. 수업 시간에는 열심히 공부하고, 쉬는 시간에는 화장실에 다녀오거나 다음 수업 준비를 해요. 급식을 먹을 때도 마찬가지예요. 급식 시간이 끝나면 수업이 시작되기 때문에 정해진 시간에 맞춰서 밥을 먹고 정리해요.

❷ 다음으로 차례를 잘 지켜야 해요. 도서관에서 책을 빌릴 때, 급식실에서 밥을 먹을 때, 체육관에서 운동 기구를 사용할 때에는 먼저 온 순서대로 질서를 지켜요. 새치기를 하거나 줄을 서지 않으면 차례를 지킨 다른 친구들이 피해를 보게 돼요.

❸ 마지막으로 학교의 물건을 소중하게 다뤄야 해요. 교실에 있는 책상, 의자, 칠판, 도서관에 있는 책, 체육관에 있는 운동 기구 등은 혼자 사용하는 물건이 아니에요. 모두가 함께 쓰는 물건이기 때문에 낙서를 하거나 망가뜨리면 다른 사람이 사용할 때 불편함을 느껴요.

｜ 낱말 풀이 ｜

• **규칙** 여러 사람이 다같이 지키기로 정한 법칙

• **등교** 학생이 학교에 감.

• **질서** 혼란 없이 순조롭게 이루어지는 순서나 차례

• **새치기** 순서를 어기고 남의 자리에 슬며시 끼어드는 행동

• **피해** 생명, 신체, 재산, 명예 등에 손해를 입음.

• **망가뜨리다** 부수거나 찌그러지게 하여 못 쓰게 만들다.

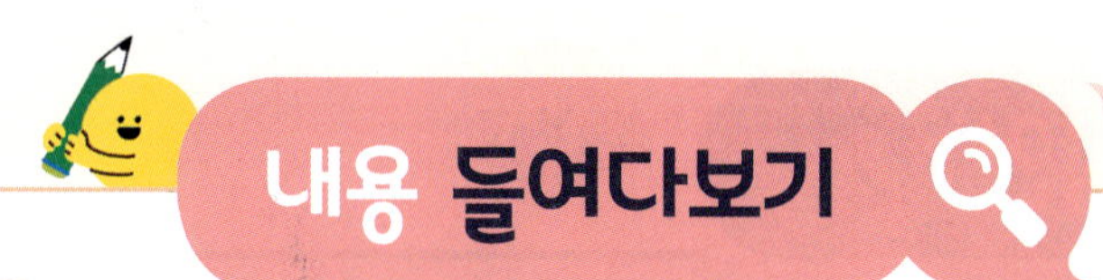

STEP 1 핵심 내용 정리하기

❶ 여러 사람이 '학교'라는 같은 공간에서 잘 지내기 위해서 ☐☐을 정하고, 지키도록 하고 있어요.

☐☐ 학교에서는 시간을 잘 지켜야 해요.

↳ 정해진 시간에 맞춰서 ☐☐ 해요.

↳ 수업 시간과 쉬는 시간도 잘 지켜야 해요.

↳ ☐☐을 먹을 때도 마찬가지예요.

❷ ☐☐☐☐ 사례를 잘 지켜야 해요.

↳ 도서관에서 책을 빌릴 때, 급식실에서 밥을 먹을 때, 체육관에서 운동 기구를 사용할 때에는 먼저 온 ☐☐ 대로 질서를 지켜요.

❸ ☐☐☐☐☐ 학교의 물건을 소중하게 다뤄야 해요.

↳ 교실에 있는 책상, 의자, 칠판, 도서관에 있는 책, ☐☐☐에 있는 운동 기구 등은 혼자 사용하는 물건이 아니에요.

STEP 2 짜임 이해하기

학교에서 지켜야 할 ( )

❶ 규칙 1: ( )을 잘 지켜야 함.

❷ 규칙 2: ( )를 잘 지켜야 함.

❸ 규칙 3: 학교의 물건을 ( ) 다뤄야 함.

STEP 3 내용 요약하기

✎ 학교에서 잘 지내기 위해서는

주제 파악 **1** 글쓴이가 이 글을 쓴 까닭으로 알맞은 것을 골라 ○표 해 보세요.

(1) 학교에서 무엇을 배우는지 알려 주려고 ⋯⋯⋯⋯⋯⋯⋯⋯⋯ (   )

(2) 학교에서 지켜야 할 규칙을 알려 주려고 ⋯⋯⋯⋯⋯⋯⋯⋯ (   )

(3) 학교에서 친구와 재미있게 지내는 방법을 알려 주려고 ⋯ (   )

내용 이해 **2** 이 글의 내용으로 알맞지 <u>않은</u> 것은 무엇인가요? (   )

① 학교에서는 차례를 지켜야 한다.

② 학교에서는 시간을 잘 지켜야 한다.

③ 학교에서는 새치기를 하면 안 된다.

④ 학교의 물건은 소중하게 다뤄야 한다.

⑤ 학교에서 급식을 먹을 때는 천천히 먹어야 한다.

내용 추론 **3** 이 글의 내용을 생각하며 빈칸에 들어갈 알맞은 말을 〈보기〉에서 찾아 써 보세요.

> **보기**
>
> 급식실   도서관   체육관

(1) (   )에서 책을 빌릴 때에는 차례를 지켜야 한다.

(2) (   )에서 밥을 먹을 때에는 시간을 지켜야 한다.

(3) (   )에서 운동 기구를 사용할 때에는 망가뜨리면 안 된다.

상황에 적용 **4** 다음 친구들 중에서 이 글에서 설명한 규칙을 잘 지키지 <u>못한</u> 친구의 이름을 써 보세요. (   )

• **주승**: 도서관에서 빌린 책에 낙서를 하지 않고 잘 읽었어.	• **서준**: 운동장에서 철봉을 하고 싶어서 줄을 서서 차례를 기다렸어.	• **재인**: 쉬는 시간에 노느라 수업 시간에 화장실을 다녀왔어.

어휘력 다지기

1~2 다음 뜻에 알맞은 낱말을 〈보기〉에서 찾아 써 보세요.

보기

| 재판 | 규칙 | 피해 |

1 여러 사람이 다같이 지키기로 정한 법칙 ─────────── ( )

2 생명, 신체, 재산, 명예 등에 손해를 입음. ─────────── ( )

3~4 다음 문장의 괄호 안에 어울리는 낱말을 골라 ○표 해 보세요.

3 줄을 서지 않고 (양보 / 새치기)를 하면 안 된다.

4 친구의 장난감을 (망가뜨리면 / 고쳐 주면) 안 된다.

어휘력에 도움이 되는 **받아쓰기**

5~6 다음 낱말을 소리 내어 읽고, 빈칸에 따라 써 보세요.

5 [질서] ➡

6 [피해] ➡

Day 08

다섯 가지 감각

공부한 날

월   일

관련 교과 안전한 생활 1-2
소중한 나

일일 학습을 마치고, 워크북으로 생각을 정리해 보세요. 워크북 • 10쪽

❶ 밖에서 오는 자극*을 알아차리는 것을 '감각'이라고 해요. 우리는 보고, 듣고, 냄새 맡고, 맛*을 보고, 감촉*을 느끼면서 여러 가지 자극을 느껴요. 우리가 느끼는 다섯 가지 감각을 오감이라고 해요. 오감에는 시각, 청각, 후각, 미각, 촉각이 있어요.

❷ 시각은 눈으로 보는 감각이에요. 우리가 눈으로 나무를 보면 눈에 있는 신경*을 통해 뇌*로 전달*되고, 뇌는 눈앞에 있는 것이 '나무'라는 것을 알게 되어요.

❸ 청각은 듣는 감각이에요. 우리가 듣는 소리는 공기를 통해 귀로 들어와요. 귓속으로 들어온 소리는 고막을 떨게 하고, 그 떨림이 뇌로 전달되면 뇌는 우리가 듣는 소리가 어떤 소리인지 알게 되어요.

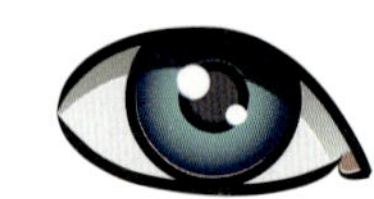

❹ 후각은 냄새를 맡는 감각이에요. 공기 중의 냄새들이 코로 들어와 후각 세포에 닿으면, 신경을 통해 뇌로 가서 뇌는 그 냄새가 어떤 냄새인지 알게 되어요.

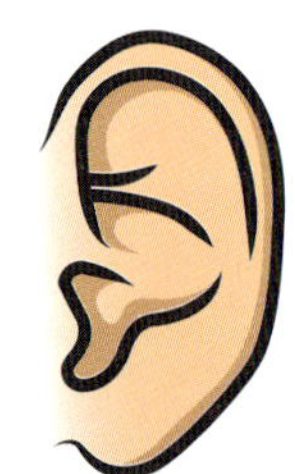

❺ 미각은 맛을 느끼는 감각이에요. 혓바닥에는 돌기들이 있어요. 우리가 먹는 음식은 혀의 오돌토돌한 돌기에 닿게 되고, 신경을 통해 뇌로 가서 뇌는 음식이 어떤 맛인지 알게 되어요.

❻ 촉각은 피부로 감촉을 느끼는 감각이에요. 우리의 피부는 뜨거움, 차가움, 아픔을 느낄 수 있어요. 손으로 뜨거운 물을 만지면 피부 속에 있는 세포는 뜨거움을 느끼고, 신경을 통해서 전달되면 뇌는 물이 뜨겁다는 것을 알게 되어요.

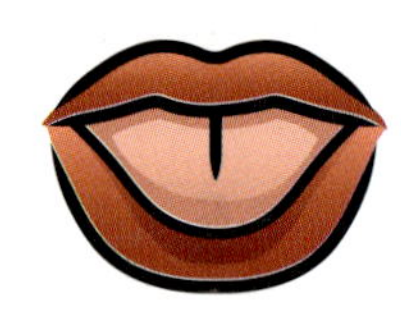

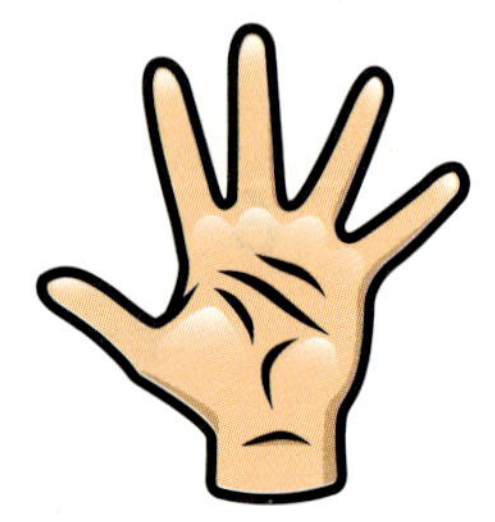

▎낱말 풀이 ▎

• **자극** 어떠한 작용을 주어 감각이나 마음에 반응이 일어나게 함.

• **맛** 음식을 혀에 댈 때에 느끼는 감각

• **감촉** 바깥의 자극이 피부 감각을 통해 전해지는 느낌

• **신경** 우리 몸 각 부분 사이에 필요한 정보를 전하는 역할을 하는 조직

• **뇌** 머리뼈 안에 있는 부분으로 운동을 조절하고, 감각을 느끼며, 말하고 기억하며 생각하고, 감정을 일으킴.

• **전달** 자극, 신호, 동력 따위가 다른 기관에 전하여짐.

내용 들여다보기

STEP 1 핵심 내용 정리하기

❶ 우리는 보고, 듣고, 냄새 맡고, 맛을 보고, 감촉을 느끼면서 여러 가지 자극을 느껴요.
↳ 우리가 느끼는 다섯 가지 감각을 ☐☐이라고 해요.

❷ ☐☐은 눈으로 보는 감각이에요.

❸ ☐☐은 듣는 감각이에요.

❹ ☐☐은 냄새를 맡는 감각이에요.

❺ ☐☐은 맛을 느끼는 감각이에요.

❻ ☐☐은 피부로 감촉을 느끼는 감각이에요.

STEP 2 짜임 이해하기

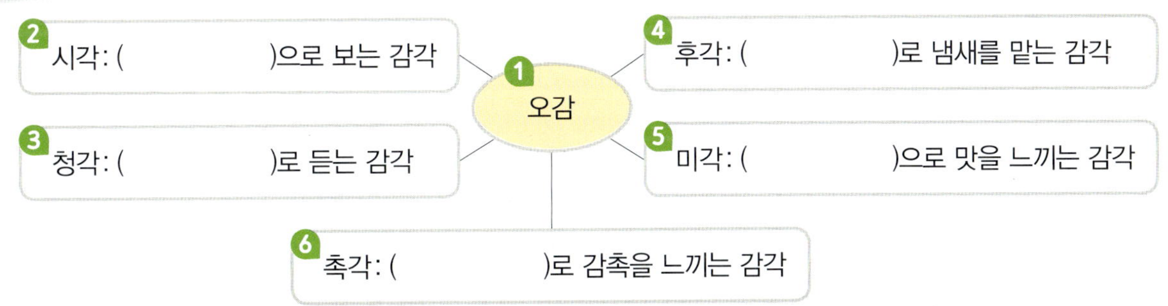

STEP 3 내용 요약하기

✎ 우리가 느끼는 다섯 가지 감각을 오감이라고 하고,

화제 파악 1 이 글을 읽고 다음 빈칸에 들어갈 알맞은 말을 보기 에서 찾아 써 보세요.

┌─────────────── 보기 ───────────────┐
│ 후각   시각   미각   청각   촉각 │
└──────────────────────────────────┘

(1) 눈으로 보는 감각 ────────────────── (   )

(2) 귀로 듣는 감각 ─────────────────── (   )

(3) 코로 냄새를 맡는 감각 ──────────────── (   )

(4) 입으로 맛을 느끼는 감각 ─────────────── (   )

(5) 피부로 감촉을 느끼는 감각 ─────────────── (   )

내용 이해 2 이 글의 내용으로 알맞은 것을 골라 ○표 해 보세요.

(1) 우리가 느끼는 다섯 가지 감각을 감촉이라고 한다. ──── (   )

(2) 우리가 느끼는 감각은 신경을 통해 뇌로 전달된다. ──── (   )

내용 추론 3 이 글을 읽고 알게 된 것으로 알맞지 <u>않은</u> 것을 골라 보세요. (   )

① 혓바닥에는 맛을 느끼는 돌기가 있다.

② 우리의 피부는 뜨거움만 느낄 수 있다.

③ 우리가 듣는 소리는 공기를 통해 귀로 들어온다.

④ 우리가 눈으로 보는 것은 신경을 통해 뇌로 전달된다.

⑤ 공기 중에 떠다니는 냄새들이 코로 들어와 후각 세포에 닿는다.

상황에 적용 4 이 글에 나타난 소리를 듣는 과정에 따라 빈칸에 알맞은 말을 써 보세요.

소리가 (   )을/를 통해 귀로 들어와요. → 귓속으로 들어온 소리는 (   )을/를 떨게 해요. → 떨림이 신경을 통해 (   )로 가서 어떤 소리인지 알게 되어요.

1~2 다음 낱말에 알맞은 뜻을 찾아 선으로 이어 보세요.

1 　자극　·

· ㉠ 어떠한 작용을 주어 감각이나 마음에 반응이 일어나게 함.

2 　신경　·

· ㉡ 우리 몸 각 부분 사이에 필요한 정보를 전하는 역할을 하는 조직

3~4 다음 문장의 빈칸에 들어갈 알맞은 낱말을 보기 에서 골라 써 보세요.

◀ 보기 ▶

- **감촉**: 바깥의 자극이 피부를 통해 전해지는 느낌
- **전달**: 자극, 신호, 동력 따위가 다른 기관에 전하여짐.

3 이불을 덮자, 부드러운 ☐ 이 느껴졌다.

4 전화기를 통해서 먼 거리로 음성 신호가 ☐ 된다.

5~6 다음 낱말을 소리 내어 읽고, 빈칸에 따라 써 보세요.

5 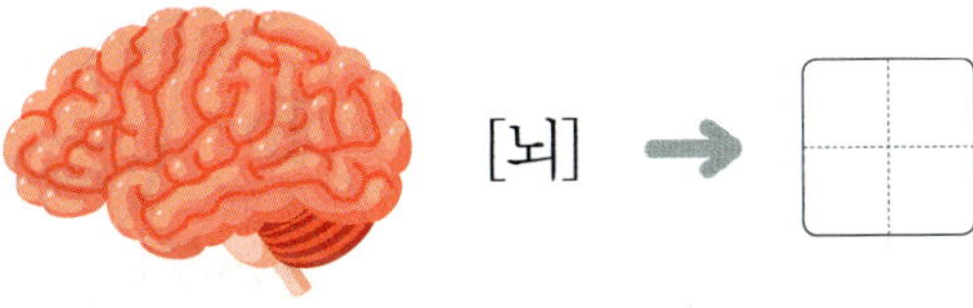 [뇌] ➡ ☐

6  [맛] ➡ ☐

예체능

반 고흐의 소중한 친구들

일일 학습을 마치고, 워크북으로 생각을 정리해 보세요.  워크북 · 12쪽

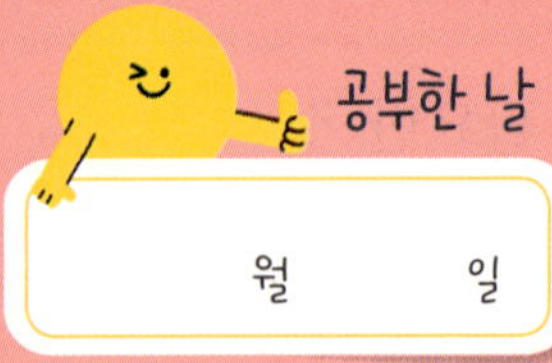
공부한 날
월   일

1 반 고흐는 네덜란드의 화가예요. 지금은 유명한 화가가 되었지만, 그가 살았던 때에는 그렇지 않았어요. 반 고흐는 가난하고 외롭게 살았어요. 그래서 다른 사람들의 도움을 많이 받을 수밖에 없었어요. 그를 도와준 친구들 덕분에 반 고흐의 그림은 유명해질 수 있었어요.

2 '테오'는 반 고흐의 동생이지만 가장 친한 친구이기도 했어요. 반 고흐가 그림을 그릴 수 있도록 물감을 살 돈을 보내 주었어요. 둘은 편지를 주고받으며 예술에 대한 생각을 나누었어요.

3 유명한 화가인 '고갱'도 반 고흐의 친구였어요. 반 고흐가 그린 〈해바라기〉는 고갱을 위해 그린 그림이었어요. 고갱은 반 고흐가 사는 도시에 와서 함께 살기도 했어요. 같이 그림도 그리면서 행복한 시간을 보냈어요. 하지만 같이 지내면서 의견 차이가 생겨 둘 사이는 멀어졌어요.

4 '룰랭'은 반 고흐가 낯선 도시에서 적응할 수 있게 도와준 친구예요. 가난한 반 고흐를 위해 모델이 되어 주기도 했어요. 룰랭은 반 고흐와 대화가 잘 통했어요. 고갱이 반 고흐 곁을 떠났을 때에도 룰랭은 반 고흐 곁에 든든한 친구로 남았어요.

┃ 낱말 풀이 ┃

• **화가** 그림을 그리는 것을 직업으로 삼는 사람

• **유명** 이름이 널리 알려져 있음.

• **외롭다** 홀로 되거나 의지할 곳이 없어 쓸쓸하다.

• **예술** 아름다움을 표현하려는 인간의 활동 및 작품

• **의견** 어떤 대상에 대하여 가지는 생각

• **낯설다** 전에 본 기억이 없어 익숙하지 않다.

내용 들여다보기

STEP 1 　핵심 내용 정리하기

❶ ☐☐☐는 가난하고 외롭게 살았어요.
↳ 그래서 다른 사람의 도움을 많이 받을 수밖에 없었어요.

❷ ☐☐는 반 고흐의 동생이지만 가장 친한 친구이기도 했어요.
↳ 반 고흐가 그림을 그릴 수 있도록 물감을 살 ☐을 보내 주었어요.
↳ 둘은 편지를 주고받으며 ☐☐에 대한 생각을 나누었어요.

❸ ☐☐도 반 고흐의 친구였어요.
↳ ☐☐☐☐는 고갱을 위해 그린 그림이었어요.
↳ ☐☐☐ 같이 지내면서 의견 차이가 생겨 둘 사이는 멀어졌어요.

❹ ☐☐은 반 고흐가 낯선 도시에서 적응할 수 있게 도와준 친구예요.
↳ 가난한 반 고흐를 위해 ☐☐이 되어 주기도 했어요.

STEP 2 　짜임 이해하기

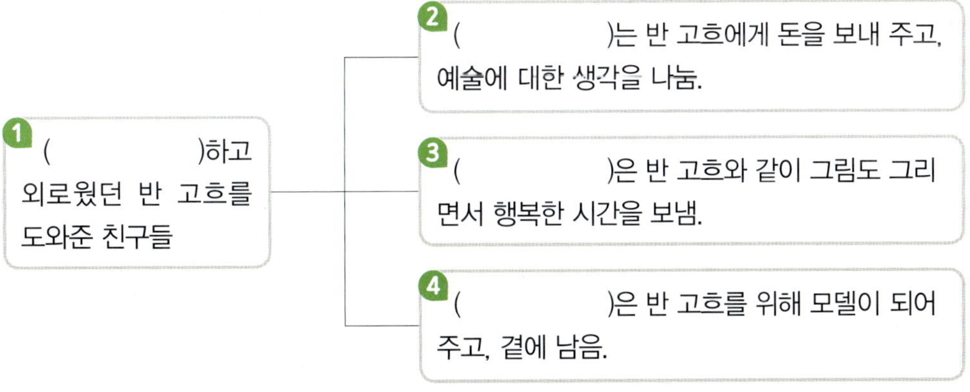

STEP 3 　내용 요약하기

✎ 가난하고 외로웠던 화가 반 고흐는 _______________________________

____

____

화제 파악 **1** 이 글은 무엇에 관한 내용인가요? (　　　)

① 반 고흐의 작품　　② 반 고흐의 아내　　③ 반 고흐의 고향
④ 반 고흐의 친구　　⑤ 반 고흐의 물감

내용 이해 **2** 이 글에서 반 고흐의 친구들이 한 일을 찾아 선으로 이어 보세요.

(1) 테오　•

(2) 고갱　•

(3) 룰랭　•

•㉠ 반 고흐가 사는 도시에 와서 함께 살면서 그림을 그렸다.

•㉡ 가난한 반 고흐를 위해 그림 모델이 되어 주었다.

•㉢ 반 고흐가 그림을 그릴 수 있도록 돈을 보내 주었다.

내용 이해 **3** 이 글에서 설명한 반 고흐에 대한 내용으로 알맞지 <u>않은</u> 것은 무엇인가요?
(　　　)

① 네덜란드의 화가이다.
② 다른 사람의 도움을 많이 받았다.
③ 고갱을 위해 〈해바라기〉를 그렸다.
④ 가난 때문에 그림 그리는 것을 포기했다.
⑤ 살아 있을 때는 가난하고 외로운 화가였다.

비판과 평가 **4** 이 글을 읽고 한 생각으로 알맞은 친구의 이름을 써 보세요. (　　　)

> •**연지**: 반 고흐는 혼자서는 아무것도 할 수 없는 사람 같아.
> •**민규**: 반 고흐를 도와준 사람들 덕분에 우리가 반 고흐의 그림을 볼 수 있는 것 같아.
> •**주한**: 고갱과 반 고흐의 사이가 멀어진 것을 볼 때, 반 고흐는 친구들을 배신하는 사람 같아.

어휘력 다지기

1~2 다음 낱말의 뜻을 읽고, 알맞은 낱말을 찾아 ○표 해 보세요.

1 '앞 세대가 물려준 사물 또는 문화'를 (유산 / 화산)이라고 한다.

2 '건축물이나 싸움터 또는 역사적인 사건이 벌어졌던 곳'을 (공적 / 유적)
이라고 한다.

3~4 다음 문장의 빈칸에 들어갈 알맞은 낱말을 찾아 선으로 이어 보세요.

3 바닷속에는 (   )한
물고기들이 있다.   •

• ㉠　다양

4 우리나라는 과학 기술이
(   )했다.   •

• ㉡　발전

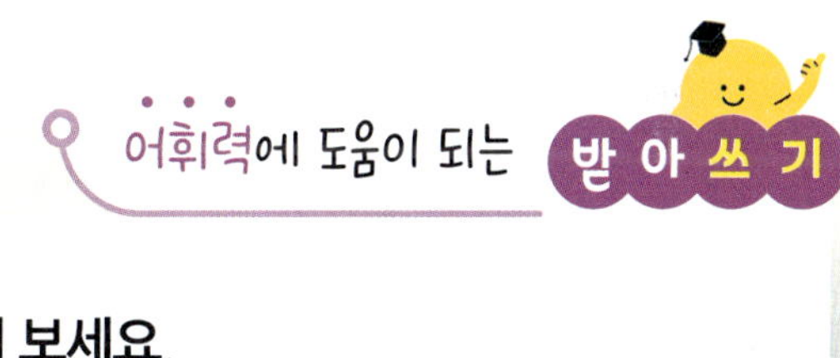

어휘력에 도움이 되는 **받아쓰기**

5~6 다음 낱말을 소리 내어 읽고, 빈칸에 따라 써 보세요.

5 

[인류] ➡

6 

[군사] ➡

가장 큰 역할을 하는 감각은 무엇일까?

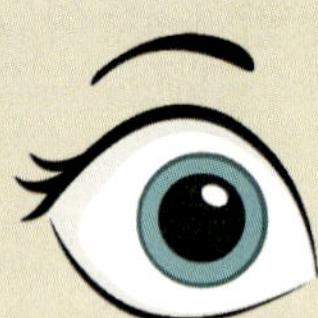

우리 몸에는 시각, 청각, 후각, 미각, 촉각의 다섯 가지 감각이 있어요. 보통 사람이 오감으로 획득하는 정보 중에서 80% 이상이 시각을 통해서 얻어진다고 해요. 그만큼 시각은 우리 일상생활에서 가장 큰 역할을 하는 감각이에요. 또 시각에서 중요한 것은 바로 빛이에요. 사물들의 표면에서 반사되는 빛이 우리 눈에 들어오면서 사물을 볼 수 있기 때문에 빛이 없다면 보는 것은 불가능하지요.

정조는 수원 화성을 왜 만들었을까?

정조의 아버지 사도세자는 정조가 어렸을 때 뒤주에 갇혀서 억울한 죽음을 당하고 초라한 무덤에 묻혔어요. 그래서 정조는 왕이 된 후에 아버지의 한을 풀어 주기 위해 아버지의 무덤을 수원으로 옮기고, 융릉을 세웠어요. 그래도 마음이 아팠던 정조는 수원에 성을 쌓아서 아버지의 묘를 지키고 백성들이 걱정 없이 살게 하기 위해서 수원 화성을 만들게 되었어요. 수원 화성에는 아버지에 대한 정조의 효심이 담겨 있답니다.

*출처: (사진) "수원 화성", 위키미디어 크리에이티브 커먼즈

고흐의 다른 작품에는 무엇이 있을까?

이 그림은 고흐의 〈별이 빛나는 밤〉이라는 작품이에요. 고흐가 친구인 고갱과 다투고 건강이 좋지 않아서 생레미의 요양원에 들어갔을 때 그린 것이지요. 병실 밖의 밤하늘의 풍경과 기억 속의 풍경을 함께 그린 것이라고 해요. 남색과 노란색의 보색 대비를 이용해서 진한 남색 밤하늘 위에 노란색의 별과 달이 더욱 생생하고 강렬하게 보여요.

*출처: (그림) 「별이 빛나는 밤」, 뉴욕 현대미술관

3주

생활 단풍 구경

❶ 가을이 되니 세상이 빨갛게 물들었다. 우리 가족은 단풍을 구경하러 설악산에 갔다. 설악산 입구에 도착하니 알록달록한 단풍이 많았다. 초록색이었던 나뭇잎이 어떻게 예쁜 옷으로 갈아입었는지 궁금했다. 아빠에게 물어보니 햇빛이 약해지는 가을에는 잎에 있는 엽록소들이 적어져서 갈색과 빨간색이 더 많이 보이는 거라고 하셨다.

❷ 우리는 케이블카를 타고 권금성으로 이동했다. 나는 케이블카를 타고 높은 곳에 떠 있는 게 무서웠다. 하지만 케이블카에서 본 설악산의 풍경은 멋있었다. 그때 안내 방송에서 권금성에 대한 이야기가 나왔다. 권금성은 고려 시대 때 적의 공격을 막기 위해 권 씨와 김 씨가 하루 만에 쌓은 성이라는 전설이 내려온다고 했다.

❸ 드디어 권금성에 도착했다. 바위 위에 올라가니 멀리 바다가 보였다. 나는 그곳에 서서 파란 바다와 예쁜 옷을 입은 단풍을 오랫동안 바라보았다. 설악산에서 가을 풍경을 보고 있으니 가을은 참 예쁜 계절이라는 생각이 들었다. 그리고 사랑하는 엄마, 아빠와 이런 멋진 풍경을 볼 수 있어서 행복했다.

▌낱말 풀이 ▌

- **물들다** 빛깔이 스미거나 옮아서 묻다.
- **구경** 흥미나 관심을 가지고 봄.
- **알록달록** 여러 가지 빛깔의 점이나 줄 따위가 조금 성기고 고르지 않게 무늬를 이룬 모양
- **엽록소** 에너지를 태양으로부터 얻어서 광합성을 하는 식물의 녹색 요소
- **이동** 움직여 옮김.
- **전설** 오래 전부터 내려오는 이야기

내용 들여다보기

❶ 우리 가족은 단풍을 구경하러 ☐☐☐에 갔다.

↳ 설악산 입구에 도착하니 알록달록한 ☐☐이 많았다.

↳ 아빠에게 물어보니 ~ 엽록소들이 적어져서 갈색과 빨간색이 더 많이 보이는 거라고 하셨다.

❷ 우리는 ☐☐☐☐를 타고 권금성으로 이동했다.

↳ 나는 ~ 무서웠다. ☐☐☐ 케이블카에서 본 설악산의 풍경은 멋있었다.

↳ 권금성은 ~ 권 씨와 김 씨가 하루 만에 쌓은 성이라는 ☐☐이 내려온다고 했다.

❸ 드디어 ☐☐☐에 도착했다.

↳ 바위 위에 올라가니 멀리 ☐☐가 보였다.

↳ 사랑하는 엄마, 아빠와 이런 멋진 ☐☐을 볼 수 있어서 행복했다.

❶ (   ) 입구
설악산의 알록달록한 단풍을 봄.

→

❷ (   )
권금성으로 이동하면서 (   )의 풍경을 봄.

→

❸ (   )
바위 위에 올라가 (   )와 단풍을 봄.

✎ 가족들과 단풍 구경을 하러

주제 파악 1 글쓴이가 이 글을 쓴 까닭으로 알맞은 것은 무엇인가요? (　　　　)

① 권금성의 전설을 소개하려고

② 케이블카를 탄 것을 자랑하려고

③ 단풍이 빨간색인 이유를 설명하려고

④ 단풍 구경은 설악산으로 가야 한다고 주장하려고

⑤ 가족과 설악산으로 단풍 구경을 간 것을 기록으로 남기려고

구조 이해 2 이 글의 글쓴이가 간 곳을 보기에서 골라 순서에 맞게 기호를 써 보세요.

보기

㉠ 케이블카　　　　㉡ 권금성　　　　㉢ 설악산 입구

(　　　　) → (　　　　) → (　　　　)

내용 이해 3 다음 중 이 글의 글쓴이에게 있었던 일을 모두 찾아 ○표 해 보세요.

[1] 케이블카를 타고 권금성으로 이동했다. ┄┄┄┄┄ (　　　　)

[2] 단풍 구경 온 다른 사람과 도시락을 먹었다. ┄┄┄ (　　　　)

[3] 권금성에 도착해, 바위 위에 올라가서 바다를 보았다. ┄ (　　　　)

상황에 적용 4 이 글을 읽고 아래와 같이 요약할 때, 빈칸에 들어갈 알맞은 말을 써 보세요.

본 것	• 설악산의 알록달록한 단풍을 보았다. • 권금성에서 바다를 보았다.
들은 것	• 햇빛이 약해지는 가을에는 (　　　　)이/가 적어져서 잎이 빨갛게 된다. • 권금성은 권 씨와 김 씨가 하루 만에 쌓은 성이라는 전설이 있다.
느낀 것	• 높은 곳에 떠 있는 것이 무서웠다. • (　　　　)와/과 함께 멋진 풍경을 봐서 행복했다.

1~2 다음 문장의 밑줄 친 낱말에 알맞은 뜻을 찾아 선으로 이어 보세요.

1 벚꽃 <u>구경</u>을 갔다. •

  • ㉠ 흥미나 관심을 가지고 봄.

2 교실에서 도서관으로 <u>이동</u>했다. •

  • ㉡ 움직여 옮김.

3~4 다음 문장의 괄호 안에 어울리는 낱말을 골라 ○표 해 보세요.

3 노을이 지자 하늘이 붉게 (몰려왔다 / 물들었다).

4 마을에는 예전부터 내려오는 슬픈 (전설 / 소설)이 있다.

어휘력에 도움이 되는 **받 아 쓰 기**

5~6 다음 낱말을 소리 내어 읽고, 빈칸에 따라 써 보세요.

5 [엽록소] →

6 [알록달록] →

가족의 다양한 모습

공부한 날

월　　　일

관련 교과 여름 1-1
우리는 가족입니다

① '가족'이란 한집에서 모여 생활하는 남편과 아내, 아이들 모두를 가리키는 말이에요. 가족은 우리가 맺는 관계의 시작이에요. 우리는 태어나서 처음으로 가족과 관계를 맺고, 사회로 나아가요. 그래서 가족은 우리 삶에서 중요해요.

② 가족 구성원이 어떻게 이루어졌는지에 따라 가족의 모습은 차이가 있어요. '두 부모 가정'은 엄마와 아빠, 아이들이 함께 사는 가정을 말해요. '두 부모 가정' 중에는 '다문화 가정'이 있어요. '다문화 가정'은 서로 다른 국적이나 인종, 문화를 가진 남자와 여자가 결혼해서 이룬 가정이에요. '입양 가정'은 입양을 통해 법적으로 부모 자식 사이의 관계를 맺은 가족이에요. '한 부모 가정'은 결혼하지 않고 아이를 낳거나 이혼, 사망 등으로 혼자서 자녀를 키우는 가정을 말해요.

③ 가족의 모습은 집안마다 달라요. 하지만 가족끼리 서로 사랑하고 아끼면서 살아가는 것은 같아요. 가족은 함께 생활하고 맛있는 것을 나눠 먹어요. 쉬는 날에는 놀이를 하거나 여행을 가기도 해요. 가족들은 이렇게 함께 기쁨과 슬픔을 나눠요.

▌낱말 풀이 ▌

• **생활** 사람이나 동물이 일정한 환경에서 활동하며 살아감.

• **구성원** 어떤 조직이나 단체를 이루고 있는 사람

• **다문화** 여러 인종이나 민족이 어우러져 다양한 언어와 풍습, 생활 모습이 나타나는 문화

• **인종** 인류를 지역과 신체적 특성에 따라 구분한 종류

• **결혼** 남녀가 정식으로 부부 관계를 맺음.

• **입양** 남의 양자나 양녀가 되어 법적으로 자식이 되는 것

내용 들여다보기

STEP 1 핵심 내용 정리하기

❶ ◻◻ 이란 한집에서 모여 생활하는 ~ 모두를 가리키는 말이에요.

❷ 가족 ◻◻◻ 이 어떻게 이루어졌는지에 따라 가족의 모습은 차이가 있어요.

↳ ◻◻◻ 가정은 엄마와 아빠, 아이들이 함께 사는 가정을 말해요.

↳ ◻◻◻ 가정은 서로 다른 국적이나 ~ 결혼해서 이룬 가정이에요.

↳ ◻◻ 가정은 입양을 통해 ~ 관계를 맺은 가족이에요.

↳ ◻◻◻ 가정은 ~ 혼자서 자녀를 키우는 가정을 말해요.

❸ ◻◻◻ 가족끼리 서로 사랑하고 아끼면서 살아가는 것은 같아요.

STEP 2 짜임 이해하기

❶ (   ) : 한집에서 모여 생활하는
남편, 아내, 아이들

❷ 가족 (   )의 차이점
• 두 부모 가정
• (   ) 가정
• 입양 가정
• 한 부모 가정

❸ 가족의 공통점
• 서로 (   )하고 아낌.
• 함께 생활하고 맛있는 것을 먹음.
• 놀이를 하거나 여행을 감.
• 기쁨과 슬픔을 함께 나눔.

STEP 3 내용 요약하기

✎ 가족은 구성원에 따라 ______________________________________

____

____

화제 파악 **1** 이 글의 내용에 맞게 다음 빈칸에 들어갈 알맞은 말을 써 보세요.

> (　　　　　)은/는 한집에서 모여 생활하는 남편과 아내, 아이들을 가리키는 말로, 모든 관계의 시작이다.

내용 이해 **2** 이 글에 나타난 가족의 모습과 알맞은 설명을 찾아 선으로 이어 보세요.

[1] 두 부모 가정 •

[2] 다문화 가정 •

[3] 입양 가정 •

[4] 한 부모 가정 •

• ㉠ 국적과 문화가 다른 남자와 여자가 결혼해서 이룬 가정

• ㉡ 입양을 통해 법적으로 부모 자식 사이의 관계를 맺은 가정

• ㉢ 결혼하지 않고 아이를 낳거나 혼자서 자녀를 키우는 가정

• ㉣ 엄마와 아빠, 아이들이 함께 살고 있는 가정

내용 추론 **3** 이 글에서 가족이 중요한 까닭으로 알맞지 <u>않은</u> 것은 무엇인가요? (　　　　)

① 함께 슬픔과 기쁨을 나누기 때문이다.
② 가족이 없으면 여행을 못 가기 때문이다.
③ 서로 사랑하고 아끼며 살아가기 때문이다.
④ 태어나서 처음 맺는 관계의 시작이기 때문이다.
⑤ 가족과 관계를 맺은 후 사회로 나아가기 때문이다.

비판과 평가 **4** 이 글을 읽고 한 생각으로 알맞은 것을 찾아 모두 ○표 해 보세요.

[1] 가족 구성원은 집집마다 똑같아. ──────────── (　　　)

[2] 가족은 모든 관계의 시작이기 때문에 중요해. ────── (　　　)

[3] 가족끼리 서로 아끼고 살아가는 것은 모두 같아. ───── (　　　)

 어휘력 다지기 

1~2 다음 뜻에 알맞은 낱말을 보기 에서 찾아 써 보세요.

> **보기**
>
> 다문화   지구촌   친구   구성원

1 어떤 조직이나 단체를 이루고 있는 사람 ┈┈┈┈┈ (   )

2 여러 인종이나 민족이 어우러져 다양한 생활 모습이 나타나는 문화
┈┈┈┈┈ (   )

3~4 다음 문장의 빈칸에 들어갈 알맞은 낱말을 찾아 색칠해 보세요.

3 제이슨은 미국으로 [   ]되어 새로운 부모님을 만났다.

    입양   결혼

4 정민이는 학교에서 친구들과 함께 [   ]하는 것이 즐거웠다.

    여행   생활

어휘력에 도움이 되는 **받아쓰기**

5~6 다음 낱말을 소리 내어 읽고, 빈칸에 따라 써 보세요.

5 [인종] ➡

6 [결혼] ➡

과학

동물들의 겨울나기

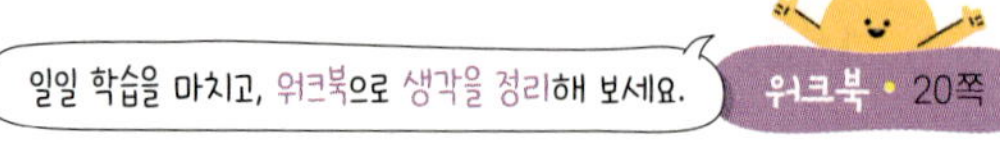

공부한 날

월   일

관련 교과 겨울 1-2
우리의 겨울

❶ 겨울이 되면 기온˙이 떨어지면서 날씨가 추워져요. 한겨울에는 물이 얼기도 하고, 눈이 내리기도 해요. 활동˙하기가 어렵고, 먹이가 부족˙한 겨울은 동물들에게는 힘든 계절이에요. 하지만 동물들은 자신만의 방법으로 겨울을 나요.

❷ 겨울이 되면 겨울잠을 자는 동물들이 있어요. 날씨가 추워지면서 동물들의 체온˙이 떨어지면 동물들은 활동하기 어려워요. 또 먹이도 부족하기 때문에 몸의 에너지를 절약˙하기 위해 겨울잠을 자요. 겨울잠을 자는 동물에는 개구리, 뱀, 도마뱀, 곰 등이 있어요.

❸ 겨울이 되면 겨울잠을 자지 않고, 털갈이를 하는 동물들도 있어요. 털갈이란 짐승˙이나 새의 묵은 털이 빠지고 새 털이 나는 것을 말해요. 몇몇 동물은 겨울이 되기 전에 길고 두꺼운 털로 털갈이를 해요. 두꺼운 털로 털갈이를 하면 몸이 따뜻해지기 때문에 겨울에도 활발하게 움직일 수 있어요. 그래서 겨울잠을 자지 않아요. 털갈이를 하는 동물에는 호랑이, 멧돼지, 고라니, 여우 등이 있어요.

┃ 낱말 풀이 ┃

• **기온** 공기의 온도
• **활동** 몸을 움직여 행동함.
• **부족** 필요한 양이나 기준에 미치지 못해 충분하지 않음.
• **체온** 몸의 온도
• **절약** 함부로 쓰지 않고 꼭 필요한 데에만 써서 아낌.
• **짐승** 몸에 털이 나고 네 발을 가진 동물

내용 들여다보기

STEP 1 핵심 내용 정리하기

❶ 활동하기가 어렵고, 먹이가 부족한 ☐☐은 동물들에게는 힘든 계절이에요.

↳ ☐☐☐ 동물들은 자신만의 방법으로 겨울을 나요.

❷ 겨울이 되면 ☐☐☐을 자는 동물들이 있어요.

↳ 체온이 떨어지면 동물들은 활동하기 어려워요.

↳ 또 먹이도 부족하기 때문에 몸의 에너지를 ☐☐하기 위해 겨울잠을 자요.

↳ 개구리, 뱀, 도마뱀, 곰 등이 있어요.

❸ 겨울이 되면 겨울잠을 자지 않고, ☐☐☐를 하는 동물들도 있어요.

↳ 두꺼운 털로 털갈이를 하면 몸이 ☐☐해지기 때문에 ~ 활발하게 움직일 수 있어요.

↳ ☐☐☐ 겨울잠을 자지 않아요.

↳ 호랑이, 멧돼지, 고라니, 여우 등이 있어요.

STEP 2 짜임 이해하기

❷ 겨울잠을 자는 동물
- ( )를 절약하기 위해 겨울잠을 잠.
- 개구리, 뱀, 도마뱀, 곰 등

❶ 동물들의 ( )

❸ 털갈이를 하는 동물
- 묵은 ( )이 빠지고 새 털이 남.
- 호랑이, 멧돼지, 고라니, 여우 등

STEP 3 내용 요약하기

✎ 춥고 활동하기 어려운 겨울에는 __________________________

____

____

화제 파악 **1** 이 글에서 설명하는 것은 무엇인가요? (   )

① 동물들이 여행하는 장소

② 동물들이 좋아하는 먹이

③ 동물들이 무서워하는 적

④ 동물들이 짝짓기 하는 시기

⑤ 동물들이 겨울을 나는 방법

내용 추론 **2** 이 글을 읽고 동물들에게 생기는 변화로 알맞은 낱말에 ○표 해 보세요.

[1] (기온 / 체온)이 떨어져 날씨가 추워진다. → **[2]** 동물들의 (기온 / 체온)이 떨어져 활동하기 어려워진다. → **[3]** 동물들의 (먹이 / 놀이)가 부족해진다.

내용 이해 **3** 이 글의 겨울을 보내는 방법에 알맞은 동물을 보기 에서 찾아 모두 써 보세요.

보기

| 뱀 | 여우 | 개구리 | 고라니 |

[1] 겨울잠을 자는 동물 ————————— (   )
[2] 털갈이를 하는 동물 ————————— (   )

상황에 적용 **4** 다음 그림을 보고, 이 글의 내용에 맞게 빈칸에 알맞은 낱말을 써 보세요.

추운 겨울이 되자 다른 친구들이 **[1]** (   )을/를 자기 시작했다. 여우인 나는 **[2]** (   )을/를 해서 몸이 따뜻해졌다. 그래서 밖에서 활동해도 춥지 않다.

1~2 다음 낱말에 알맞은 뜻을 찾아 선으로 이어 보세요.

1 부족 •

• ㉠ 몸을 움직여 행동함.

2 활동 •

• ㉡ 필요한 양이나 기준에 미치지 못해 충분하지 않음.

3~4 다음 문장의 빈칸에 들어갈 알맞은 낱말을 보기 에서 찾아 써 보세요.

보기

| 기온 | 장마 | 절약 | 낭비 |

3 여름이 되자 ☐☐이/가 올라가서 더워졌다.

4 수현이는 양치를 할 때, 컵을 사용해서 물을 ☐☐했다.

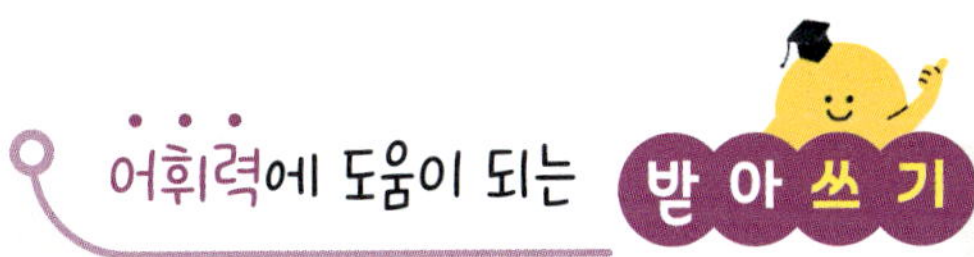

5~6 다음 낱말을 소리 내어 읽고, 빈칸에 따라 써 보세요.

5  [체온] ➡ ☐☐

6  [짐승] ➡ ☐☐

모차르트와 아버지

일일 학습을 마치고, 워크북으로 생각을 정리해 보세요.

❶ 천재 음악가˙ 모차르트를 이야기할 때에는 그의 아버지를 빼놓을 수 없어요. 모차르트의 아버지는 어린 시절 모차르트의 재능˙을 처음 발견한 사람이자, 모차르트를 가르친 선생님이었어요. 모차르트의 아버지는 네 살 때부터 모차르트에게 음악을 가르쳤어요. 그리고 여섯 살부터는 함께 연주 여행을 떠났어요. 이 여행을 통해 모차르트는 훌륭한 음악가로 성장할 수 있었어요.

❷ 모차르트는 10대 때, 왕궁˙의 음악가가 되어 귀족˙들이 원하는 음악을 만들었어요. 하지만 모차르트는 귀족들과 사이가 좋지 않아 왕궁을 나왔어요. 10대 때, 모차르트와 아버지의 사이는 멀어졌어요. 아버지의 눈에는 모차르트가 철부지˙ 같았거든요.

❸ 왕궁을 나온 모차르트는 자유 음악가로 성공했어요. 그리고 아버지를 연주회에 초대해 'F장조의 안단테'를 연주했어요. 이 곡을 들은 아버지는 눈물을 흘렸어요. 왜냐하면 이 곡에서 사용한 음악이 바로 아버지가 작곡한 곡이었거든요. 음악가로 성공한 20대의 모차르트는 아버지에 대한 사랑과 감사를 음악으로 표현했고, 두 사람은 화해˙했어요.

| 낱말 풀이 |

- **음악가** 음악을 전문으로 하는 사람
- **재능** 어떤 일을 하는 데 필요한 재주와 능력
- **왕궁** 임금이 거처하는 궁전
- **귀족** 사회적으로 신분과 재산의 특권을 지닌 가장 높은 계급
- **철부지** 철이 없는 어리석은 아이
- **화해** 싸움하던 것을 멈추고 서로 가지고 있던 안 좋은 감정을 풀어 없앰.

내용 들여다보기 

STEP 1 핵심 내용 정리하기

❶ 모차르트의 아버지는 어린 시절 모차르트의 [ ][ ]을 처음 발견한 사람이자, 모차르트를 가르친 선생님이었어요.

↳ 모차르트의 아버지는 네 살 때부터 모차르트에게 [ ][ ]을 가르쳤어요.

↳ 그리고 여섯 살부터는 함께 [ ][ ] 여행을 떠났어요.

❷ [ ][ ] 때, 모차르트와 아버지의 사이는 멀어졌어요.

↳ 아버지의 눈에는 모차르트가 [ ][ ][ ] 같았거든요.

❸ 음악가로 성공한 20대의 모차르트는 아버지에 대한 사랑과 감사를 [ ][ ]으로 표현했고,

두 사람은 [ ][ ]했어요.

STEP 2 짜임 이해하기

❶ 모차르트의 어린 시절
(   )는 모차르트의 재능을 발견하고 음악을 가르침.

→

❷ 모차르트의 10대
모차르트가 (   )을 나오고 나서 아버지와 사이가 (   ).

→

❸ 모차르트의 20대
모차르트가 아버지를 위해 만든 (   )을 통해 아버지와 화해함.

STEP 3 내용 요약하기

🖊 모차르트는 자신의 재능을 발견하고 가르친 아버지와

____

____

화제 파악 **1** 이 글의 모차르트와 아버지의 관계에 알맞은 말을 보기 에서 찾아 써 보세요.

> **보기**
>
> 학생 선생님 재능 결점

→ 모차르트의 아버지는 모차르트의 (　　　　　)을 발견한 사람이자,
（　　　　　）이었다.

내용 이해 **2** 이 글에서 모차르트가 한 일을 찾아 선으로 이어 보세요.

(1) 어린 시절 •

• ㉠ 자유 음악가로 성공하고, 아버지를 위한 음악을 만들었다.

(2) 10대 •

• ㉡ 귀족들과 사이가 좋지 않아 왕궁을 나왔다.

(3) 20대 •

• ㉢ 아버지에게 음악을 배우고, 함께 연주 여행을 떠났다.

내용 추론 **3** 이 글의 모차르트의 아버지에 대한 설명으로 알맞은 것에 ○표 해 보세요.

(1) 음악에 대해 몰랐지만 모차르트를 열심히 가르쳤다. ····· (　　　　　)
(2) 모차르트가 훌륭한 음악가로 성장할 때 도움을 주었다. ··· (　　　　　)

상황에 적용 **4** 다음은 이 글의 모차르트가 아버지에게 쓴 편지라고 할 때, 빈칸에 들어갈 알맞은 말은 무엇인가요? (　　　　　)

> 아버지께
>
> 아버지를 위해 'F장조의 안단테'라는 곡을 만들었어요.
> 이 곡을 통해 아버지에 대한 제 마음이 전해졌으면 좋겠어요.
> 감사하고, (　　　　　　　).

① 싫어해요　② 미워해요　③ 사랑해요　④ 반대해요　⑤ 힘들어요

1~2 다음 낱말에 알맞은 뜻을 찾아 선으로 이어 보세요.

1 음악가 •

2 철부지 •

• ㉠ 철이 없는 어리석은 사람

• ㉡ 음악을 전문으로 하는 사람

3~4 다음 문장의 괄호 안에 어울리는 낱말을 골라 ○표 해 보세요.

3 형은 달리기와 농구 같은 운동에 (재능 / 성능)이 뛰어났다.

4 민수가 자신의 잘못을 나에게 사과해서 우리는 (화해 / 오해)했다.

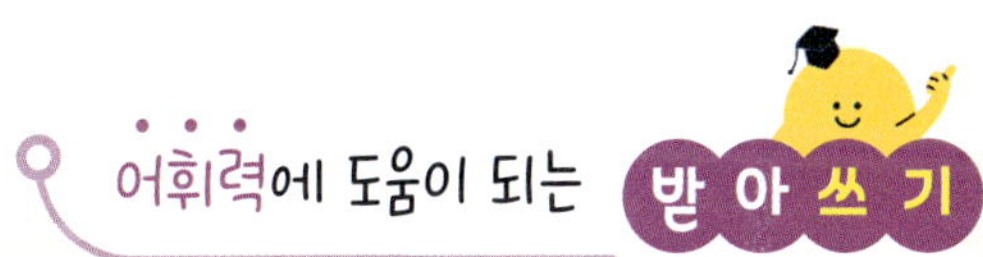

5~6 다음 낱말을 소리 내어 읽고, 빈칸에 따라 써 보세요.

5  [왕궁] →

6  [귀족] →

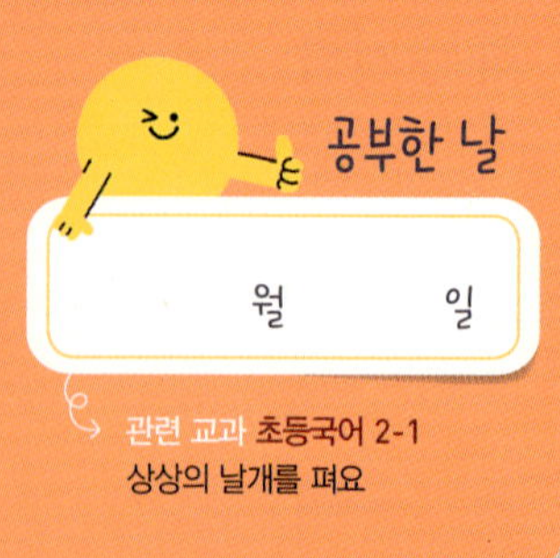

공부한 날

월   일

관련 교과 초등국어 2-1
상상의 날개를 펴요

며느릿감 고르기

일일 학습을 마치고, 워크북으로 생각을 정리해 보세요.   워크북 · 24쪽

1 최 부자는 하나뿐인 아들이 어리석어서 걱정이 많았어요. 그래서 최 부자는 어리석은 아들과 결혼할 지혜로운 며느리를 찾았어요. 최 부자는 쌀 한 말로 100일을 지낼 수 있는 현명한 처녀를 며느리로 삼겠다고 했어요.

2 처음으로 김 씨 처녀가 왔어요. 김 씨 처녀는 쌀을 100봉지로 나누고 하루에 한 봉지씩 먹겠다고 했어요. 하지만 며칠이 지나자마자 김 씨 처녀는 배가 고프다며 도망쳤어요. 다음에 온 이 씨 처녀는 아예 쌀을 먹지 않겠다며 누워만 있었어요. 그러다 결국 밥을 못 먹어 힘들다며 도망쳤지요. 며느리 후보였던 두 사람이 모두 도망을 간 거예요.

3 마지막으로 온 정 씨 처녀는 오자마자 쌀로 떡을 만들어 이웃에 나누어 주었어요. 그러면서 바느질거리가 있으면 자신에게 달라고 했어요. 떡을 맛있게 먹은 사람들은 처녀에게 일거리를 주었어요. 정 씨 처녀는 열심히 일하고, 곡식으로 삯을 받았어요.

4 드디어 100일이 지났어요. 정 씨 처녀는 100일 동안 성실하게 일했기 때문에 곳간에 쌀과 곡식이 가득했어요. 또 마음씨가 좋아 이웃집 사람들도 모두 좋아했어요. 최 부자는 정 씨 처녀야말로 훌륭한 며느릿감이라고 생각해서 아들과 결혼시켰어요.

낱말 풀이

- **어리석다** 슬기롭지 못하고 둔하다.
- **며느리** 아들의 아내를 이르는 말
- **말** 곡식, 액체, 가루 등의 부피를 잴 때 쓰는 단위. 한 말은 약 18리터임.
- **후보** 뽑히기를 바라며 스스로 나선 사람
- **일거리** 일을 하여 돈을 벌 거리
- **곡식** 사람의 식량이 되는 쌀, 보리, 콩, 밀 따위를 통틀어 이르는 말
- **삯** 일한 데 대한 품값으로 주는 돈이나 물건

내용 들여다보기

STEP 1   핵심 내용 정리하기

1 최 부자는 어리석은 아들과 결혼할 지혜로운 ☐☐☐ 를 찾았어요.

↳ 최 부자는 ☐ 한 말로 100일을 지낼 수 있는 현명한 처녀를 며느리로 삼겠다고 했어요.

2 김 씨 처녀는 배가 고프다며 도망쳤어요.

↳ 이 씨 처녀는 아예 쌀을 먹지 않겠다며 ~ 힘들다며 도망쳤지요.

↳ 며느리 후보였던 두 사람이 모두 ☐☐ 을 간 거예요.

3 ☐☐☐☐ 는 오자마자 쌀로 떡을 만들어 이웃에 나누어 주었어요.

↳ 정 씨 처녀는 열심히 일하고, ☐☐ 으로 삯을 받았어요.

4 최 부자는 정 씨 처녀야말로 훌륭한 며느릿감이라고 생각해서 아들과 ☐☐ 시켰어요.

STEP 2   짜임 이해하기

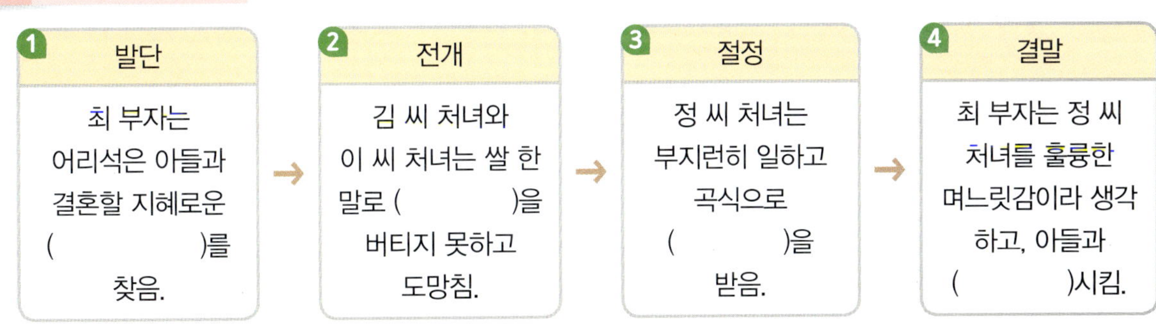

STEP 3   내용 요약하기

최 부자는 아들과 결혼할 지혜로운 며느리를 찾았고,

화제 파악 1 이 글의 내용에 맞게 빈칸에 들어갈 알맞은 말을 써 보세요.

> 최 부자는 어리석은 자신의 아들과 결혼할 (　　　　) 며느리를 찾았다.

내용 이해 2 이 글의 인물들이 한 일을 찾아 선으로 이어 보세요.

(1) 김 씨 처녀 •

(2) 이 씨 처녀 •

(3) 정 씨 처녀 •

• ㉠ 쌀을 아예 먹지 않겠다며 누워만 있었다.

• ㉡ 쌀을 100봉지로 나누어 먹었다.

• ㉢ 쌀로 떡을 만들어 이웃집에 나누어 주었다.

내용 추론 3 이 글의 정 씨 처녀가 떡을 나눠 준 까닭으로 알맞은 것을 모두 골라 보세요.
(　　　　)

① 정 씨 처녀가 떡을 좋아해서
② 이웃 사람들과 잘 지내기 위해서
③ 이웃 사람들에게 일거리를 얻으려고
④ 쌀로 떡을 만들면 오랫동안 먹을 수 있어서
⑤ 이웃 사람들이 떡을 좋아한다는 이야기를 들어서

비판과 평가 4 이 글의 정 씨 처녀의 성격으로 알맞은 것을 찾아 모두 ○표 해 보세요.

(1) 지혜롭다. ─────── (　　　)
(2) 인색하다. ─────── (　　　)
(3) 어리석다. ─────── (　　　)
(4) 부지런하다. ────── (　　　)

어휘력 다지기 

(1~2) 다음 뜻에 알맞은 낱말을 찾아 ○표 해 보세요.

1 '일을 하여 돈을 벌 거리'를 (볼거리 / 일거리)라고 한다.

2 '뽑히기를 바라서 스스로 나선 사람'을 (후보 / 일꾼)(이)라고 한다.

(3~4) 다음 문장의 빈칸에 들어갈 알맞은 낱말을 찾아 선으로 이어 보세요.

3 농부는 열심히 일한 머슴에게 ( )을 주지 않았다. •

• ㉠ 말

4 엄마는 마트에서 쌀 한 ( )을 샀다. •

• ㉡ 삯

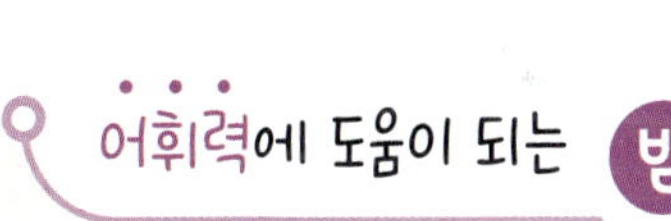
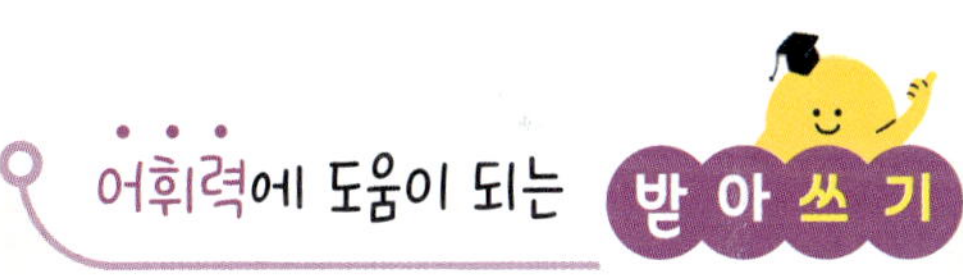

(5~6) 다음 낱말을 소리 내어 읽고, 빈칸에 따라 써 보세요.

5  [곡식] ➡

6  [며느리] ➡

가을에 단풍이 드는 이유는 무엇일까?

　　가을이 되면 나뭇잎을 빨갛고 노랗게 물들이는 단풍은 어떻게 생길까요? 가을이 되면 나무는 겨울을 준비하면서 나뭇잎을 떨어뜨리기 위해 나뭇잎으로 가는 물과 영양분을 차단하게 되는데요. 그러면 나뭇잎에 들어 있던 초록색을 내는 엽록소가 파괴되면서 숨겨져 있던 다른 여러 가지 색깔들이 보이게 된답니다. 단풍이 들고 나면 나뭇잎은 낙엽이 되어 떨어지게 되지요.

동물들이 겨울잠을 잘 때 배는 안 고플까?

　　겨울잠을 자는 동물들은 가을까지 먹이를 많이 먹어서 몸속에 영양분을 저장하기도 하고, 자기만 아는 창고에 먹이를 숨겨 놓고 가끔씩 일어나서 먹이를 먹기도 하지요. 하지만 이런 대비만으로는 긴 겨울을 나기가 쉽지 않아요. 신기하게도 동물들이 겨울잠을 잘 때는 체온도 내려가고 호흡도 느려져서 영양분이 많이 필요하지 않다고 해요. 그래서 동물들은 겨울 내내 잠을 자도 배가 고프지 않답니다.

쌀 한 말은 몇 Kg일까?

　　보리쌀 한 말, 콩 한 되, 이런 말을 들어 봤을 거예요. '말, 되'는 곡식, 액체, 가루 등의 분량을 재는 데 쓰는 단위예요. 열 되가 한 말인데, 한 되는 약 1.8리터라서 한 말은 약 18리터랍니다. 그런데 '말, 되'는 양을 재는 부피의 단위예요. 그래서 쌀 한 말을 무게의 단위인 kg으로 재면 약 16kg이 되기도 하고, 불린 쌀은 무게가 더 나가서 약 20kg이 한 말이 된답니다.

4주

지진이 일어났을 때 대피 방법

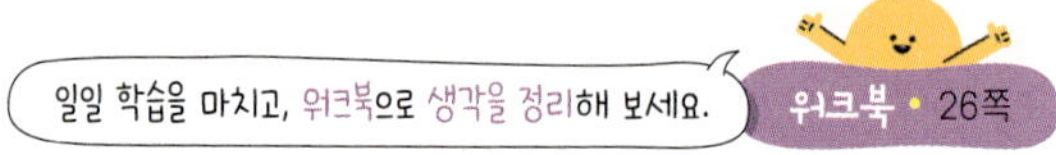

□□일보 2022년 ○○월 ○○일

지진 대피 연습, 이제는 필수!
41년간 지진 없던 지역에도 지진 급증

❶ 지난 41년간 지진˙이 없던 해남에 9일 동안 55차례 지진이 일어났다. 해남뿐만이 아니라 포항에도 최근 들어 지진이 잦아지고˙ 있다. 우리나라도 이제 지진에서 안전하지 않다. 언제 일어날지 모르는 비상˙ 상황을 대비˙하려면 대피˙ 연습을 해야 한다. 그래야 지진이 일어났을 때 안전하게 대피할 수 있다.

❷ 지진이 일어났을 때는 다음과 같이 해야 한다. 첫째, 전기 코드를 빼놓는다. 둘째, 유리창이나 큰 가구, 떨어지기 쉬운 물건이 있는 곳에는 가지 않는다. 셋째, 땅이 흔들리는 동안에는 두꺼운 이불이나 수건을 머리에 쓰고 식탁 밑에서 기다린다.

❸ 지진이 멈추었을 때는 다음과 같이 해야 한다. 첫째, 머리가 다치지 않도록 가방이나 옷, 쿠션 등을 머리에 얹고 밖으로 나간다. 이때는 엘리베이터 대신 계단을 이용한다. 둘째, 큰 건물이 없는 공원이나 운동장이 있는 곳으로 피한다. 셋째, 당황˙하지 말고 질서를 지켜 움직인다.

┃ 낱말 풀이 ┃

• **지진** 화산 활동이나 땅속 물질이 움직여서 지각이 흔들리는 일

• **잦아지다** 어떤 일이나 행동이 자주 있게 되다.

• **비상** 뜻밖의 긴급한 사태

• **대비** 앞으로 일어날지도 모르는 어떤 일에 미리 준비함.

• **대피** 위험이나 피해를 입지 않도록 일시적으로 피함.

• **당황** 놀라거나 다급하여 어찌할 바를 모름.

내용 들여다보기

STEP 1 핵심 내용 정리하기

❶ 우리나라도 이제 ☐☐ 에서 안전하지 않다.

↳ 언제 일어날지 모르는 비상 상황을 대비하려면 ☐☐ 연습을 해야 한다.

❷ 지진이 일어났을 때는 다음과 같이 해야 한다.

↳ ☐☐☐☐ 를 빼놓는다.

↳ 유리창이나 큰 가구, 떨어지기 쉬운 물건이 있는 곳에는 가지 않는다.

↳ 두꺼운 이불이나 수건을 머리에 쓰고 ☐☐ 밑에서 기다린다.

❸ 지진이 멈추었을 때는 다음과 같이 해야 한다.

↳ ☐☐ 가 다치지 않도록 가방이나 옷, 쿠션 등을 머리에 얹고 밖으로 나간다.

↳ 큰 건물이 없는 ☐☐ 이나 운동장이 있는 곳으로 피한다.

↳ 당황하지 말고 ☐☐ 를 지켜 움직인다.

STEP 2 짜임 이해하기

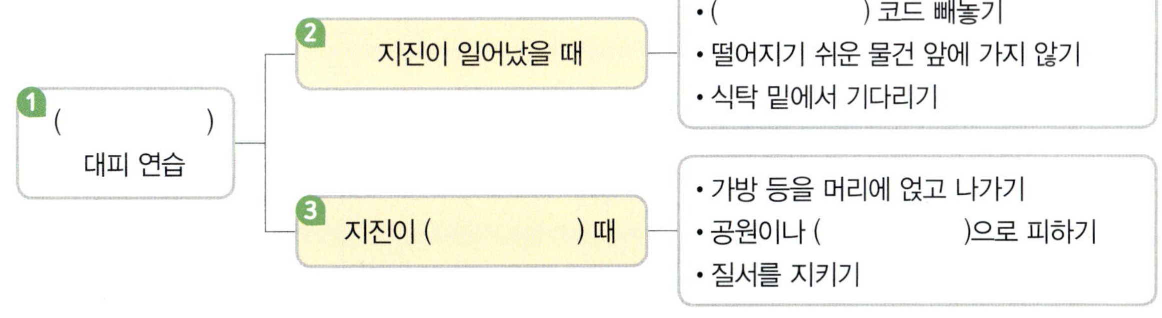

STEP 3 내용 요약하기

✎ 언제 일어날지 모르는 지진에 대비하여 ____________________

____

____

화제 파악 1 다음 중 글쓴이가 이 글을 쓴 까닭을 골라 ○표 해 보세요.

[1] 지진이 왜 일어나는지 설명하려고 ⋯⋯⋯⋯⋯⋯⋯⋯⋯ (   )

[2] 지진이 일어났을 때 어떻게 대피하는지 알려 주려고 ⋯⋯ (   )

[3] 지진이 많이 일어나는 지역이 어디인지 알려 주려고 ⋯⋯ (   )

내용 추론 2 이 글에서 지진 대피 연습을 해야 하는 까닭이 <u>아닌</u> 것은 무엇인가요? (   )

① 지진이 언제 일어날지 몰라서

② 최근 들어 지진이 잦아지고 있어서

③ 우리나라도 지진에서 안전하지 않아서

④ 최근 들어 지진으로 사망한 사람이 많아서

⑤ 지진이 일어났을 때 안전하게 대피할 수 있어서

내용 이해 3 이 글을 정리할 때, 빈칸에 들어갈 알맞은 말을 보기 에서 찾아 써 보세요.

보기

| 머리 | 허리 | 질서 | 새치기 |

지진이 일어났을 때	지진이 멈췄을 때
1. 전기 코드 빼놓기 2. 떨어지기 쉬운 물건이 있는 곳에 가지 않기 3. 이불이나 수건을 ㉠ ( )에 쓰고 식탁 밑에 있기	1. 엘리베이터 대신 계단 이용하기 2. 큰 건물이 없는 공원이나 운동장으로 가기 3. 당황하지 말고 ㉡ ( ) 지키기

상황에 적용 4 이 글을 읽고, 지진이 일어났을 때 그림 속 사람이 고쳐야 할 점을 써 보세요.

→ 지진이 일어났을 때는

답 ___________________

1~2 다음 뜻에 알맞은 낱말을 보기 에서 찾아 써 보세요.

> **보기**
>
> 대피　　　비상　　　준비

1 뜻밖의 긴급한 사태 ──────────────── (　　　　　)

2 위험이나 피해를 입지 않도록 일시적으로 피함. ──── (　　　　　)

3~4 다음 문장의 빈칸에 들어갈 알맞은 낱말을 보기 에서 찾아 써 보세요.

> **보기**
>
> 대비하다　　　망설이다　　　잦아지다

3 늦잠을 자주 자면서 지각하는 일이 ☐☐☐☐ .

　어떤 일이나 행동이 자주 있게 되다.

4 장마가 시작되면서 혹시 모를 피해에 ☐☐☐☐ .

　앞으로 일어날지도 모르는 어떤 일에 미리 준비하다.

어휘력에 도움이 되는 **받아쓰기**

5~6 다음 낱말을 소리 내어 읽고, 빈칸에 따라 써 보세요.

5 [지진] ➡ ☐☐

6 [당황] ➡ ☐☐

인사하는 방법이 달라요

공부한 날

월   일

관련 교과 초등국어 1-1
다정하게 인사해요

❶ 인사하는 방법은 나라마다 달라요. 각 나라나 민족마다 생활 환경이 다르기 때문이에요. 저마다 사는 환경과 생활하는 모습에 따라서 인사하는 방법도 다르지요.

❷ 각 나라의 인사법을 알아볼까요? 우리나라는 상대방을 향해 고개를 숙이며 인사해요. 고개를 숙여서 상대방을 존중하는 마음을 나타내지요. 인도와 네팔에서는 두 손바닥을 맞대어 가슴 앞에 모으고 고개를 숙이며 인사해요. 프랑스에서는 양쪽 볼을 번갈아 맞대며 인사해요. 볼을 맞댈 때 '쪽' 소리를 내기도 해요. 이누이트 족은 코를 비비면서 인사해요. 코를 비비면서 숨결에 있는 서로의 영혼을 만나게 하는 거예요. 티베트에서는 상대방을 향해 혀를 내밀며 인사해요. 티베트에는 혀가 없는 악마에 관한 이야기가 전해져요. 그래서 자신이 악마가 아니라는 걸 보여 주기 위해 혀를 내미는 거예요.

❸ 인사는 상대방을 존중하는 마음을 표현하는 거예요. 다른 나라 사람을 만나면, 그 나라의 인사법에 맞게 인사해 보세요. 서로 인사를 나누며 금방 친해질 수 있어요. 또한 다른 나라의 생활 환경도 쉽게 이해할 수 있지요.

▌낱말 풀이 ▐

- **인사** 마주 대하거나 헤어질 때 예를 표함.
- **민족** 일정한 지역에서 오랜 세월 함께 생활하며 언어와 문화가 같은 사람들
- **생활 환경** 생활하고 있는 주위의 자연적 조건이나 사회적 상황
- **저마다** 각각의 사람이나 사물마다
- **존중** 높이어 귀중하게 대함.
- **이누이트** 북극, 캐나다, 그린란드 및 시베리아의 북극 지방에 사는 사람들
- **숨결** 숨을 쉴 때의 상태
- **금방** 말하고 있는 때와 같거나 조금 전이거나 후에

내용 들여다보기

STEP 1 핵심 내용 정리하기

❶ 인사하는 방법은 □□마다 달라요.
　↳ 각 나라나 민족마다 □□□□이 다르기 때문이에요.

❷ 각 나라의 인사법을 알아볼까요?
　↳ 우리나라는 상대방을 향해 □□를 숙이며 인사해요.
　↳ 인도와 네팔에서는 두 □□□을 맞대어 ~ 프랑스에서는 양쪽 볼을 번갈아 맞대며
　　~ 이누이트 족은 코를 비비면서 ~ 티베트에서는 ~ 혀를 내밀며 인사해요.

❸ 인사는 상대방을 □□하는 마음을 표현하는 거예요.
　↳ 다른 나라 사람을 만나면, ~ 인사를 나누며 금방 □□□ 수 있어요.
　↳ □□ 다른 나라의 생활 환경도 쉽게 □□할 수 있지요.

STEP 2 짜임 이해하기

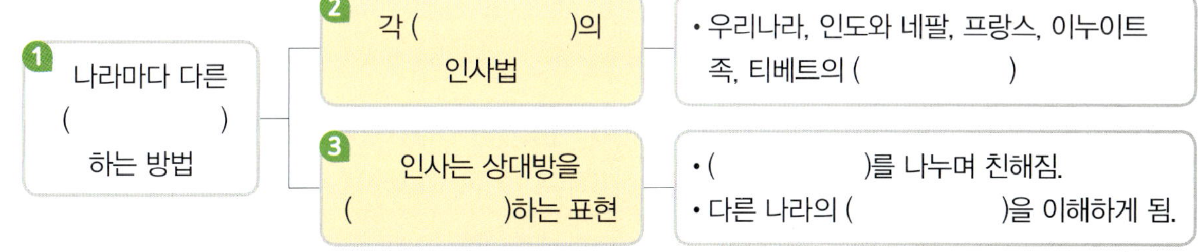

STEP 3 내용 요약하기

✎ 나라마다 다른 인사법을 알고 있으면,

화제 파악 1 이 글을 읽고 다음 빈칸에 공통으로 들어갈 낱말을 써 보세요.

> (　　　　)는 상대방을 존중하는 마음을 표현하는 거예요. 다른 나라 사람을 만나면, 그 나라의 (　　　　)하는 방법에 맞게 (　　　　)해 보세요.

주제 파악 2 글쓴이가 이 글을 쓴 까닭으로 알맞은 것을 두 가지 골라 ○표 해 보세요.

(1) 다른 나라 인사법을 알려 주려고 ┈┈┈┈┈┈┈┈┈┈┈ (　　　)

(2) 우리나라 인사법이 더 좋은 이유를 알려 주려고 ┈┈┈┈ (　　　)

(3) 다른 나라 인사법을 알고 있으면 좋은 점을 알려 주려고 (　　　)

내용 이해 3 이 글에 나타난 다른 나라의 인사법이 <u>아닌</u> 것은 무엇인가요? (　　　)

① 이누이트 족은 서로 볼을 비빈다.

② 티베트는 상대방을 향해 혀를 내민다.

③ 우리나라는 상대방을 향해 고개를 숙인다.

④ 프랑스는 양쪽 볼을 번갈아 맞대며 '쪽' 소리를 낸다.

⑤ 인도와 네팔은 두 손바닥을 맞대어 가슴 앞에 모으고 고개를 숙인다.

상황에 적용 4 이 글을 읽고 다음 대화는 어느 나라의 인사법에 대한 것인지 보기 에서 찾아 써 보세요. (　　　　)

> **보기**
>
> 프랑스　　　티베트　　　한국

> • **정민:** 혀를 내밀며 인사하면 상대방이 화내지 않을까?
> • **효진:** 꼭 놀리는 것 같아.
> • **남준:** 혀를 내미는 이유는 자신이 악마가 아니라는 걸 보여 주기 위해서야.
> • **지수:** 상대방을 배려하고 존중하는 마음이 담긴 인사지.

1~2 다음 낱말에 알맞은 뜻을 찾아 선으로 이어 보세요.

1 금방 •

• ㉠ 각각의 사람이나 사물마다

2 저마다 •

• ㉡ 말하고 있는 때와 같거나 조금 전이거나 후에

3~4 다음 문장의 빈칸에 들어갈 알맞은 낱말을 찾아 색칠해 보세요.

3 중국은 언어와 풍습이 다른 여러 ☐☐(으)로 이루어져 있다.

민족   나라

4 친구 사이에도 서로 ☐☐하는 마음이 있어야 한다.

존재   존중

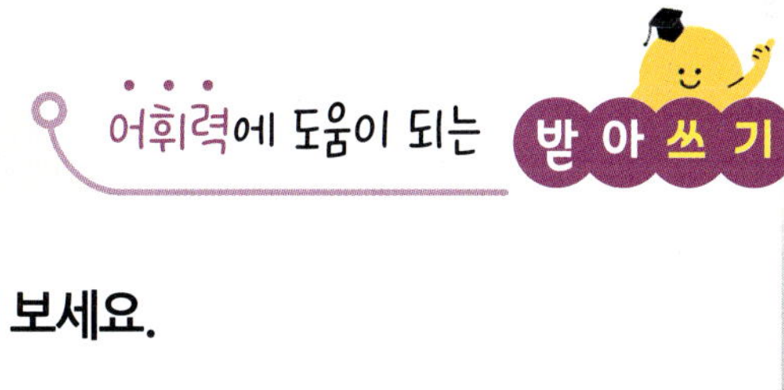

5~6 다음 낱말을 소리 내어 읽고, 빈칸에 따라 써 보세요.

5  [숨결] ➡ ☐☐

6  [인사] ➡ ☐☐

물가에는 어떤 생물이 살까요?

일일 학습을 마치고, 워크북으로 생각을 정리해 보세요. 워크북 • 30쪽

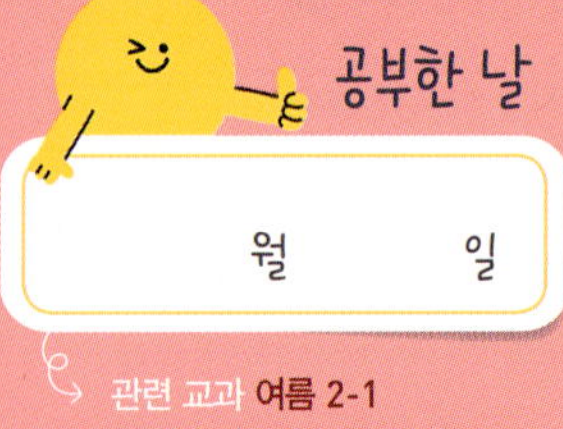

공부한 날

월   일

관련 교과 여름 2-1
물가에 사는 친구를 만나요

❶ 여름철 물가에 놀러 가면 다양한 생물*을 볼 수 있어요. 물 위와 물 속에는 여러 동물과 식물이 살고 있지요. 여름철 물가에 어떤 생물이 사는지 알아볼까요?

❷ 먼저 물 위에 사는 생물은 수련과 부레옥잠, 소금쟁이가 있어요. 수련은 물속 흙에 뿌리를 내리고 꽃과 잎은 물 위에 둥둥 떠서 자라는 식물이에요. 한편 부레옥잠은 물 위를 떠다니며 자라는 식물이에요. 공기가 들어 있는 잎자루* 덕분에 물에 뜰 수 있지요. 소금쟁이는 물 위에 떠서 미끄러지듯이 헤엄치며 사는 곤충이에요. 다리에 있는 방수 성* 털이 물이 스며드는 걸 막아 주기 때문에 물에 빠지지 않아요.

❸ 물속에 사는 생물은 물방개와 물자라, 납자루가 있어요. 물방개는 몸이 납작한 타원형*으로, 털이 나 있는 뒷다리로 마치 노를 젓듯이 힘차게 헤엄쳐요. 물자라는 물방개보다 작고 황갈색을 띤 곤충이에요. 물자라는 수컷*이 알을 등에 업고 다니며 알을 지켜요. 납자루는 물풀이 우거진 곳에 살며 조개의 몸속에 알을 낳는 물고기예요. 그래서 납자루의 알은 다른 물고기에게 잡아먹히지 않고 안전*하게 자랄 수 있지요.

❙ 낱말 풀이 ❙

• **생물** 생명을 지닌 동물과 식물, 미생물을 모두 이르는 말

• **잎자루** 잎사귀의 잎몸 부분을 줄기에 붙게 하는 꼭지 부분

• **방수성** 물이 스며들거나 배어 들지 못하게 하는 성질

• **타원형** 길쭉하게 둥근 타원 모양

• **수컷** 새끼를 가지는 암컷의 반대로 새끼를 가지지 않는 쪽을 이르는 말

• **안전** 위험이 생기거나 사고가 날 염려가 없음.

내용 들여다보기

STEP 1 핵심 내용 정리하기

❶ 여름철 물가에 놀러 가면 다양한 ☐☐을 볼 수 있어요.
 ↳ 물 위와 물속에는 여러 ☐☐과 ☐☐이 살고 있지요.

❷ 물 위에 사는 생물은 수련과 ☐☐☐☐, 소금쟁이가 있어요.
 ↳ ☐☐은 물속 흙에 뿌리를 내리고 ~ 물 위에 둥둥 떠서 자라는 식물이에요.
 ↳ ☐☐ 부레옥잠은 ~ ☐☐☐ 덕분에 물에 뜰 수 있지요.
 ↳ ☐☐☐☐는 물 위에 떠서 미끄러지듯이 헤엄치며 ~ 물에 빠지지 않아요.

❸ 물속에 사는 생물은 ☐☐☐와 물자라, 납자루가 있어요.
 ↳ 물방개는 몸이 납작한 타원형으로 ~ ☐☐☐로 마치 노를 젓듯이 힘차게 헤엄쳐요.
 ↳ ☐☐☐는 물방개보다 작고 ~ 수컷이 알을 등에 업고 다니며 알을 지켜요.
 ↳ 납자루는 ~ ☐☐의 몸속에 알을 낳는 물고기예요. ~ 안전하게 자랄 수 있지요.

STEP 2 짜임 이해하기

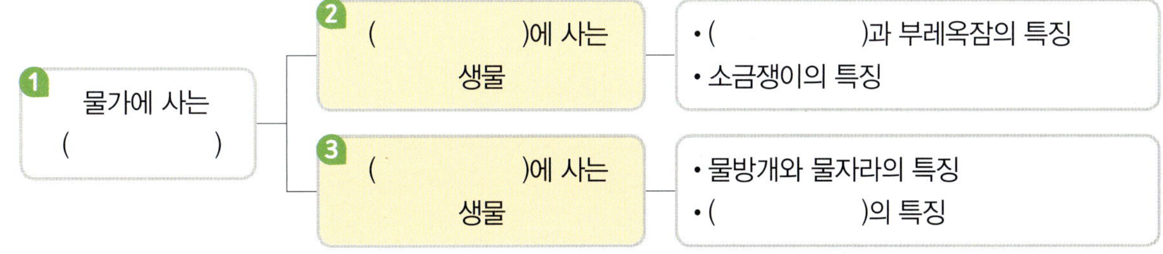

STEP 3 내용 요약하기

🖋 여름철 물가에 놀러 가면 물 위에 사는

물속에 사는

문제로 확인하기

화제 파악 **1** 이 글의 내용에 맞게 다음 빈칸에 들어갈 알맞은 생물을 **보기** 에서 찾아 기호를 써 보세요.

> **보기**
> ㉠ 수련 ㉡ 물방개 ㉢ 부레옥잠 ㉣ 납자루 ㉤ 소금쟁이 ㉥ 물자라

(1) 물 위에 사는 생물	**(2)** 물속에 사는 생물

내용 이해 **2** 이 글을 읽고 다음 설명이 맞으면 ○표, 틀리면 ×표 해 보세요.

(1) 소금쟁이는 다리에 방수성 털이 있다. ────── (　　　)

(2) 물방개는 털이 나 있는 뒷다리로 힘차게 헤엄친다. ─── (　　　)

(3) 납자루는 수컷이 알을 등에 업고 다니며 알을 지킨다. ── (　　　)

내용 추론 **3** 이 글과 다음 설명을 읽고, 빈칸에 들어갈 알맞은 낱말을 써 보세요.

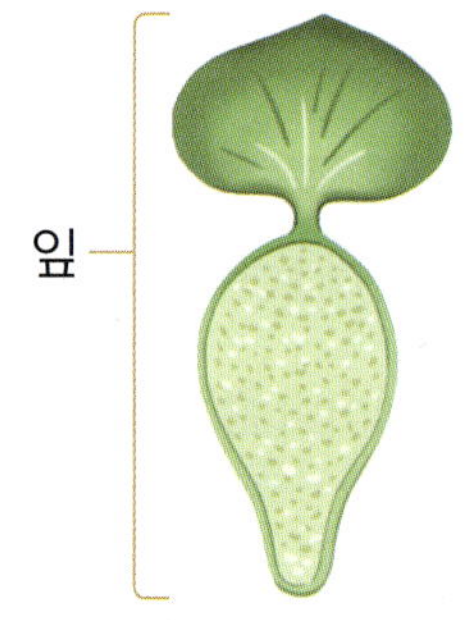

> 이것은 부레옥잠의 잎을 자른 모습이다. 부레옥잠의 [　　　]에 들어 있는 공기 덕분에 부레옥잠이 물에 뜰 수 있다.

상황에 적용 **4** 이 글을 읽고 다음 글의 제목으로 알맞은 낱말을 빈칸에 써 보세요.

> 물가에 사는 생물들은 저마다 특징이 있다. 조개의 몸속에 알을 낳거나 알을 등에 업고 다니는 생물도 있다. 이런 특징은 생물들이 알을 지키며 물가에서 살아가는 데 도움을 준다.

→ (　　　　　)에 사는 생물들의 (　　　　　)

1~2 다음 빈칸에 알맞은 글자를 쓰고, 어울리는 뜻을 찾아 선으로 이어 보세요.

1 방수 + ⬜ •　　　　• ㉠ 길쭉하게 둥근 타원 모양

2 타원 + ⬜ •　　　　• ㉡ 물이 스며들거나 배어들지 못하게 하는 성질

3 다음 문장과 어울리도록 틀린 글자를 바르게 고쳐 써 보세요.

> 횡단보도에서는 주위를 살피며 암전하게 건넌다.

4 다음 뜻에 알맞은 낱말을 빈칸에 써 보세요.

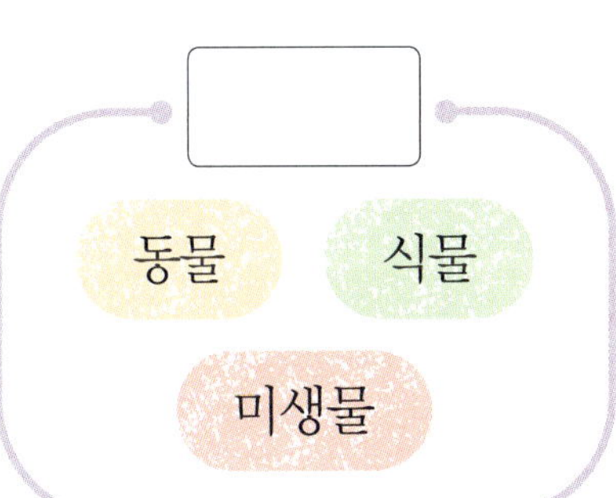

> 생명을 지닌 동물과 식물, 미생물을 모두 이르는 말

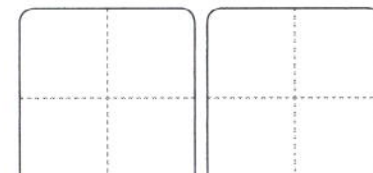

5~6 다음 낱말을 소리 내어 읽고, 빈칸에 따라 써 보세요.

5 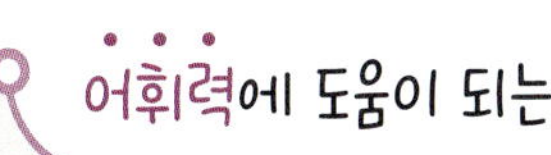 [흑] ➡ ⬜

6  [수컷] ➡ ⬜

빛의 화가 '모네'

일일 학습을 마치고, 워크북으로 생각을 정리해 보세요.　워크북 • 32쪽

❶ 클로드 모네는 1840년, 프랑스 파리에서 태어났어요. 모네의 별명*은 '빛의 화가'예요. 빛이 보여 주는 모습을 그대로 그리고 싶어 했지요.

❷ 빛에 따라서 우리 눈에 보이는 모습은 달라져요. 햇살*이 밝으면 푸른 나뭇잎이 더 진하게 보이고, 흐리면 우중충*해 보이지요. 그런데 빛은 시시각각* 달라져요. 공원의 나무도 사계절*의 풍경이 다 다르지요. 같은 날이라도 햇살의 세기와 방향에 따라 다르게 보이고요. 모네는 이 순간의 인상*을 그림에 담고 싶어 했어요. 그래서 모네는 인상주의 화가로 불려요.

❸ 모네는 같은 풍경을 몇 년이고, 몇 번이고 반복해서 그렸어요. 자신의 집의 정원에 있는 연못과 연못 위의 수련이 계절과 시간에 따라 변하는 모습을 그림에 담았지요. 다음 그림은 모두 모네의 정원을 그린 작품이에요. 장소는 같지만 그린 날짜가 다르니까 모습도 다르지요? 모네는 이런 〈수련〉 작품을 27년 동안이나 그렸어요. 그린 작품도 300여 점*이나 되지요.

▲ 〈수련〉 1906년, 클로드 모네

▲ 〈수련 연못〉 1917~1919년, 클로드 모네

┃ 낱말 풀이 ┃

• **별명** 생김새나 특징을 바탕으로 원래 이름 대신에 부르는 이름

• **햇살** 해에서 나오는 빛의 줄기

• **우중충** 색깔이 선명하지 못하거나 날씨나 분위기가 어두운 모양

• **시시각각** 각각의 시각

• **사계절** 봄·여름·가을·겨울의 네 계절

• **인상** 어떤 대상에 대하여 마음 속에 새겨지는 느낌

• **점** 그림이나 옷 따위를 세는 단위

내용 들여다보기

STEP 1 핵심 내용 정리하기

① 모네는 1840년, ☐☐☐ 파리에서 태어났어요.
  ↳ 모네의 ☐☐은 '빛의 화가'예요.

② 빛에 따라서 우리 눈에 보이는 모습은 달라져요.
  ↳ ☐☐☐ 빛은 시시각각 ~ ☐☐의 세기와 방향에 따라 다르게 보이고요.
  모네는 이 순간의 ☐☐을 그림에 담고 싶어 했어요.
  ↳ ☐☐☐ 모네는 인상주의 화가로 불려요.

③ 모네는 같은 ☐☐을 몇 년이고, 몇 번이고 반복해서 그렸어요.
  ↳ 집의 정원에 있는 ☐☐과 ~ ☐☐이 ~ 변하는 모습을 그림에 담았지요.
  ↳ 모네는 이런 〈수련〉 작품을 27년 동안이나 그렸어요.

STEP 2 짜임 이해하기

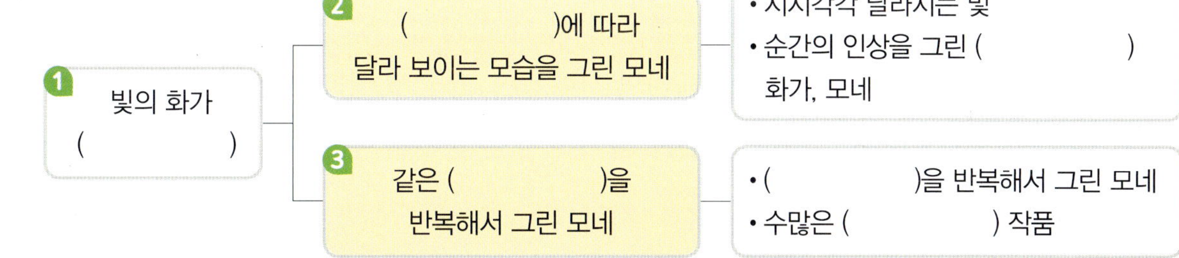

STEP 3 내용 요약하기

🖊 모네는 빛에 따라 달라 보이는 순간의 ____________________

화제 파악 **1** **이 글을 읽고 다음 빈칸에 들어갈 알맞은 낱말을 써 보세요.**

내용 이해 **2** **이 글에서 '모네'와 관계있는 낱말을 모두 찾아 색칠해 보세요.**

프랑스   화가   수련

미국   사진

내용 추론 **3** **이 글의 내용으로 알맞지 <u>않은</u> 것은 무엇인가요? (   )**

① 빛에 따라서 눈에 보이는 풍경은 달라진다.
② 모네는 순간의 인상을 그림에 담고 싶어 했다.
③ 모네는 집의 정원 풍경을 수십 번 반복해서 그렸다.
④ 같은 장소를 그린 모네의 작품들은 모두 모습이 다르다.
⑤ 모네는 그림을 잘 팔고 싶어서 같은 풍경을 수십 번 그렸다.

상황에 적용 **4** **이 글을 읽고 <u>이곳</u>은 어디인지 보기 에서 찾아 기호를 써 보세요. (   )**

─ 보기 ─

㉠ 프랑스 파리   ㉡ 모네의 정원   ㉢ 공원

• **수지**: 이곳은 수련이 예쁘게 피어 있구나.
• **채연**: 이곳은 모네가 살던 집에 있어.
• **정훈**: 모네는 이곳에서 연못의 풍경을 그렸지.

1~2 다음 뜻과 어울리는 낱말을 빈칸에 써 보세요.

1 각각의 시각을 뜻하는 말

시각 + 시각 =

2 봄·여름·가을·겨울의 네 계절을 뜻하는 말

봄·여름·가을·겨울 + 계절 =

3 다음 문장과 어울리도록 틀린 글자를 바르게 고쳐 써 보세요.

> 하늘이 우중층한 걸 보니 비가 올 것 같다.

4 다음 문장의 빈칸에 알맞은 낱말을 보기 에서 찾아 써 보세요.

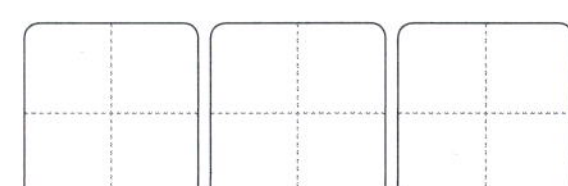

보기

| 권 | 점 | 톨 |

→ 우리 집 거실 벽에는 그림 3(   )이 걸려 있다.

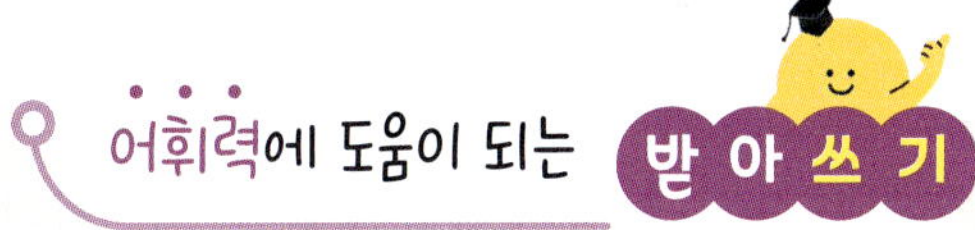

5~6 다음 낱말을 소리 내어 읽고, 빈칸에 따라 써 보세요.

5 

[햇살] →

6 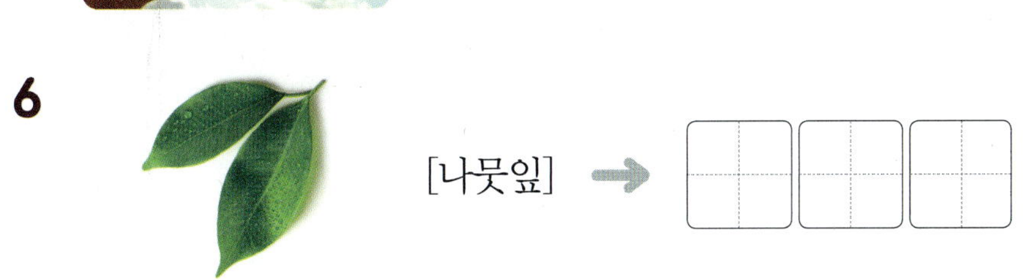

[나뭇잎] →

지역마다 다른 집 모양

❶ 집은 비바람˚을 막아 주고 추위나 더위를 피할 수 있게 해 줘요. 사람들은 자신이 사는 지역의 기후˚에 따라 전통˚적으로 다른 모양의 집을 짓고 살았어요.

❷ 눈이 많이 내리고 추운 북극˚ 지역에 사는 사람들은 눈을 이용해서 집을 지었어요. 단단하게 언 눈을 벽돌 모양으로 잘라 둥글게 쌓아 만든 집을 '이글루'라고 해요. 차가운 공기와 바람이 들어오지 않게 막아 줘서 이글루 안은 따뜻해요.

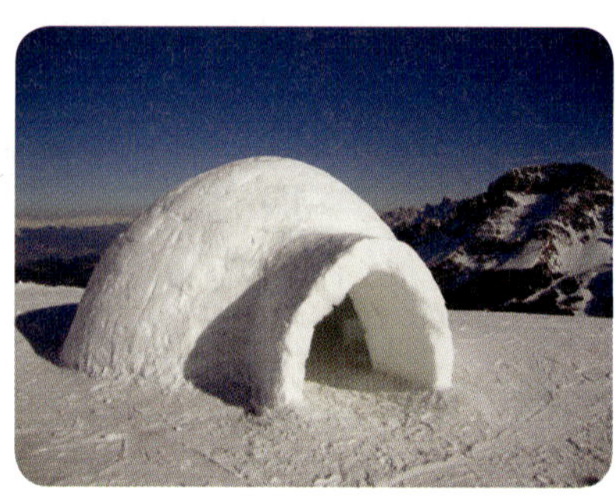
▲ 이글루

❸ 덥고 습한 열대 지역에 사는 사람들은 물가에 기둥을 세우고 그 위에 '수상 가옥'을 지었어요. 물 위에 집을 지으면 더위를 피할 수 있어요. 강이나 바다에서 물고기를 잡으며 먹고살기˚에도 편하지요.

▲ 수상 가옥

❹ 비가 적게 내려서 건조한 초원˚ 지역에 사는 사람들은 가축˚을 기르며 먹고살아요. 그래서 물과 풀을 찾아 돌아다니지요. 한곳에 머물지 않기 때문에 이동식 집, '유르트'를 지었어요. 유르트는 나무로 뼈대를 만들고 그 위에 가죽이나 털로 만든 천을 덮어 만들어요. 쉽고 빠르게 만들 수 있고, 다른 데로 이동할 때는 쉽게 옮겨 나를 수 있지요.

▲ 유르트

┃ 낱말 풀이 ┃

• **비바람** 비와 바람을 모아 이르는 말
• **기후** 한 지역에서 여러 해에 걸쳐 나타나는 기온, 비, 눈, 바람 등의 평균 상태
• **전통** 집단이나 공동체에서 전해 내려오는 정해진 생각이나 행동
• **북극** 지구의 북쪽 끝
• **먹고살다** 생계를 유지하다.
• **초원** 저온 건조하여 나무가 자랄 수 없어 풀이 나 있는 곳
• **가축** 집에서 기르는 소, 말, 양 등의 짐승

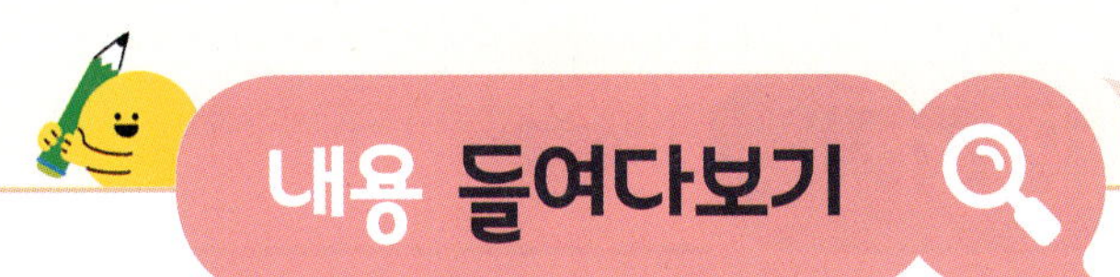

STEP 1 핵심 내용 정리하기

1 집은 비바람을 막아 주고 [ ][ ]나 더위를 피할 수 있게 해 줘요.

↳ 사람들은 ~ 지역의 기후에 따라 전통적으로 다른 모양의 [ ]을 짓고 살았어요.

2 북극 지역에 사는 사람들은 [ ]을 이용해서 집을 지었어요.

↳ 차가운 공기와 바람이 들어오지 않게 막아 줘서 [ ][ ][ ] 안은 따뜻해요.

3 열대 지역에 사는 사람들은 물가에 기둥을 세우고 ~ [ ][ ][ ][ ]을 지었어요.

↳ 물 위에 집을 지으면 [ ][ ]를 피할 수 있어요.

4 초원 지역에 사는 사람들은 [ ][ ]을 기르며 ~ 물과 풀을 찾아 돌아다니지요.

↳ 유르트는 ~ 가죽이나 털로 만든 [ ]을 덮어 만들어요.

STEP 2 짜임 이해하기

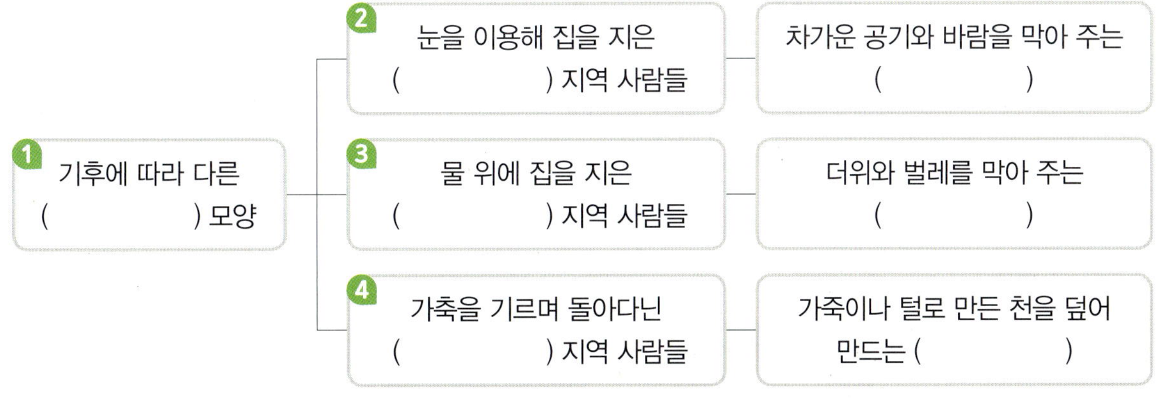

STEP 3 내용 요약하기

✎ 사람들은 자신들이 사는 지역의 기후에 따라 전통적으로 다른 모양의 집을 짓고 살았는데,

주제 파악 1 글쓴이가 이 글을 쓴 까닭은 무엇인지 빈칸에 써 보세요.

> (　　　　　　)에 따라 전통적인 집 모양이 다름을 알려 주려고

내용 이해 2 이 글을 읽고 다음 지역에 알맞은 전통 집을 찾아 선으로 이어 보세요.

[1] 눈이 많이 내리고 추운 북극 지역 ・

[2] 덥고 습한 열대 지역 ・

[3] 비가 적게 내려 건조한 초원 지역 ・

・㉠ 수상 가옥

・㉡ 유르트

・㉢ 이글루

내용 이해 3 이 글에서 설명한 다음 내용이 맞으면 ○표, 틀리면 ×표 해 보세요.

[1] 수상 가옥은 더위를 막아 준다. ⸺⸺⸺⸺⸺ (　　　)
[2] 유르트는 빠르게 만들고, 이동할 때는 쉽게 버릴 수 있다. (　　　)
[3] 이글루는 단단한 눈을 벽돌 모양으로 잘라 쌓아 만든다. (　　　)

상황에 적용 4 다음 대화는 이 글의 무엇에 대한 것인지 보기 에서 기호를 써 보세요. (　　　)

◀ 보기 ▶

㉠ 
유르트

㉡ 
이글루

㉢ 
수상 가옥

• **유정**: 눈으로 집을 만들다니, 너무 추울 것 같아.
• **예찬**: 오히려 두껍고 단단한 얼음 벽이 바람을 못 들어오게 막아 줘.
• **은솔**: 심지어 안에서 따뜻하게 불을 피우기도 해.

1~2 다음 낱말에 알맞은 뜻을 찾아 선으로 이어 보세요.

1 기후 •
· ㉠ 집에서 기르는 소, 말, 양 등의 짐승

2 가축 •
· ㉡ 한 지역에서 여러 해에 걸쳐 나타나는 기온, 비, 눈, 바람 등의 평균 상태

3~4 다음 문장의 빈칸에 알맞은 낱말을 보기 에서 찾아 써 보세요.

보기
초원 　　 전통 　　 북극

3 한복은 우리나라 고유의 [ ] 옷이다.

4 지구의 기온이 올라가서 [ ] 의 빙하가 녹는다.

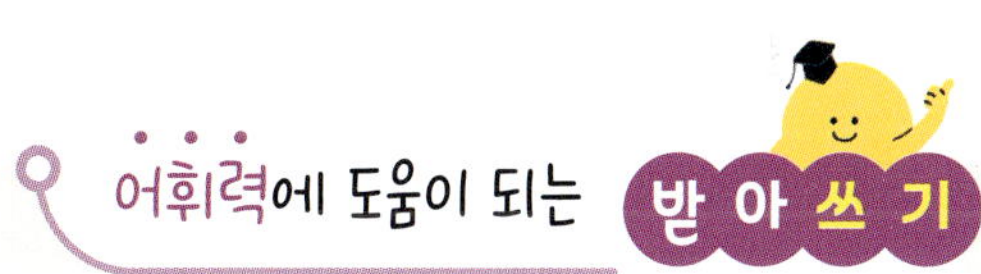
어휘력에 도움이 되는 받아쓰기

5~6 다음 낱말을 소리 내어 읽고, 빈칸에 따라 써 보세요.

5  [초원] ➡ [ ][ ]

6 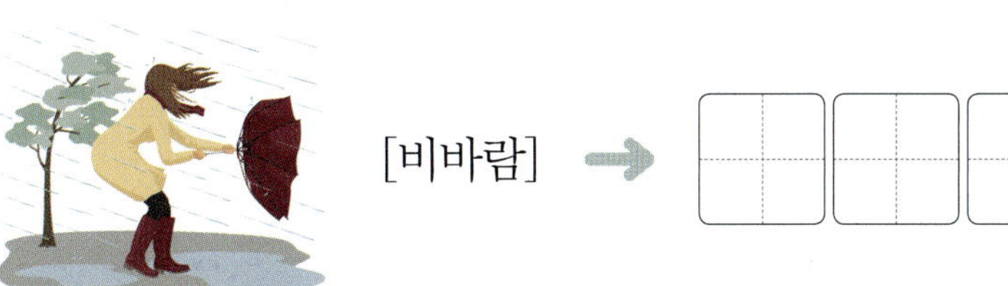 [비바람] ➡ [ ][ ][ ]

지진의 세기는 어떻게 표시할까?

지진의 세기는 '규모'와 '진도'라는 단위를 사용해서 재요. 규모는 지진의 강도를 나타내는 것이고 진도는 지진의 영향을 보여 주는 수치예요. 규모는 지진의 세기가 클수록 숫자가 커지는데, 규모가 1.0 증가할 때마다 에너지는 약 32배씩 늘어나요. 규모 1의 지진은 지진계에 의해서만 알 수 있는 약한 지진이지만 규모 5의 지진은 가구들이 움직이고 서 있기가 힘들어져요. 규모 9 이상은 건물과 땅이 무너지는 것이 눈으로 보일 정도로 큰 지진이에요.

소금쟁이는 왜 이름이 소금쟁이일까?

물가에 가면 쉽게 볼 수 있는 소금쟁이는 다리의 방수성 털과 더불어 긴 다리를 사방으로 벌리고 다니기 때문에 물에 가라앉지 않고 잘 떠다니죠. 이름이 소금쟁이인 까닭은 옛날에는 소금쟁이가 바닷가 근처의 짠물에서 산다고 생각했기 때문이래요. 그리고 또 다른 이유는 소금 장수가 지게에 소금을 지고 일어나는 모습과 소금쟁이가 다리를 벌리고 물 위에서 버티고 있는 모습이 닮아서라고 해요.

세계 여러 나라의 인사법이 궁금해요!

미국은 "헬로우"라고 말하며 서로 인사해요.

프랑스는 "살뤼"라고 말하며 양쪽 볼을 맞대고 뽀뽀를 하는 것처럼 쪽쪽 소리를 내요.

태국은 "싸와디 캅"이라고 말하며 양손을 모으고 고개를 숙여요.

인도는 "나마스떼"라고 말하며 양손을 입에다 붙였다 떼면서 서로 끌어안아요.

5주

고마운 엄마께

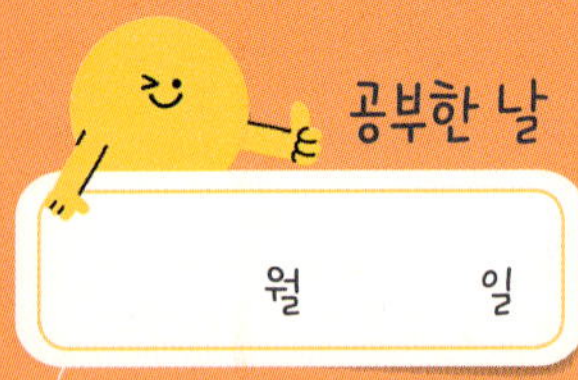

1 고마운 엄마께

2 엄마, 안녕하세요? 저 막내 지민이에요. 오늘 무슨 특별한 날도 아닌데 편지를 드려서 깜짝 놀라셨죠? 어리둥절한* 엄마 얼굴이 머릿속에 떠올라요. 하고 싶은 말이 있어서 편지를 썼어요. 얼굴을 보면서 말하려니 조금 쑥스러워서요*.

3 며칠 전에 제가 많이 아팠던 날 기억나세요? 열이 많이 나서 밥도 못 먹고 잠도 못 잔 날이요. 엄마가 밤새도록* 제 옆에 계셔 주셨잖아요. 그래서 다음 날 한숨*도 못 자고 회사에 출근하셨죠. 그런데도 엄마는 계속 제 걱정만 하셨어요. 그때는 제가 몸이 아파서 고맙다는 말도 못 했는데……. 내내* 마음속으로 '고맙습니다'라고 말하고 싶었어요. 엄마가 옆에 계셔서 아파도 꾹 참을 수 있었어요. 엄마, 고맙습니다! 저도 나중에 엄마가 편찮으시면* 꼭 옆에 있어 줄 거예요. 아, 아니다! 엄마가 편찮으시면 절대 안 되죠. 그럼, 엄마 힘드시지 않게 제가 안 아프고 늘 건강할게요! 하하!

4 앞으로도 엄마 말씀 잘 듣고, 반찬도 골고루 잘 먹을게요. 제 고마움을 가득 담아 이 편지를 드려요. 안녕히 계세요.

5 20○○년 6월 13일

6 지민이 올림

┃ 낱말 풀이 ┃

• **어리둥절하다** 무슨 까닭인지 몰라서 얼떨떨하다.

• **쑥스럽다** 하는 짓이나 모양이 우습고 싱겁다.

• **밤새다** 잠을 자지 않고 밤을 지내다.

• **한숨** 잠깐 동안의 휴식이나 잠

• **내내** 처음부터 끝까지 계속해서

• **편찮다** 몸이나 마음이 괴롭거나 병을 앓고 있다.

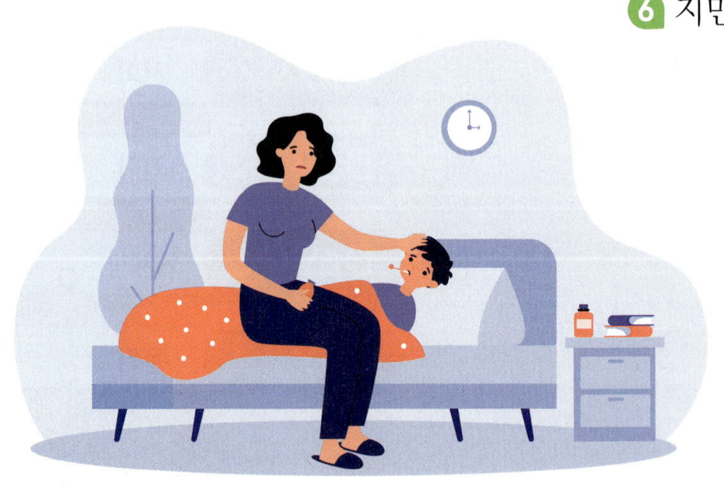

내용 들여다보기

STEP 1 핵심 내용 정리하기

1 고마운 ☐☐께

2 저 막내 지민이에요. 하고 싶은 말이 있어서 ☐☐를 썼어요.

3 며칠 전에 제가 많이 아팠던 날 ~ ☐☐가 ~ 제 옆에 계셔 주셨잖아요.
 ↳ 내내 마음속으로 '☐☐☐☐☐'라고 말하고 싶었어요.

4 제 고마움을 가득 담아 이 ☐☐를 드려요.

5 20○○년 ☐월 ☐일

6 지민이 ☐☐

STEP 2 짜임 이해하기

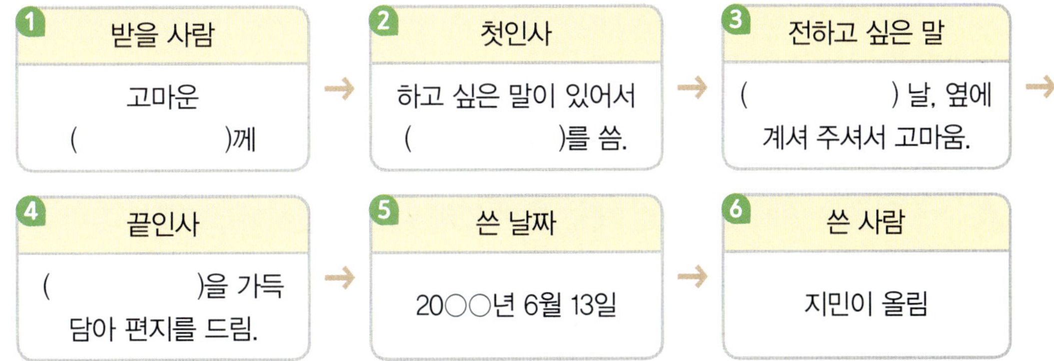

STEP 3 내용 요약하기

✎ 지민이는 아팠던 날, 옆에 계셔 주신 엄마께 ______________

____

구조 이해 **1** 이 편지를 받을 사람과 쓴 사람은 누구인가요?

받을 사람

쓴 사람

주제 파악 **2** 글쓴이가 이 편지를 쓴 까닭은 무엇인가요? (   )

① 감기로 열이 많이 나고 아파서

② 편지를 써서 엄마를 깜짝 놀라게 하려고

③ 엄마가 늘 행복하기를 바라는 마음을 전하려고

④ 아플 때 엄마가 옆에 있어 주어서 고맙다는 말을 하려고

⑤ 엄마 말씀 잘 듣고, 반찬도 골고루 먹겠다는 약속을 하려고

내용 추론 **3** 이 편지를 읽고, 말줄임표 다음에 들어갈 알맞은 말을 써 보세요.

> 그때는 제가 몸이 아파서 고맙다는 말도 못 했는데……
>
> ______________________________ .

상황에 적용 **4** 다음은 편지에 들어갈 내용 중 무엇에 대한 것인지 **보기** 에서 찾아 기호를 써 보세요. (   )

보기

㉠ 받을 사람	㉡ 첫인사	㉢ 전하고 싶은 말
㉣ 끝인사	㉤ 쓴 날짜	㉥ 쓴 사람

- **은경**: 편지를 누가 썼는지 알려야 해.
- **예지**: 그래서 편지 맨 마지막에 이름이나 자신이 누구인지 쓰지.
- **정국**: 편지를 받을 사람이 웃어른이면 이름 뒤에 '올림'이라고 써야 해.

1 다음 뜻에 알맞은 낱말을 빈칸에 써 보세요.

→ 잠을 자지 않고 밤을 지내다.   밤 + 새다 =

2 다음 밑줄 친 말과 바꿔 쓸 수 있는 낱말을 보기 에서 찾아 써 보세요.

보기

| 한결 | 한숨 | 한참 |

→ <u>한잠</u>도 못 자고 학교에 갔다. ( )

3~4 다음 문장의 빈칸에 들어갈 알맞은 낱말을 골라 색칠해 보세요.

3 친구들 앞에서 발표하려니 [ ] 얼굴이 빨개졌다.

쑥스러워서   어리둥절해서

4 오늘은 담임 선생님이 [ ] 학교에 오지 못하셨다.

건강하셔서   편찮으셔서

어휘력에 도움이 되는 **받아쓰기**

5~6 다음 낱말을 소리 내어 읽고, 빈칸에 따라 써 보세요.

5 [밤새다] →

6 [편찮다] →

통일을 이루자!

일일 학습을 마치고, 워크북으로 생각을 정리해 보세요. 워크북 • 38쪽

❶ 남한과 북한은 원래 같은 민족으로 한 나라를 이루며 살아왔어요. 그런데 지금은 남한과 북한으로 나뉘어 남남⋅처럼 지내며 서로 왕래⋅하지 않아요. 같은 민족이었던 남한과 북한이 하루빨리 통일⋅을 이루어야 한다고 생각해요.

❷ 통일이 되면 좋은 점이 많아요. 첫째, 남한과 북한이 자유롭게 오가며 여행을 갈 수 있어요. 또한 북한에서 기차를 타고 바로 중국을 거쳐 유럽까지 갈 수도 있어요. 둘째, 이산가족⋅이 다시 만날 수 있어요. 가족인데 만나지 못하고, 서로 소식을 모른 채 사는 것은 너무 슬픈 일이에요. 셋째, 북한의 풍부한 자원⋅과 남한의 기술이 만나 더욱 강한 나라가 될 수 있어요. 국토⋅도 넓어지고 인구도 많아지기 때문에 나라의 힘을 기를 수 있지요.

❸ 남한과 북한이 자유롭게 오가고, 이산가족이 다시 만나고, 나라의 힘이 강해질 수 있기 때문에 통일이 되어야 한다고 생각해요. 통일은 같은 민족인 남한과 북한이 다시 하나가 되는 걸 의미해요. 통일은 평화⋅로 가는 길이에요.

❘ 낱말 풀이 ❘

- **남남** 서로 아무런 관계가 없는 남과 남
- **왕래** 서로 오가거나 교제하여 사귐.
- **통일** 나누어진 것을 하나로 합침.
- **이산가족** 남과 북으로 나뉘어 흩어져서 소식을 모르는 가족
- **자원** 인간 생활 및 경제 생산에 이용되는 것들을 이르는 말
- **국토** 한 나라의 지배권이 미치는 지역
- **평화** 평온하고 화목함.

STEP 1 핵심 내용 정리하기

1 남한과 북한은 원래 같은 ☐☐ 으로 한 나라를 이루며 살아왔어요.

↳ 남한과 북한이 하루빨리 ☐☐ 을 이루어야 한다고 생각해요.

2 통일이 되면 좋은 점이 많아요.

↳ 첫째, 남한과 북한이 자유롭게 오가며 ☐☐ 을 갈 수 있어요.

↳ 둘째, ☐☐☐☐ 이 다시 만날 수 있어요.

↳ 셋째, 북한의 풍부한 ☐☐ 과 남한의 ☐☐ 이 만나 더욱 강한 나라가 될 수 있어요.

3 ☐☐ 은 같은 민족인 남한과 북한이 다시 하나가 되는 걸 의미해요.

↳ 통일은 ☐☐ 로 가는 길이에요.

STEP 2 짜임 이해하기

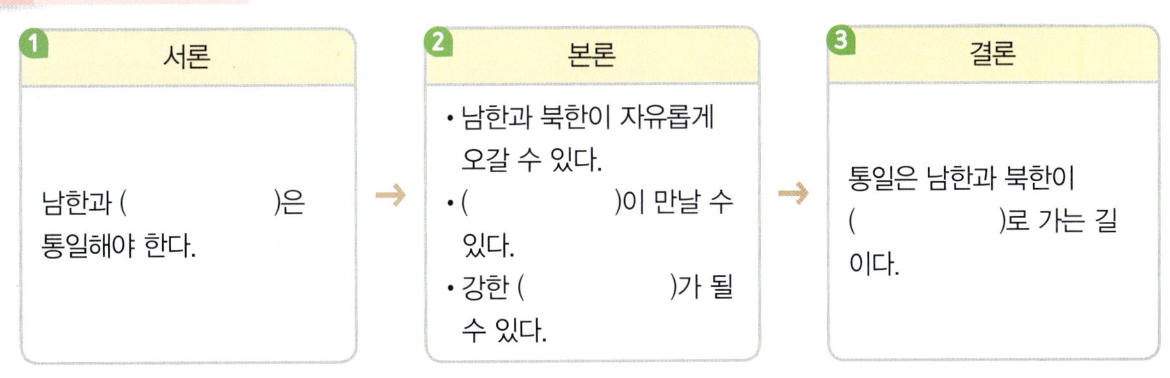

STEP 3 내용 요약하기

✎ 남한과 북한이 자유롭게 오가고, 이산가족이 다시 만나고, 나라의 힘이 강해질 수 있기 때문에

화제 파악 **1** 글쓴이가 이 글을 쓴 까닭은 무엇인지 빈칸에 써 보세요.

> (   )과 (   )이 통일해야 한다고 주장하려고

내용 이해 **2** 이 글의 내용과 맞으면 ○표, 틀리면 ✕표 해 보세요.

[1] 통일이 되면 이산가족이 다시 만날 수 있다. ┄┄┄┄┄┄┄ (   )

[2] 통일이 되면 남한과 북한을 자유롭게 여행할 수 있다. ┄ (   )

[3] 통일이 되면 북한의 기술과 남한의 자원이 만나 강한 나라가 될 수 있다. ┄┄┄┄┄┄┄┄┄┄┄┄┄┄┄┄┄┄┄┄┄┄┄┄┄┄┄┄ (   )

내용 추론 **3** 이 글과 다음 신문 기사를 읽고 빈칸에 공통으로 들어갈 알맞은 말을 써 보세요.

통일신문	20○○년 ○○월 ○○일

남한과 북한, 더 늦기 전에…….

남한과 북한의 (   )은 1985년부터 2018년까지 21차례 만남을 가졌습니다. 그러나 통일부는 남한 (   )의 82%가 북한에 있는 가족의 소식을 알지 못한다고 밝혔습니다.

상황에 적용 **4** 이 글을 읽고 다음 대화가 무엇에 관한 것인지 빈칸에 써 보세요.

> • **은서**: 나는 통일이 되면 개마고원을 가고 싶어. 여름에도 서늘하대.
> • **민석**: 나는 평양에 가서 평양냉면을 먹고 싶어. 평양의 옥류관이 유명하대.
> • **수지**: 나는 백두산을 가 볼 거야. 사진으로 봤는데 너무 멋졌어.

→ (   )이/가 되면 하고 싶은 것

1~2 다음 낱말에 알맞은 뜻을 찾아 선으로 이어 보세요.

1 남남 •

• ㉠ 서로 오가거나 교제하여 사귐.

2 왕래 •

• ㉡ 서로 아무런 관계가 없는 남과 남

3~4 다음 문장의 빈칸에 알맞은 낱말을 보기 에서 찾아 써 보세요.

보기

| 자원 | 국토 | 평화 |

3 북한은 금, 은, 철, 아연 등의 [ ]이/가 많이 있다.

4 한반도는 우리나라의 [ ] 전체를 이르는 말이다.

어휘력에 도움이 되는 **받아쓰기**

5~6 다음 낱말을 소리 내어 읽고, 빈칸에 따라 써 보세요.

5 

[자원] ➡ [ ][ ]

6 

[평화] ➡ [ ][ ]

태풍은 무엇일까요?

일일 학습을 마치고, 워크북으로 생각을 정리해 보세요. 워크북 40쪽

공부한 날

월   일

관련 교과 여름 1-1
여름 나라

❶ 해마다 여름이 되면 강한 비바람이 몰아쳐요. 바람이 너무 세게 불어서 간판이 날아가기도 하고 가로수가 뽑히기도 하지요. 비가 많이 내려서 길거리가 물에 잠기기도 하고요. 이 무시무시한 날씨는 바로 태풍 때문이에요.

❷ 태풍은 적란운이라는 구름에서 시작돼요. 여름에는 많은 물이 수증기가 되어 공기 중에 올라와요. 적란운은 주변의 수증기를 빨아들이면서 점점 커지죠. 이렇게 커진 적란운은 움직이면서 더욱 커지고 강해져요. 그래서 비가 많이 내리고 바람이 세게 부는 거예요. 심하면 천둥과 번개가 치기도 하지요. 이렇게 수증기를 머금은 구름이 빠르게 빙빙 돌면서 움직이며 강한 비바람이 몰아치는 현상을 태풍이라고 해요.

❸ 그런데 태풍은 지구에 필요해요. 태풍이 불면서 더운 지역의 열을 추운 지역에 전해 줘요. 지구에 있는 열을 골고루 나누는 거예요. 그래서 태풍이 불면 무더위가 한풀 꺾여요. 게다가 많은 비가 내려서 가뭄을 해결할 수도 있어요. 또한 강한 바람으로 바닷물을 골고루 섞으며 정화해 주어 바닷물이 깨끗해져요.

낱말 풀이

- **가로수** 길을 따라 줄지어 심은 나무
- **적란운** 위로 높게 솟은 모양으로 비를 많이 머금은 구름
- **수증기** 기체 상태로 되어 있는 물
- **무더위** 습도와 온도가 매우 높아 찌는 듯한 더위
- **한풀** 기세나 기운이 어느 정도로
- **가뭄** 오랫동안 계속하여 비가 내리지 않아 메마른 날씨
- **정화** 더러운 것을 깨끗하게 함.

내용 들여다보기

STEP 1 핵심 내용 정리하기

1 우리 조상들은 '석빙고'를 만들어서 ☐☐을 보관했어요.

↳ 석빙고는 자연에서 얼음을 보관하는 얼음 ☐☐예요.

2 석빙고에 담긴 우리 조상들의 지혜를 살펴볼까요?

↳ 먼저 석빙고의 입구를 ☐☐이 불어오는 방향에 만들었어요.

↳ 지붕에는 ☐☐를 심어 태양의 뜨거운 열기를 막았어요.

↳ 천장에는 구멍을 만들어서, ~ 더운 ☐☐가 빠져나갈 수 있게 했고 ~ 얼음과 얼음 사이에 ~ ☐☐나 짚을 단열재로 넣고 얼음을 쌓았어요.

3 하지만 석빙고 안의 얼음이 녹는 걸 완전히 막지는 못했어요.

↳ ☐☐☐☐ 석빙고 ☐☐을 비스듬하게 만들어서 ~ 물이 ~ 빠져나갈 수 있게 했어요.

↳ ☐☐☐는 우리 조상들의 지혜로 만들어진 과학적인 건축물이에요.

STEP 2 짜임 이해하기

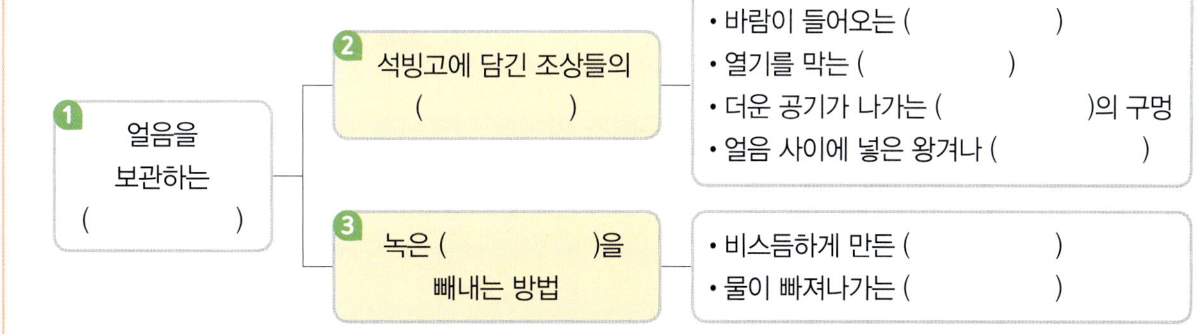

STEP 3 내용 요약하기

✎ 얼음을 녹지 않게 보관하는 석빙고는 __________________________

화제 파악 **1** 이 글에서 설명하는 내용은 무엇인지 빈칸에 써 보세요.

> 조상들의 지혜로 만들어진 과학적인 건축물인 (   )

내용 이해 **2** 이 글을 읽고 다음 설명에 알맞은 것을 찾아 선으로 이어 보세요.

(1) 얼음을 녹지 않게 보관하고 옛날에 사용했다. •

     • ㉠ 냉동고

(2) 기계가 온도를 직접 낮추고 오늘날 사용한다. •

     • ㉡ 석빙고

내용 추론 **3** 이 글에서 설명한 다음 내용에 맞는 것을 석빙고 그림에서 찾아 기호를 써 보세요.

(1) 녹은 물이 빠져나가는 길이다.   (   )

(2) 얼음과 얼음 사이에 왕겨나 짚을 깔았다.   (   )

(3) 천장으로 더운 공기가 빠져나가는 구멍이다.   (   )

비판과 평가 **4** 이 글을 읽고 다음 빈칸에 들어갈 알맞은 낱말을 보기 에서 찾아 써 보세요.

보기

> 구멍   바닥   얼음

> • **은서**: 옛날에도 여름에 (   )을 먹을 수 있었다니 신기해.
> • **민수**: 천장에 (   )을 만들어서 더운 공기가 빠져나가게 한 건 과학적인 원리야.
> • **경민**: (   )을 비스듬하게 만든 것을 봐도 조상들의 지혜를 엿볼 수 있어.

1~2 다음 빈칸에 알맞은 글자를 쓰고, 어울리는 뜻을 찾아 선으로 이어 보세요.

1 단열 + ⬜ •

• ㉠ 물이 빠져나갈 수 있도록 만든 길

2 배수 + ⬜ •

• ㉡ 열을 차단하기 위해 쓰는 재료

3~4 다음 문장의 빈칸에 알맞은 낱말을 골라 색칠해 보세요.

3 ⬜ 을 엮어서 초가집 지붕 위에 올려놓았다.

집   짚

4 한낮에 돌아다니면 뜨거운 ⬜ 로 땀이 솟아난다.

열기   냉기

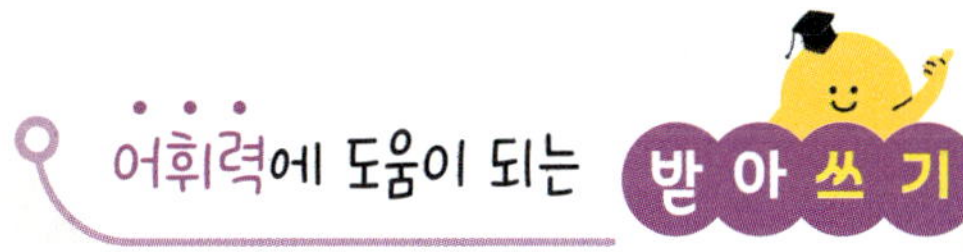

5~6 다음 낱말을 소리 내어 읽고, 빈칸에 따라 써 보세요.

5  [짚] ➡ ⬜

6  [얼음] ➡ ⬜⬜

누가 더 나을까?

1 어느 날 밤, 산에 사는 늑대가 먹이를 찾다가 마을까지 내려왔어요. 늑대는 어느 집 마당을 기웃거리다 개를 만났어요.

2 늑대는 찬찬히 개를 살펴보았어요. 개는 포동포동 살이 올라 있었죠. 그 순간 늑대 배 속에서 꼬르륵 소리가 났어요. 개가 안쓰럽다는 듯이 말했어요.

"배가 많이 고픈가 보구나."

"요즘 먹을 게 통˙ 없거든. 사냥˙하는 게 쉽지 않아."

3 "저런, 뭐하러 힘들게 사냥을 하니? 나처럼 사람들이랑 같이 살면 사람들이 먹이를 줄 텐데."

개가 으스대며 말하자, 늑대는 개를 놀렸어요.

"쳇, 잘난 척할 거 없어. 그래 봤자 목줄에 매여서 집 밖으로 한 발짝˙도 나오지 못하잖아. 자유˙롭게 살지 못할 바에야 좀 배고픈 게 낫지˙!"

개도 늑대에게 비웃음˙을 퍼부었어요.

"흥, 그까짓 자유가 뭐라고 자랑이니? 배고픈 것보다야 자유롭지 못한 게 낫지!"

늑대와 개는 서로 자신의 처지˙가 낫다며 싸웠어요.

4 그런데 갑자기 집에서 사람들이 나왔어요. 늑대는 놀라 달아나고, 개는 몸을 낮추며 사람들을 향해 꼬리를 흔들었어요.

내용 들여다보기

❶ 어느 날 밤, 산에 사는 [　][　]가 먹이를 찾다가 ~ 어느 집 마당을 기웃거리다 [　]를 만났어요.

❷ 그 순간 늑대 배 속에서 [　][　][　] 소리가 났어요.

↳ "요즘 먹을 게 통 없거든. [　][　] 하는 게 쉽지 않아.

❸ "저런, ~ 사람들이랑 같이 살면 사람들이 [　][　]를 줄 텐데."

↳ 개가 으스대며 말하자, [　][　]는 개를 비웃었어요.

↳ 개도 늑대에게 [　][　][　]을 퍼부었어요.

❹ [　][　][　] 갑자기 [　]에서 사람들이 나왔어요.

↳ 늑대는 놀라 달아나고, 개는 ~ 꼬리를 흔들었어요.

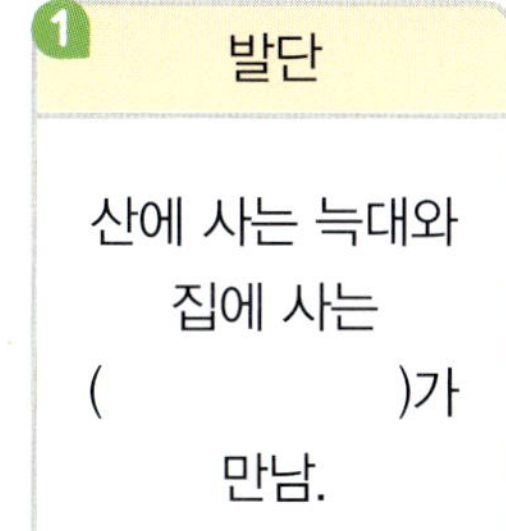

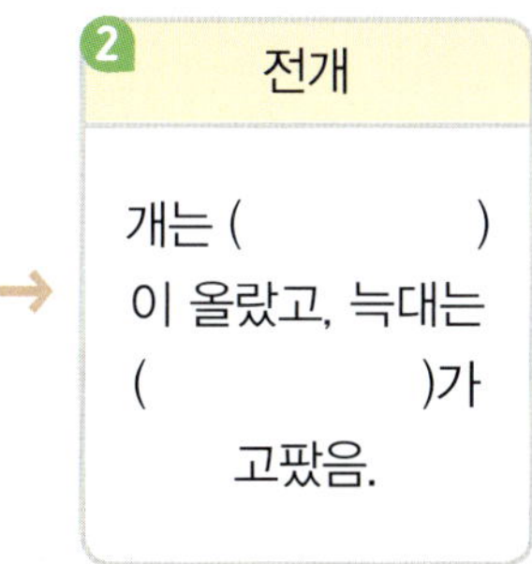

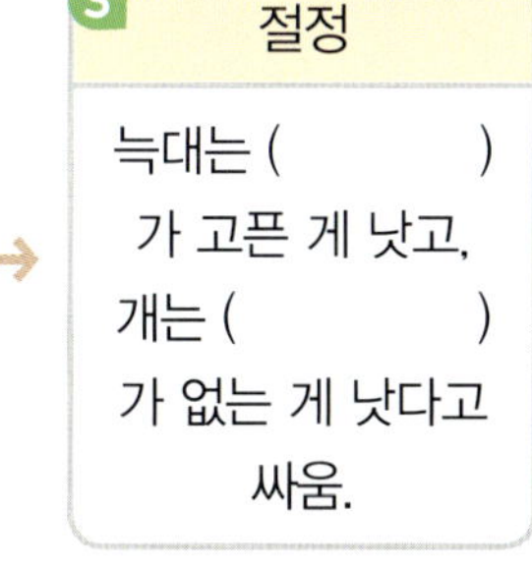

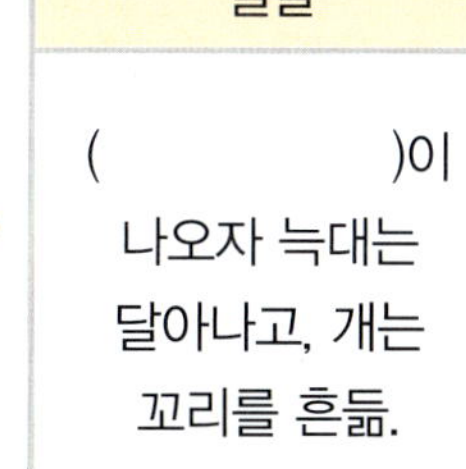

________________________________ 개는 배고픈 것보다 자유롭지 못한 게 낮다고 서로 싸운다.

화제 파악

1 이 글에 등장하는 인물은 누구인지 빈칸에 써 보세요.

[1] 산에서 사는 (　　　　　)　　　　**[2]** 집 마당에서 사는 (　　　　　)

내용 이해

2 이 글의 내용으로 알맞지 <u>않은</u> 것은 무엇인가요? (　　　　)

① 개는 목줄을 하고 있다.

② 개는 포동포동 살이 올랐다.

③ 개는 사냥을 해서 먹이를 얻는다.

④ 늑대는 먹을 게 없어서 배가 고프다.

⑤ 늑대는 먹이를 찾아 마을까지 내려왔다.

비판과 평가

3 이 글을 읽고 알맞은 감상을 말하지 <u>않은</u> 친구는 누구인가요? (　　　　)

- **민경**: 이 글은 자유로운 삶에 대한 이야기야.
- **은찬**: 자유를 포기해야 한다면 무엇 때문일까?
- **수지**: 늑대와 개는 이길 때까지 포기하지 않고 싸웠어야 해.
- **정우**: 자유를 중요하게 생각해서 지키려고 노력하는 사람들도 있어.

상황에 적용

4 **보기**의 들고양이와 집고양이는 이 글의 누구와 생각이 비슷한지 빈칸에 써 보세요.

보기

- **들고양이**: 아무리 배가 불러도 마음대로 돌아다니지 못하면 행복하지 않을 거 같아. 배고픈 거야 좀 참을 수 있지.
- **집고양이**: 돌아다니지 못하는 것만 조금 참으면 돼. 배불리 먹는 게 더 행복하지.

[1] 들고양이 = (　　　　　)　　　　**[2]** 집고양이 = (　　　　　)

1~3 다음 밑줄 친 낱말 대신 쓸 수 있는 낱말을 찾아 선으로 이어 보세요.

1 짝꿍은 <u>도무지</u> 말이 없었다.   •　　　　•㉠ 놀림

2 사람들이 그에게 <u>비웃음</u>을 당했다.   •　　　　•㉡ 발짝

3 방에서 한 <u>발자국</u>도 움직일 수 없었다. •　　　　•㉢ 통

4 **보기** 의 뜻에 알맞은 낱말을 찾아 색칠해 보세요.

> **보기**
>
> 보다 더 좋다, 혹은 병이나 상처 따위가 고쳐진다는 뜻

낫다   낳다

어휘력에 도움이 되는 **받아쓰기**

5~6 다음 낱말을 소리 내어 읽고, 빈칸에 따라 써 보세요.

5  [비웃음] → 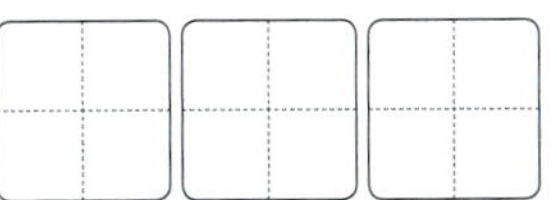

6  [사냥] → 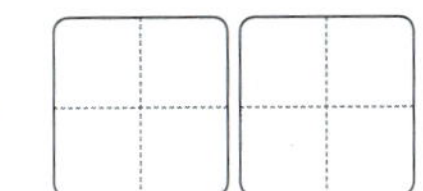

구름은 어떻게 만들어질까?

하늘에 둥실 떠 있는 하얀 구름, 비 오기 전에 잔뜩 찌푸린 회색 구름들은 어떻게 만들어질까요? 구름은 아주 작은 물방울인 수증기가 모여서 하늘 높이 떠 있는 것이에요. 따뜻하고 습한 공기가 산을 따라 상승해서 구름이 생기기도 하고, 찬 공기와 더운 공기가 만나서 더운 공기가 찬 공기 위로 상승하게 되면 구름이 생기지요. 이 외에도 구름이 생기게 되는 경우는 아주 많아요. 그래서 하늘에는 항상 구름이 떠 있는 건가 봐요.

옛날 사람들은 더위를 어떻게 피했을까?

에어컨이나 선풍기가 없던 옛날에 우리 조상들은 부채질을 하면서 찬물에 발을 담그고, 밤에는 죽부인을 껴안고 잤어요. 죽부인은 대나무로 길고 둥글게 엮어서 만든 통인데, 바람이 잘 통해서 여름밤에 죽부인을 안고 자면 시원했다고 해요. 또 무더위를 건강하게 잘 넘기기 위해서 복날에 삼계탕을 먹는 풍습이 있었는데, 오늘날까지 그 풍습이 이어지고 있어요.

늑대와 개는 어떻게 다를까?

사람과 가장 친숙한 동물인 개의 조상은 회색 늑대에요. 과학자들이 유전자 분석을 해 보니 개의 유전자는 아시아 쪽 고대 늑대와 가깝다고 해요. 아주 오랜 옛날에 늑대가 사람에게 길들여져서 가축이 되는 경우가 생겼고, 사람에게 길들여진 늑대가 시간이 지나면서 개가 된 것이죠. 그래서 유전적으로는 개와 늑대가 0.04% 밖에 차이가 나지 않아요.

6주

헌 이 줄게 새 이 다오

일일 학습을 마치고, 워크북으로 생각을 정리해 보세요.　워크북 • 46쪽

공부한 날

월　　　일

관련 교과 초등국어 2-2
인상 깊었던 일을 써요

1 날짜: 20○○년 ○○월 ○○일 ○요일

2 날씨: 햇볕이 쨍쨍

3 제목: 까치야, 헌 이 줄게 새 이 다오.

4 흔들거리던 앞니가 오늘 빠지고야 말았다. 치과에 가지 않고 버텼는데 결국 빠지고야 말았다. 짝꿍 민지의 앞니가 빠졌을 때 골리며 웃은 게 후회됐다. 이제 민지가 나를 보면 쌤통이라고 하겠지.

내가 속상한 표정을 지으니까 할머니께서 위로해 주셨다.

"저런, 이가 예쁘게 빨리 날 수 있게 할미가 비결을 알려 줘야겠구나."

나는 이가 빨리 난다는 얘기에 귀가 솔깃했다. 할머니께서는 나를 마당으로 데려가셨다. 그러더니 노래를 알려 주셨다.

"까치야, 까치야, 헌 이 줄게 새 이 다오."

이렇게 노래를 부르면서 이를 지붕 위에 던지라고 하셨다.

"와, 까치가 내 이를 물어다 주는 거예요?"

나는 신나게 노래를 불렀다. 빠진 이도 지붕 위로 휙 던졌다.

아마도 민지는 이 비결을 모르겠지. 앞니가 빠져서 속상했는데, 할머니께서 위로해 주셔서 정말 고마웠다.

❘ 낱말 풀이 ❘

- **헌** 오래되어 멀쩡하지 않고 낡은
- **앞니** 앞쪽으로 위아래에 각각 네 개씩 나 있는 이
- **짝꿍** 짝을 이루는 동료
- **골리다** 상대를 놀리거나 약을 올리거나 골이 나게 하다.
- **쌤통** 남의 사정이 안 좋게 된 것을 보고 고소해 한다는 뜻
- **비결** 세상에 알려지지 않은 자기만의 뛰어난 방법

내용 들여다보기

STEP 1 핵심 내용 정리하기

① ☐☐ : 20○○년 ○○월 ○○일 ○요일

② 날씨 : 햇볕이 ☐☐

③ 제목 : 까치야, 헌 ☐ 줄게 새 이 다오.

④ 흔들거리던 ☐☐ 가 오늘 빠지고야 말았다.

↳ ☐☐ 민지의 앞니가 빠졌을 때 골리며 웃은 게 후회됐다.

↳ 할머니께서는 ~ 노래를 부르면서 ☐를 지붕 위에 던지라고 하셨다.

↳ 앞니가 빠져서 속상했는데, ☐☐☐ 께서 위로해 주셔서 정말 고마웠다.

STEP 2 짜임 이해하기

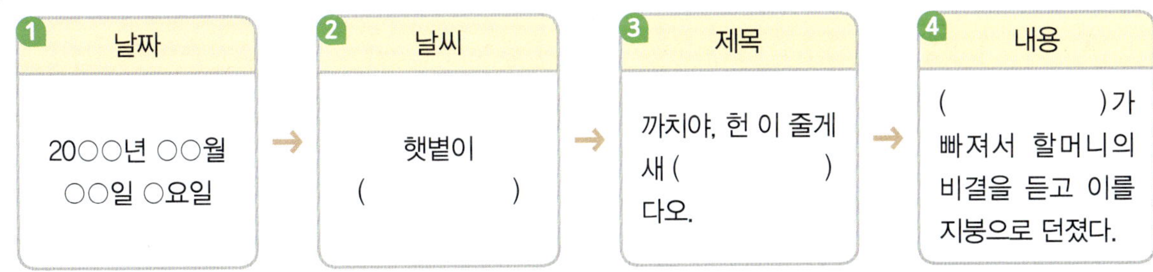

STEP 3 내용 요약하기

✎ ____

할머니께서 이가 예쁘게 빨리 나올 수 있는 비결을 알려 주시며 위로해 주셨다.

구조 이해 **1** 이 글에 나오지 <u>않은</u> 내용은 무엇인가요? (　　　)

① 날짜　　　　② 날씨　　　　③ 일어난 일

④ 보내는 사람　　⑤ 생각이나 느낌

내용 이해 **2** 이 글의 글쓴이에게 오늘 일어난 일은 무엇인가요? (　　　)

① 치과에 갔다.

② 앞니가 빠졌다.

③ 짝꿍 민지를 골리며 웃었다.

④ 까치가 새 이를 물어다 줬다.

⑤ 민지에게 할머니가 말해 준 비결을 알려 줬다.

내용 이해 **3** 이 글의 글쓴이가 후회하고 있는 일을 찾아 ○표 해 보세요.

(1) 치과에 가지 않고 버틴 일 ┈┈┈┈┈┈┈┈┈ (　　　)

(2) 민지의 앞니가 빠졌을 때 골리며 웃은 일 ┈┈┈ (　　　)

(3) 노래를 부르며 헌 이를 지붕 위에 던진 일 ┈┈┈ (　　　)

상황에 적용 **4** 보기 는 이 일기의 어느 부분에 해당하는지 찾아 색칠해 보세요.

> ┤ 보기 ├
>
> 　앞니가 빠져서 속상했는데, 할머니께서 위로해 주셔서 정말 고마웠다.

언제　　　　　　있었던 일

누구와　　　　생각이나 느낌

1~2 다음 뜻에 알맞은 낱말을 찾아 색칠해 보세요.

1 남의 사정이 안 좋게 된 것을 보고 고소해 한다는 뜻

쌤통

심통

2 앞쪽으로 위아래에 각각 네 개씩 나 있는 이

앞이

앞니

3~4 다음 빈칸에 모두 들어갈 수 있는 낱말을 뜻을 참고하여 써 보세요.

3 낡은 ☐ 신발을 버리고 새 신발을 샀다.

4 입지 않는 ☐ 옷들을 모아서 옷 수거함에 넣었다.

오래되어 멀쩡하지 않고 낡은

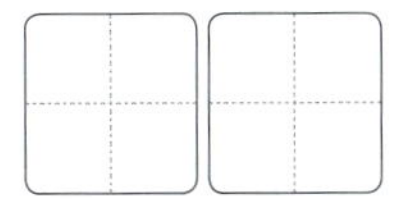 어휘력에 도움이 되는 **받아쓰기**

5~6 다음 낱말을 소리 내어 읽고, 빈칸에 따라 써 보세요.

5  [치과] ➡ ☐☐

6 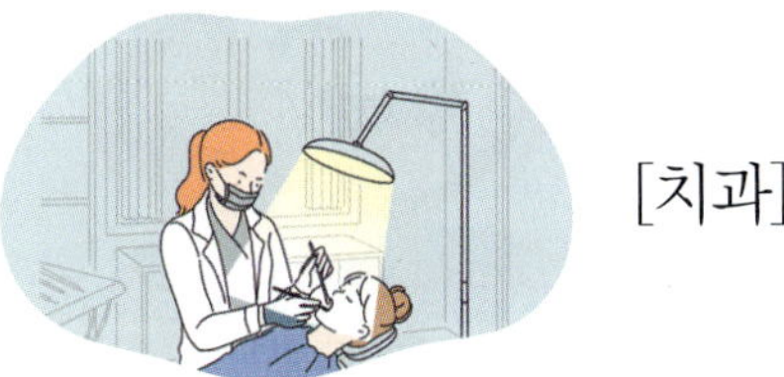 [짝꿍] ➡ ☐☐

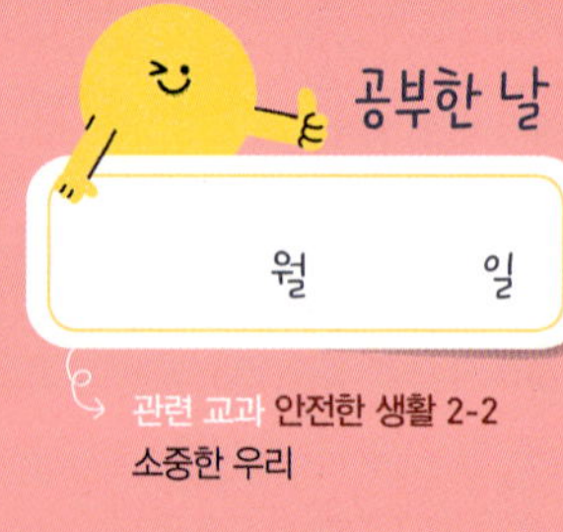

Day 27

괴롭힘을 멈춰요!

❶ 친구들과 사이좋게 지내려면 어떻게 해야 할까요? 친하다고 친구를 허물없이˙ 막 대하다 보면 자신도 모르게 친구를 괴롭힐 수 있어요.

❷ 어떤 행동이 친구를 괴롭히는 행동일까요? 첫째, 맛있는 걸 사 달라고 꼬드기거나˙ 물건을 함부로 가져가는 행동이 있어요. 친하다고 남의 물건을 허투루˙ 하는 건 남을 괴롭히는 행동이에요. 둘째, 장난을 치면서 꼬집거나 툭 치는 등 남의 몸을 함부로 하는 행동이 있어요. 친하다고 남의 몸을 집적거리며 장난을 치면 안 되겠지요. 셋째, 휴대 전화로 나쁜 말이나 놀리는 말을 하는 것도 친구를 괴롭히는 행동이에요. 그런 말을 들으면 기분이 나빠지고 우울해져요. 당황스러워 말문˙이 막히기도 하지요. 눈앞에 친구가 보이지 않는다고 휴대 전화로 막말˙을 하면 안 돼요. 괴롭히는 행동은 몸과 마음 모두 포함돼요.

❸ 다른 사람의 몸과 마음을 괴롭히는 것은 폭력˙이에요. 폭력은 힘으로 남을 억누르는 걸 말해요. 폭력을 저지르면˙ 또 다른 폭력이 생겨날 수 있어요. 친구 사이에 괴롭힘을 멈추고 서로를 배려해야 해요.

| 낱말 풀이 |

• **허물없이** 서로 매우 친하여, 체면을 돌보거나 조심할 필요가 없이

• **꼬드기다** 어떠한 일을 하도록 남의 마음을 꾀어 하게 만들다.

• **허투루** 아무렇게나 되는대로

• **말문** 말을 할 때에 여는 입, 말을 꺼내는 첫머리

• **막말** 나오는 대로 함부로 말함.

• **폭력** 남을 거칠고 사납게 제압할 때에 쓰는 수단이나 힘

• **저지르다** 죄를 짓거나 잘못이 생겨나게 행동하다.

내용 들여다보기

STEP 1 핵심 내용 정리하기

1 친구들과 사이좋게 지내려면 어떻게 해야 할까요?

⮡ 친하다고 친구를 허물없이 막 대하다 보면 ~ [ ][ ]를 괴롭힐 수 있어요.

2 어떤 행동이 친구를 괴롭히는 행동일까요?

⮡ [ ][ ], 맛있는 걸 사 달라고 꼬드기거나 [ ][ ]을 함부로 가져가는 행동이 있어요.

⮡ [ ][ ], 장난을 치면서 꼬집거나 툭 치는 등 남의 [ ]을 함부로 하는 행동이 있어요.

⮡ [ ][ ], 휴대 전화로 나쁜 [ ]이나 놀리는 말을 하는 것도 친구를 괴롭히는 행동이에요.

3 다른 사람의 몸과 마음을 괴롭히는 것은 [ ][ ]이에요.

⮡ 친구 사이에 괴롭힘을 멈추고 [ ][ ]를 배려해야 해요.

STEP 2 짜임 이해하기

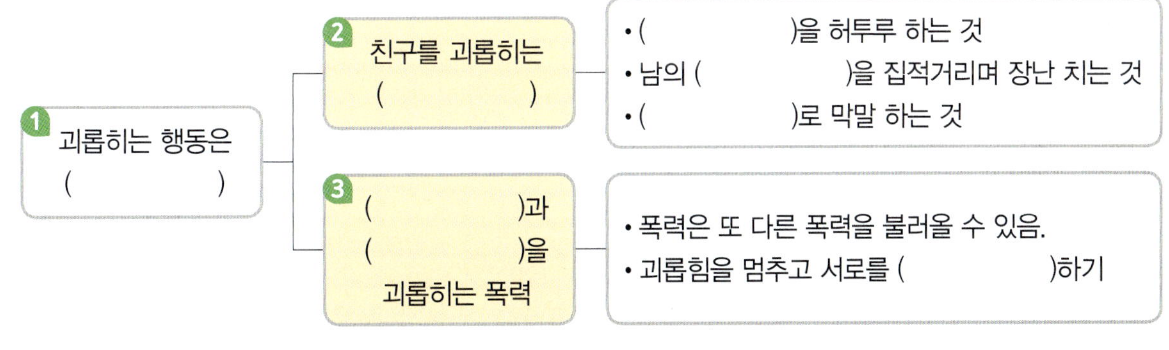

STEP 3 내용 요약하기

🖉 ________________________ 어떤 행동이 친구를 괴롭히는 행동인지 알아서 괴롭힘을 멈추고 서로를 배려해야 한다.

화제 파악 **1** 이 글의 내용에 맞게 빈칸에 알맞은 낱말을 써 보세요.

> 다른 사람의 몸과 마음을 괴롭히는 것은 (　　　　　)이다.

내용 이해 **2** 이 글에서 알 수 있는 친구를 괴롭히는 행동이면 ○표, 아니면 ×표 해 보세요.

[1] 장난으로 친구 팔을 꼬집었다. ────────────── (　　　)

[2] 친구에게 자꾸 맛있는 걸 사 달라고 꼬드겼다. ────── (　　　)

[3] 휴대 전화로 친구에게 준비물이 무엇인지 물어봤다. ──── (　　　)

비판과 평가 **3** 이 글을 잘못 이해한 친구는 누구인가요? (　　　　)

① **은수**: 친구가 눈앞에 없다고 휴대 전화로 막말 하면 안 되겠구나.

② **정민**: 웃으면서 장난으로 친구 어깨를 툭 치는 버릇을 고쳐야겠어.

③ **태형**: 지우개를 자꾸 가져가는 짝꿍한테 괴롭히지 말라고 해야겠어.

④ **오정**: 나를 오징어라고 부르는 친구에게 괴롭히지 말라고 해야겠어.

⑤ **태민**: 친구에게 아이스크림을 매일 사 달라고 하는 것은 나쁘지 않아.

상황에 적용 **4** 이 글을 읽고 다음 빈칸에 알맞은 낱말을 〈보기〉에서 찾아 써 보세요.

> **보기**
>
> 친구　　　　폭력　　　　장난

> • **정빈**: 아야, 머리를 잡아당기면 아프잖아.
>
> • **은석**: 하하, 장난이야.
>
> • **찬혁**: **[1]** (　　　　)이라며 남을 괴롭히면 안 돼.
>
> • **정빈**: 맞아, 괴롭힘은 **[2]** (　　　　)이라고. 네가 머리를 잡아당기면 아프고 짜증나.
>
> • **은석**: 미안해. 친한 **[3]** (　　　　) 사이라서 장난 치다가 실수했어.

1~2 다음 낱말에 알맞은 뜻을 찾아 선으로 이어 보세요.

1 꼬드기다 •

• ㉠ 죄를 짓거나 잘못이 생겨나게 행동하다.

2 저지르다 •

• ㉡ 어떠한 일을 하도록 남의 마음을 꾀어 하게 만들다.

3~4 다음 문장의 빈칸에 알맞은 낱말을 보기 에서 찾아 써 보세요.

보기
| 말문 | 막말 | 말씀 |

3 친구가 나에게 [   ]을 하면 기분이 나쁘다.

4 나를 놀리는 소리를 듣고 나는 [   ]이 막혔다.

어휘력에 도움이 되는 **받아쓰기**

5~6 다음 낱말을 소리 내어 읽고, 빈칸에 따라 써 보세요.

5 

[첫째] ➡

6 

[폭력] ➡

씨앗이 이동하는 방법

❶ 씨앗*을 뿌리지 않았는데 길가에 피어나는 꽃들이 있어요. 씨앗은 어떻게 혼자서 다른 곳으로 퍼질* 수 있을까요? 씨앗이 이동*하는 방법을 알아봐요.

❷ 첫째, 서양민들레 씨앗이나 단풍나무 열매처럼 바람을 타고 이동하는 방법이 있어요. 서양민들레 씨앗에는 솜털 같은 갓털*이 있어서 바람을 타고 이동해요. 단풍나무 열매에는 날개가 달려 있어서 바람이 불면 날개가 돌면서 날아가지요. 둘째, 맛있는 열매로 동물에게 먹혀서 씨를 퍼뜨리는 방법이 있어요. 동물이 열매를 먹으면 딱딱한 씨는 소화되지 않고 몸 밖으로 나와요. 동물이 이동하면서 씨도 여러 곳으로 퍼지는 거예요. 셋째, 콩과 봉숭아처럼 열매의 꼬투리*가 터지면서 날아가는 방법이 있어요. 봉숭아 열매는 5미터까지도 날아간다고 해요. 넷째, 연꽃의 씨앗처럼 물을 타고 이동하는 방법이 있어요. 씨앗이 물을 떠다니다가 좋은 자리를 찾으면 뿌리를 내리는 거예요.

❸ 씨앗은 이렇게 멀리 퍼지면서 더 많이 번식*할 수 있어요. 한곳에서 자라면 서로 경쟁*하느라 다 자랄 수 없고, 더 나은 환경을 찾을 수도 없어요.

▎낱말 풀이 ▎

- **씨앗** 곡식이나 채소 따위의 씨
- **퍼지다** 수가 많아지거나 늘어나다.
- **이동** 움직여 옮김. 또는 움직여 자리를 바꿈.
- **갓털** 꽃받침의 형태가 변한 솜털 같은 것
- **꼬투리** 콩과 식물의 씨앗을 싸고 있는 껍질
- **번식** 생물이 자기 자손을 늘림.
- **경쟁** 이기려고 서로 겨룸.

내용 들여다보기

STEP 1 핵심 내용 정리하기

1 ☐☐은 어떻게 혼자서 다른 곳으로 퍼질 수 있을까요?

2 첫째, ~ ☐☐을 타고 이동하는 방법이 있어요.

둘째, ~ 동물에게 먹혀서 ☐를 퍼뜨리는 방법이 있어요.

셋째, ~ 열매의 ☐☐☐가 터지면서 날아가는 방법이 있어요.

넷째, ~ ☐을 타고 이동하는 방법이 있어요.

3 씨앗은 이렇게 멀리 퍼지면서 더 많이 ☐☐할 수 있어요.

↳ 한 곳에서 자라면 서로 ☐☐하느라 다 자랄 수 없고, 더 나은 ☐☐을 찾을 수
   도 없어요.

STEP 2 짜임 이해하기

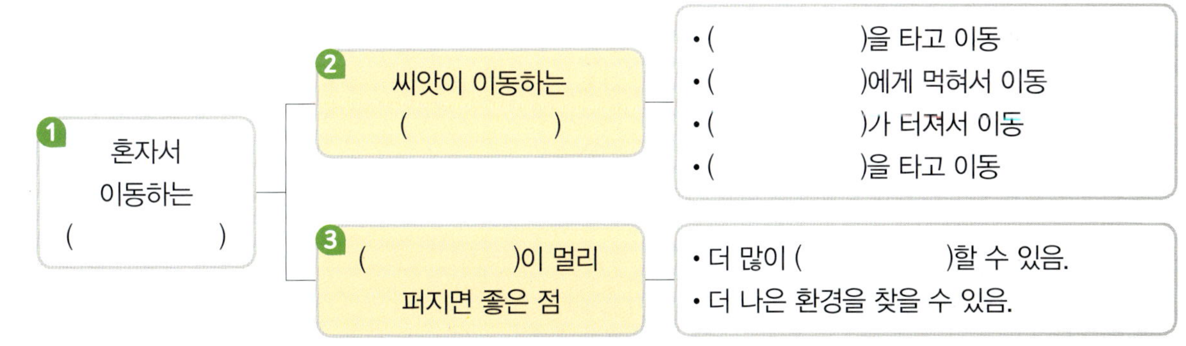

STEP 3 내용 요약하기

✏️ ....

더 많이 번식할 수 있다.

화제 파악 **1** 이 글의 내용에 맞게 빈칸에 알맞은 낱말을 써 보세요.

> (   )은/는 다양한 방법으로 혼자서 이동해 멀리 퍼져서 번식한다.

주제 파악 **2** 글쓴이가 이 글을 쓴 까닭을 모두 찾아 ○표 해 보세요.

(1) 씨앗이 이동하는 방법을 알려 주기 위해서 ⸺⸺⸺⸺ (   )

(2) 씨앗을 잘 키우는 방법을 알려 주기 위해서 ⸺⸺⸺⸺ (   )

(3) 씨앗이 멀리 퍼지면 좋은 이유를 알려 주기 위해서 ⸺⸺ (   )

내용 이해 **3** 이 글에서 씨앗이 이동하는 방법에 알맞은 것을 찾아 선으로 이어 보세요.

(1)	바람을 타고 이동	•		• ㉠	연꽃
(2)	꼬투리가 터지면서 이동	•		• ㉡	봉숭아
(3)	물을 타고 이동	•		• ㉢	서양민들레

상황에 적용 **4** 다음 중 동물에게 먹혀서 씨앗이 이동하는 방법이 <u>아닌</u> 것을 말한 친구는 누구인지 찾아 써 보세요. (   )

> • **은경**: 식물은 맛있는 열매로 동물을 유혹해.
> • **미소**: 동물이 열매를 먹으면 씨는 똥으로 나와서 이동하지.
> • **유미**: 열매에서 달콤한 냄새가 나게 해서 동물에게 먹히기도 해.
> • **찬수**: 동물이 접근하면 씨앗이 동물의 털에 붙어서 이동해.

1~2 다음 낱말에 알맞은 뜻을 찾아 선으로 이어 보세요.

1 번식 •

• ㉠ 이기려고 서로 겨룸.

2 경쟁 •

• ㉡ 생물이 자기 자손을 늘림.

3~4 다음 문장의 빈칸에 알맞은 낱말을 골라 색칠해 보세요.

3 완두콩의 [　　] 가 '탁' 소리를 내며 터졌다.

사투리　　　　　꼬투리

4 봄이 되면 민들레의 씨앗이 날아다니며 멀리 [　　].

퍼진다　　　　　터진다

어휘력에 도움이 되는 **받아쓰기**

5~6 다음 낱말을 소리 내어 읽고, 빈칸에 따라 써 보세요.

5

[씨앗] →

6

[민들레] →

Day 29

<씨름>에 담긴 옛사람의 모습

일일 학습을 마치고, 워크북으로 생각을 정리해 보세요. **워크북 • 52쪽**

① 김홍도가 그린 〈씨름˙〉이라는 작품에는 옛사람들이 씨름을 즐기는 모습이 나와요. 김홍도는 조선 후기 사람들의 생활을 그린 풍속˙ 화가예요.

② 〈씨름〉에도 사람들의 생활 모습이 잘 나와 있어요. 다양한 사람들이 씨름하는 모습을 구경하고 있어요. 갓˙을 쓰고 도포˙를 입은 신분이 높은 사람도 있고, 맨머리˙로 앉아 있는 신분이 낮은 사람도 있어요. 그림의 위쪽에 부채로 얼굴을 가린 사람은 아마도 씨름을 보고 싶은데 신분이 높아서 얼굴을 가린 것 같아요. 신분이 다른 사람들이 함께 구경하는 걸 보면, 신분의 구별이 작아진 걸 알 수 있어요. 또 씨름을 하고 있는 때가 단오절˙ 무렵인 걸 알 수 있어요. 옛날에는 단오절이 되면 부채를 선물하는 풍속이 있었거든요. 엿을 팔고 있는 엿장수는 씨름의 승부˙에는 관심이 없는 듯 딴 데를 보고 있어요.

③ 그림, 이 씨름에서 이긴 사람은 누구일까요? 상대방을 들어 올리는 사람이 이길 것 같아요. 그런데 옆에 놓인 신발을 보세요. 하나는 가죽신, 하나는 짚신이에요. 두 사람의 신분이 다르다는 걸 알 수 있어요. 가죽신은 신분이 높은 사람이 신었거든요.

공부한 날

월   일

┃ 낱말 풀이 ┃

• **씨름** 두 사람이 샅바를 잡고 힘과 재주를 부리어 먼저 넘어뜨리는 것으로 승부를 겨루는 우리 고유의 운동

• **풍속** 옛날부터 전해 오는 생활 습관이나 유행을 이르는 말

• **갓** 예전에 어른이 된 남자가 머리에 쓰던 모자

• **도포** 예전에 신분이 높은 양반 남자들이 입던 겉옷

• **맨머리** 아무것도 쓰지 아니한 머리

• **단오절** 음력 5월 5일로 우리나라 명절의 하나

• **승부** 이기는 것과 지는 것

▲ 씨름, 《단원 풍속도첩》

내용 들여다보기

STEP 1 핵심 내용 정리하기

① 김홍도가 그린 〈씨름〉이라는 작품에는 ~ [ ][ ]을 즐기는 모습이 나와요.

↳ 김홍도는 조선 후기 사람들의 생활을 그린 [ ][ ] 화가예요.

② 〈씨름〉에도 사람들의 [ ][ ] 모습이 잘 나와 있어요.

↳ [ ][ ]이 높은 사람도 있고, ~ [ ][ ]이 낮은 사람도 있어요.

↳ [ ] 씨름을 하고 있는 때가 [ ][ ][ ] 무렵인 걸 알 수 있어요.

③ 상대방을 들어 올리는 [ ][ ]이 이길 것 같아요.

↳ [ ][ ][ ] 옆에 놓인 신발을 보세요.

↳ 두 사람의 [ ][ ]이 다르다는 걸 알 수 있어요.

STEP 2 짜임 이해하기

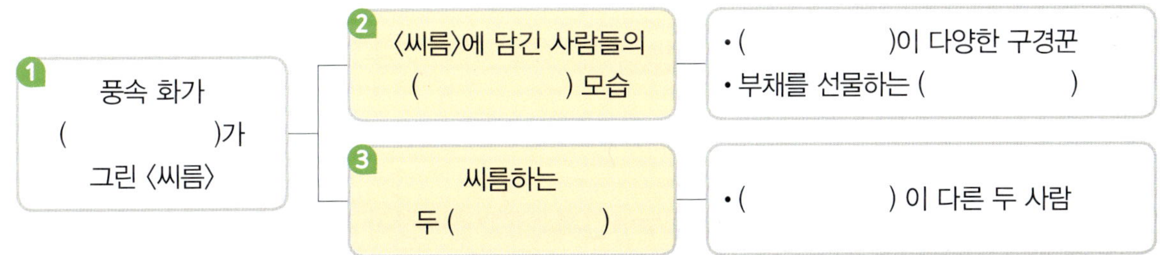

STEP 3 내용 요약하기

✎ 조선 후기의 풍속 화가 김홍도의 〈씨름〉에는

화제 파악

1 이 글을 읽고 다음 빈칸에 들어갈 알맞은 낱말을 써 보세요.

> 김홍도의 〈씨름〉에는 옛사람의 (   ) 모습이 나타난다.

내용 이해

2 이 글의 〈씨름〉에 대한 설명으로 알맞지 <u>않은</u> 것은 무엇인가요? (   )

① 조선 후기에 그린 그림이다.
② 사람들의 생활 모습을 그린 풍속화이다.
③ 씨름을 하는 사람과 구경하는 사람을 그렸다.
④ 진짜 세상이 아니라 사람들이 꿈꾸는 세상을 그렸다.
⑤ 신분이 높은 사람과 낮은 사람이 함께 구경하는 모습을 그렸다.

내용 추론

3 이 글의 〈씨름〉의 감상으로 알맞은 것을 찾아 선으로 이어 보세요.

(1) 씨름하는 두 사람의 신발이 다른 걸 보니 •   • ㉠ 단오절 무렵인 걸 알 수 있다.

(2) 신분이 다른 사람들이 함께 구경하는 걸 보니 •   • ㉡ 신분이 다르다는 걸 알 수 있다.

(3) 부채를 들고 있는 구경꾼들을 보니 •   • ㉢ 신분의 구별이 작아진 걸 알 수 있다.

상황에 적용

4 다음에서 말하는 사람은 누구인지 보기 에서 찾아 기호를 써 보세요. (   )

> 제가 신분이 높은데, 씨름을 구경하려고 나간 것이 점잖지 않아 보일까 봐 걱정이 되었어요. 그래서 부채로 얼굴을 살짝 가렸답니다.

보기

㉮    ㉯    ㉰ 

1~2 다음 낱말들이 알맞은 문장이 되도록 선으로 이어 보세요.

1 갓을 • 　　　　　• ㉠ 입다.

2 도포를 • 　　　　　• ㉡ 쓰다.

3~4 다음 문장의 빈칸에 알맞은 낱말을 **보기** 에서 찾아 써 보세요.

> ─ **보기** ─
>
> 승부　　　　명절　　　　옛날

3 단오절은 음력 5월 5일로 우리나라 □□□ 의 하나이다.

4 풍속은 □□□ 부터 전해 오는 생활 습관이나 유행을 이르는 말이다.

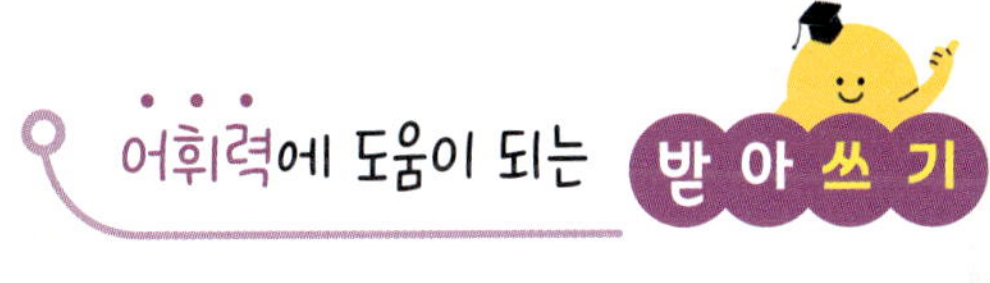

5~6 다음 낱말을 소리 내어 읽고, 빈칸에 따라 써 보세요.

5 

[씨름] →　□□

6 

[짚신] →　□□

과학적인 기구 측우기

일일 학습을 마치고, 워크북으로 생각을 정리해 보세요. **워크북 · 54쪽**

공부한 날

월　　일

관련 교과 **초등사회 5-2**
옛사람들의 삶과 문화

1 측우기는 강우량*을 측정*하기 위해 만들었어요. 세종이 다스리던 때 발명되어 조선 시대에 널리 쓰였지요. 측우기는 전 세계에서 최초로 발명된 비의 양을 재는 기구예요.

2 강우량을 재는 기구는 왜 필요할까요? 농사를 짓는 데 비의 양을 알면 도움이 되기 때문이에요. 조선 시대는 농사를 지어 먹고살았어요. 농사를 지을 때는 비가 언제 얼마큼 내리는지를 아는 게 중요해요. 비의 양에 따라서 흉년*과 풍년*이 결정되기도 하지요. 측우기가 발명되기 전에는 비가 오면 땅속에 스며든 빗물의 깊이를 살펴보는 방법으로 비의 양을 측정했어요. 하지만 메마른 땅도 있고, 축축한* 땅도 있어서 정확한 방법이 될 수 없었죠. 측우기는 둥그런 통에 고이는* 빗물의 깊이를 재기 때문에 정확해요. 비의 양을 2mm 단위까지 잴 수 있는 매우 과학적인 기구예요.

3 세종은 측우기를 전국에 설치해서 비의 양을 재게 했어요. 측우기 덕분에 농사짓는 시기를 예측할 수 있게 되었지요. 또한 가뭄이나 홍수로 인한 피해에 빠르게 대처할 수 있었어요.

| 낱말 풀이 |

- **강우량** 일정 기간 동안 일정한 곳에 내린 비의 양
- **측정** 일정한 양을 기준으로 하여 같은 종류의 다른 양의 크기를 잼.
- **흉년** 농사가 잘되지 않은 해
- **풍년** 농사가 잘되어 수확이 많은 해
- **축축하다** 물기가 있어 젖은 듯하다.
- **고이다** 물이나 액체, 가스, 냄새 따위가 우묵한 곳에 모이다.

내용 들여다보기

STEP 1 핵심 내용 정리하기

❶ 측우기는 □□□을 측정하기 위해 만들었어요.

↳ 측우기는 전 세계에서 최초로 발명된 □의 양을 재는 기구예요.

❷ 강우량을 재는 기구는 왜 필요할까요?

↳ □□를 짓는 데 비의 양을 알면 도움이 되기 때문이에요.

↳ 비의 양에 따라서 □□과 풍년이 결정되기도 하지요.

↳ 측우기는 둥그런 통에 고이는 □□의 깊이를 재기 때문에 정확해요.

❸ 세종은 측우기를 전국에 설치해서 비의 □을 재게 했어요.

↳ 측우기 덕분에 농사짓는 □□를 예측할 수 있게 되었지요.

↳ □□ 가뭄이나 □□로 인한 피해에 빠르게 대처할 수 있었어요.

STEP 2 짜임 이해하기

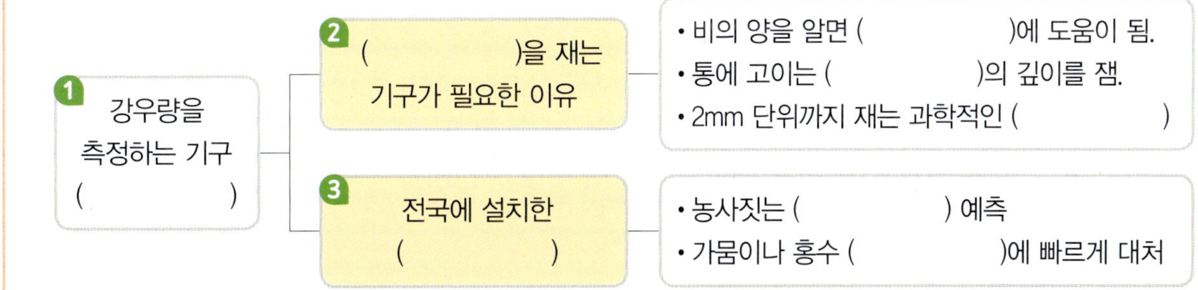

STEP 3 내용 요약하기

✎ ....

농사짓는 시기를 예측하게 해 주고 가뭄과 홍수 피해에 대처할 수 있는 과학적인 기구이다.

문제로 확인하기

화제 파악 1 다음에서 이 글의 측우기와 관련이 없는 것은 무엇인가요? (　　　)

① 비　　　　② 세종　　　　③ 무기
④ 농사　　　⑤ 강우량

내용 이해 2 이 글의 내용으로 알맞지 <u>않은</u> 것은 무엇인가요? (　　　)

① 세종은 측우기를 전국에 설치했다.
② 비의 양을 아는 것은 농사를 짓는 데 중요하다.
③ 측우기는 최초로 발명된 비의 양을 재는 기구이다.
④ 측우기는 땅속에 스며든 빗물의 깊이를 살펴보는 기구이다.
⑤ 측우기는 비의 양을 2mm 단위까지 잴 수 있는 과학적인 기구이다.

내용 추론 3 이 글을 읽고 다음에서 농부에게 필요한 것을 찾아 색칠해 보세요.

측우기　　　　석빙고

상황에 적용 4 이 글을 읽고 다음 대화의 빈칸에 알맞은 낱말을 **보기** 에서 찾아 써 보세요.

보기

비　　　농사　　　측우기

• **세종**: 큰일이구나. 가뭄이 들어 (　　　　)가 어려워지겠구나.
• **문종**: 해마다 (　　　　)의 양을 측정해서 기록해 두면 어떻겠습니까?
• **세종**: 오, 세자의 말이 맞다. 비의 양을 기록한 걸 보고 올해는 비가 얼마나 올지 예측할 수 있겠구나.

1~2 다음 낱말에 알맞은 뜻을 찾아 선으로 이어 보세요.

1 고이다 ·

· ㉠ 물기가 있어 젖은 듯하다.

2 축축하다 ·

· ㉡ 물이나 액체, 가스 냄새 따위가 우묵한 곳에 모이다.

3~4 다음 문장의 빈칸에 알맞은 낱말을 보기 에서 찾아 써 보세요.

· 보기 ·

매년   풍년   흉년

3 비가 오지 않아서 [ ]이 들었다.

<u>농사가 잘되지 않은 해</u>

4 올해는 [ ]이라서 창고에 쌀이 풍족하다.

<u>농사가 잘되어 수확이 많은 해</u>

어휘력에 도움이 되는 **받아쓰기**

5~6 다음 낱말을 소리 내어 읽고, 빈칸에 따라 써 보세요.

5  [측정] ➡ 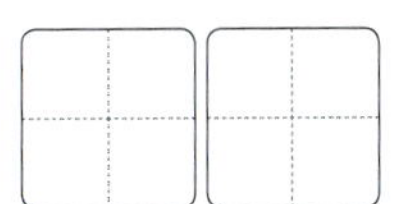

6  [빗물] ➡ 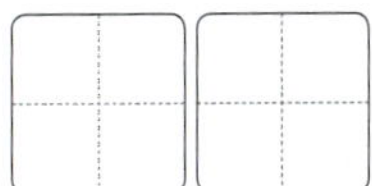

씨앗을 어떻게 심어야 잘 자랄까?

　식물은 작은 씨앗에서 싹이 터서 잎과 줄기가 나와요. 곡식이나 채소 등의 씨를 씨앗이라고 하지요. 씨앗을 키우기 위해 땅에 심을 때는 씨앗 두께의 두세 배 깊이로 심는 것이 좋아요. 너무 땅속 깊이 심으면 공기가 잘 통하지 않아 씨앗이 썩을 수 있고, 싹이 트기가 어려워요. 너무 얕게 심으면 흙의 물이 말라서 씨앗이 말라버리거나, 동물들의 먹이가 될 수도 있어요.

씨름은 언제부터 하게 된 경기일까?

　씨름은 두 사람이 샅바를 다리에 걸어 서로 잡고, 먼저 상대방을 땅에 넘어뜨리면 이기는 한국 고유의 운동이에요. 맹수와 싸우고 사냥을 해야 했던 옛날 원시 시대에는 힘이 센 것이 중요했으므로, 그때부터 서로의 힘을 겨루는 씨름이 시작되었다고 볼 수 있어요. 그리고 고구려의 무덤에서 씨름하는 벽화가 발견된 것으로 봐서 고구려 때도 이미 씨름을 널리 했다는 것을 알 수 있어요.

*출처: (사진) "씨름", 문화체육관광부

세종 때 발명된 과학 기구들은 무엇이 있을까?

　과학 기술이 발달했던 세종 시대에는 다양한 발명품이 있었어요. 하늘 위 별자리의 움직임을 관찰하는 혼천의, 불어오는 바람의 방향과 세기를 측정하는 풍기대, 청계천과 한강에 설치해서 물의 높이를 재었던 수표, 가마솥이 하늘을 올려다보는 모양의 해시계인 앙부일구, 자동으로 시보를 알려 주는 장치가 되어 있는 물시계인 자격루 등 수많은 발명품들이 탄생했지요.

*출처: (사진) "앙부일구", 위키미디어 크리에이티브 커먼즈

똑똑 초등 국어 문해력 커리큘럼

똑똑 초등 국어 문해력 시리즈는 다양한 제재를 담고 있어요!

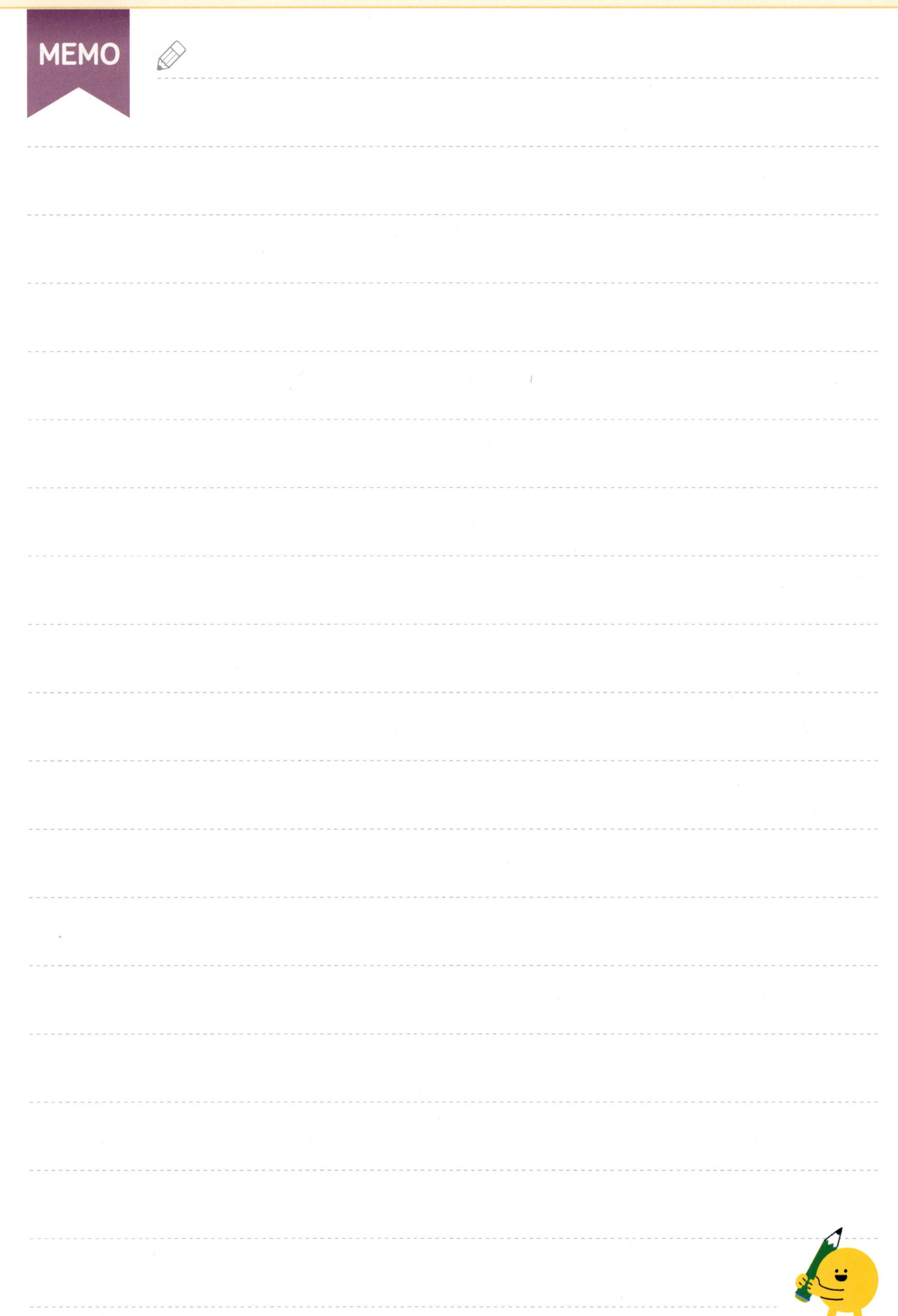

자기 주도형
심화 학습 노트

• 본책에서 일차별로 학습한 내용을 이 책 안에 정리해 보세요.

한국과 중국의 젓가락

★ 핵심 내용 이해

Q. 다음 글자 카드를 활용하여 이 글의 주제를 완성해 보자!

| 음 | 양 | 식 | 모 |

✎ 한국과 중국의 젓가락은 ☐☐ 문화의 차이 때문에 ☐☐이 다르다.

✈ 새로 알게 된 사실

Q. 이 글을 읽고 새롭게 알게 된 내용을 적어 보자!

✎ ____

____

★ 나의 생각 정리

Q. 다음 글을 읽고 '나'는 일본의 젓가락 모양이 우리나라와 다른 까닭이 무엇이라고 생각하는지 써 보자!

일본의 젓가락

　일본은 섬나라이기 때문에 생선과 해산물을 주로 먹었어요. 생선과 해산물은 가시가 있거나 껍질을 벗겨서 먹어야 해요. 그래서 일본의 젓가락은 가시를 잘 바를 수 있도록 한국의 젓가락보다 짧고 뾰족해요.

✎ ____

____

____

🚀 어휘력 확인

1~2 다음 낱말에 알맞은 뜻을 찾아 선으로 이어 보세요.

1 식탁 •

2 국물 •

• ㉠ 음식에서 건더기를 빼고 남은 물

• ㉡ 음식을 차려 놓고 둘러앉아 먹는 높은 상

3 다음 문장과 어울리도록 틀린 글자를 바르게 고쳐 써 보세요.

우리는 젖가락을 사용해서 반찬을 집는다.

4~5 다음 문장의 빈칸에 알맞은 낱말을 보기 에서 찾아 써 보세요.

• 보기 •

집다   튀기다

4 엄마가 기름에 새우를 [ ].

끓는 기름에 넣어서 부풀어 나게 하다.

5 바닥에 떨어진 연필을 [ ].

잡아서 들다.

6~7 다음 빈칸에 모두 들어갈 수 있는 낱말을 뜻을 참고하여 써 보세요.

6 가은이는 감기에 걸려 머리에 [ ]이 났다.

— 병으로 인해 몸에 오르는 더운 기운

7 모닥불을 손에 가까이 쬐었더니 [ ]이 느껴졌다.

어떻게 만든 발명품일까?

☆ 핵심 내용 이해

Q. 다음 낱말 카드를 활용하여 이 글의 내용을 요약해 보자!

핀셋	동물	헬리콥터

✎ 이 글은 (   )의 모습을 보고 만든 발명품을 (   )와 (   )을 예로 들어 설명하는 글이다.

✎ 새로 알게 된 사실

Q. 이 글을 읽고 새롭게 알게 된 내용을 적어 보자!

✎ ______________________________________

____

☆ 나의 생각 정리

Q. 다음 글을 읽고 '나'는 헬리콥터, 핀셋, 오리발의 공통점이 무엇이라고 생각하는지 써 보자!

'오리발'은 오리와 개구리를 관찰하여 만든 발명품이에요. 오리와 개구리는 발가락 사이에 물갈퀴가 있어서, 물갈퀴로 물을 밀어내며 앞으로 쑥쑥 나아가요. 사람들은 이 물갈퀴를 보고 잠수나 수영을 할 때 사용하는 '오리발'을 만들었어요.

✎ '나'는 ______________________________________

____

____

어휘력 확인

1~2 다음 낱말에 알맞은 뜻을 찾아 선으로 이어 보세요.

1 물건 •

• ㉠ 자연이나 사물의 겉으로 나타난 모양

2 모습 •

• ㉡ 모양을 갖춘 모든 것 또는 사고파는
여러 가지 것들

3~4 다음 문장의 빈칸에 알맞은 낱말을 골라 색칠해 보세요.

3 연아는 학교까지 눈썹을 휘날리며 [   ] 달려갔다.

느리게   빠르게

4 우림이는 끝이 아주 [   ] 연필에 손을 찔려 다쳤다.

뾰족한   밋밋한

5~7 다음 문장의 빈칸에 알맞은 낱말을 보기 에서 골라 써 보세요.

보기

| 관찰 | 갯벌 | 발명품 |

5 연우는 [   ] 에서 조개를 잡으며 놀았다.

6 동물들을 [   ] 해 보면 다양한 특징이 있다.

7 여러 가지 [   ] 은 동물의 모습을 보고 만들어졌다.

발표하는 날

⚑ 핵심 내용 이해

Q. 다음 글자 카드를 활용하여 이 글의 주제를 완성해 보자!

일   발   기   표

✎ 글쓴이는 ☐☐하는 날 있었던 일을 ☐☐로 썼다.

✈ 새로 알게 된 사실

Q. 이 글을 읽고 새롭게 알게 된 내용을 적어 보자!

✎ ______________________________________

____

☆ 나의 생각 정리

Q. 다음 글을 읽고 '나'는 발표를 잘하려면 어떻게 해야 한다고 생각하는지 써 보자!

발표 연습

나는 친구들 앞에만 서면 목소리가 작아지고, 다리가 후들후들 떨린다. 그래서 거울 앞에 서서 발표하는 연습을 열심히 했다. 그랬더니 발표 시간에 자신감이 생겼다.

✎ '나'는 ______________________________________

____

____

어휘력 확인

1~2 다음 낱말에 알맞은 뜻을 찾아 선으로 이어 보세요.

1 더듬다 •

2 당황하다 •

• ㉠ 놀라거나 다급하여 어찌할 줄 모르다.

• ㉡ 술술 말하거나 소리 내어 읽지 못하고 머뭇머뭇하다.

3 다음 문장과 어울리도록 틀린 글자를 바르게 고쳐 써 보세요.

우리 동내를 소개하는 발표를 했다.

4~5 다음 뜻과 어울리는 낱말을 찾아 ○표 해 보세요.

4 마음이 놓이지 않아 속을 태움.

걱정   기쁨

5 마음속의 감정이 얼굴에 드러난 모습

표정   목소리

6~7 다음 문장의 빈칸에 알맞은 낱말을 보기 에서 찾아 써 보세요.

─ 보기 ─

정말로   환하게   무사히

6 발표를 ☐☐ 끝낸 나는 밝게 웃었다.

아무 탈 없이 편안하게

7 선생님의 말씀처럼 발표는 ☐☐ 자신감을 키워 주었다.

거짓이 없이 말 그대로

학교에서 지켜야 할 규칙

핵심 내용 이해

Q. 다음 낱말 카드를 활용하여 학교에서 지켜야 할 규칙을 정리해 보자!

시간	소중하게	차례	물건

✎ 먼저 __________________________________

✎ 다음으로 __________________________________

✎ 마지막으로 __________________________________

새로 알게 된 사실

Q. 이 글을 읽고 새롭게 알게 된 내용을 적어 보자!

✎ __________________________________

____

나의 생각 정리

Q. 다음 글을 읽고 '나'는 교실에서 어떤 규칙을 지켜야 한다고 생각하는지 써 보자!

교실에서 지켜야 하는 규칙

학교에서 가장 많은 시간을 보내는 곳은 '교실'이에요. 교실에서는 여러 가지 활동을 많이 하기 때문에 지켜야 할 규칙이 많아요. 교실에서는 뛰지 않기, 발표할 때는 손을 들고 말하기, 친구의 물건을 함부로 쓰지 않기 등의 규칙을 지켜야 해요.

✎ '나'는 __________________________________

____

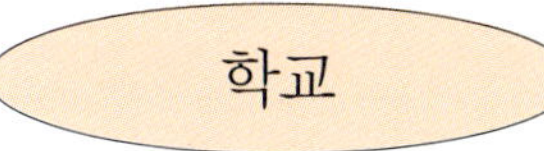 **어휘력 확인**

1~2 다음 뜻에 알맞은 낱말을 찾아 ○표 해 보세요.

1 학생을 교육시키는 기관

학교　　　　　공원

2 교사가 학생에게 지식을 가르쳐 줌.

급식　　　　　수업

3~4 다음 빈칸에 알맞은 글자를 쓰고, 어울리는 뜻을 찾아 선으로 이어 보세요.

3 급식 + ＿＿ •

• ㉠ 책, 문서, 기록 등의 자료를 모아 두고 볼 수 있게 한 시설

4 도서 + ＿＿ •

• ㉡ 학교, 군대, 공장 등에서 음식을 제공하기 위해서 마련한 방

5~7 다음 문장의 빈칸에 알맞은 낱말을 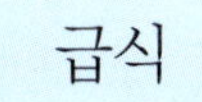 에서 찾아 써 보세요.

보기

차례　　　　　낙서　　　　　물건

5 자신의 ＿＿＿＿에 이름을 써야 잃어버리지 않는다.

6 급식을 먹을 때 새치기를 하지 않고 ＿＿＿＿을/를 지켰다.

7 시현이가 책상에 ＿＿＿＿을/를 해서 책상이 지저분해졌다.

다섯 가지 감각

핵심 내용 이해

Q. 다음 낱말 카드를 활용하여 다섯 가지 감각을 정리해 보자!

| 피부 | 눈 | 코 | 귀 | 혀 |

- 시각은 (　　　　　)으로 보는 감각이다.
- 청각은 (　　　　　)로 듣는 감각이다.
- 후각은 (　　　　　)로 냄새를 맡는 감각이다.
- 미각은 (　　　　　)로 맛을 느끼는 감각이다.
- 촉각은 (　　　　　)로 감촉을 느끼는 감각이다.

새로 알게 된 사실

Q. 이 글을 읽고 새롭게 알게 된 내용을 적어 보자!

나의 생각 정리

Q. 다음 글을 읽고 '나'는 다섯 가지 맛에 대해 무슨 생각을 했는지 써 보자!

　　맛을 느끼는 감각을 미각이라고 해요. 우리는 혀에 있는 맛봉오리를 통해 맛을 느껴요. 혀의 맛봉오리를 통해 우리가 느낄 수 있는 맛은 단맛, 짠맛, 신맛, 쓴맛, 감칠맛의 다섯 가지가 있어요.

'나'는

어휘력 확인

1~2 다음 낱말에 알맞은 뜻을 찾아 선으로 이어 보세요.

1 감각 •

• ㉠ 눈, 코, 귀 등을 통해 바깥의 자극을 알아차림.

2 세상 •

• ㉡ 사람이 살고 있는 모든 사회를 통틀어 이르는 말

3~4 다음 문장의 빈칸에 알맞은 낱말을 찾아 색칠해 보세요.

3 라면 냄새를 [ ] 배가 고팠다.

보니   맡으니

4 아이스크림을 흘린 손이 차가워진 것을 [ ].

느꼈다   들었다

5 다음 문장과 어울리도록 틀린 글자를 바르게 고쳐 써 보세요.

뜨거운 물이 손에 다았다.

6~7 다음 빈칸에 모두 들어갈 수 있는 낱말을 뜻을 참고하여 써 보세요.

6 창문에서 피아노 치는 [ ]가 들렸다.

└ 음파가 귀청을 울리어 귀에 들리는 것

7 엄마는 매일 나에게 공부하라고 잔[ ]를 한다.

반 고흐의 소중한 친구들

 **핵심 내용 이해**

Q. 다음 낱말 카드를 활용하여 이 글의 내용을 요약해 보자!

> | 친구 | 화가 | 반 고흐 |

이 글은 (   )가 유명한 (   )가 될 수 있도록 도움을 주었던
(   )들을 설명한다.

 **새로 알게 된 사실**

Q. 이 글을 읽고 새롭게 알게 된 내용을 적어 보자!

☆ **나의 생각 정리**

Q. 다음 글을 읽고 '나'는 반 고흐가 〈해바라기〉를 그릴 때, 반 고흐의 마음이 어떠했을 거라고 생각하는지 써 보자!

> ### 반 고흐의 〈해바라기〉와 고갱
>
> 〈해바라기〉는 반 고흐의 유명한 작품이에요. 이 작품은 반 고흐가 그의 친구 고갱을 위해 그린 그림이에요. 고갱은 반 고흐가 머물던 도시에 오기로 약속했어요. 반 고흐는 고갱이 온다는 소식에 진심으로 기뻐했어요. 그래서 고갱이 오기 전에 허름한 집을 꾸미기 위해 〈해바라기〉 그림을 그렸다고 해요.

 '나'는

1~2 다음 낱말에 알맞은 뜻을 찾아 선으로 이어 보세요.

1 유명 • • ㉠ 이름이 널리 알려져 있음.

2 가난 • • ㉡ 살림살이가 넉넉하지 못함.

3~5 다음 문장의 빈칸에 알맞은 낱말을 보기 에서 찾아 써 보세요.

보기		
친구	도움	적응

3 주한이와 서연이는 친한 ☐ 이다.

4 학교에 입학하고 새로운 교실에 ☐ 하기 힘들었다.

5 다리를 다쳐서 학교 갈 때, 엄마의 ☐ 이/가 필요했다.

6~7 다음 문장의 빈칸에 알맞은 낱말을 찾아 색칠해 보세요.

6 가족들은 수영을 즐겁게 하면서 ☐ 시간을 보냈다.

행복한   지루한

7 현주는 내가 힘들 때 나에게 힘을 주는 ☐ 친구이다.

든든한   비겁한

세계 문화유산 '수원 화성'

핵심 내용 이해

Q. 다음 낱말 카드를 활용하여 수원 화성의 특징을 정리해 보자!

성벽   군사   거중기   과학

✎ 수원 화성은 6km에 달하는 ____________________

✎ 수원 화성은 동양과 서양의 ____________________

✎ 수원 화성은 조선 시대 때 ____________________

새로 알게 된 사실

Q. 이 글을 읽고 새롭게 알게 된 내용을 적어 보자!

✎ ____________________

____

나의 생각 정리

Q. 다음 글을 읽고 '나'는 석굴암이 세계 문화유산으로 선정된 까닭이 무엇이라고 생각하는지 써 보자!

세계 문화유산 '석굴암'

석굴암도 세계 문화유산 중 하나예요. 석굴암은 750년경 신라 시대 때 지어졌어요. 옛날의 건축 기술이라고 믿기 어려울 만큼 과학적으로 설계되었어요. 특히 석굴암 안에 있는 본존불은 뛰어난 예술성을 자랑해요. 완벽한 인체 비율로 조각되었고, 밝기와 각도에 따라 다양한 모습을 보여 주기 때문이에요.

✎ '나'는 ____________________

____

🔬 어휘력 확인

1~2 **다음 뜻에 알맞은 낱말을 찾아 ○표 해 보세요.**

1 지구상의 모든 나라

세계   인류

2 사람이 살거나, 일을 하거나, 물건을 넣어 두기 위해 지은 집을 통틀어 이르는 말

성문   건물

3 **다음 문장과 어울리도록 틀린 글자를 바르게 고쳐 써 보세요.**

세계 문화유산은 우리의 제산이다.

4~5 **다음 빈칸에 모두 들어갈 수 있는 낱말을 뜻을 참고하여 써 보세요.**

4 나는 우주의 비밀을 연구하는 □□자가 되고 싶다.

└ 진리나 법칙을 발견하기 위한 지식이나 학문

5 거중기를 만든 것을 볼 때 조선 시대는 □□이 발전했다.

6~7 **다음 문장의 빈칸에 알맞은 낱말을 보기에서 찾아 써 보세요.**

보기

튼튼하다   발명하다

6 정약용이 거중기를 □□□□.

7 수원 화성은 큰 돌을 사용해 지어서 □□□□.

단풍 구경

핵심 내용 이해

Q. 다음 낱말 카드를 활용하여 글쓴이가 간 곳을 차례대로 정리해 보자!

케이블카	설악산	권금성

 우리 가족은 단풍을 구경하러 (　　　　)에 도착했다.

다음으로 (　　　　)를 타고 이동했다.

마지막으로 (　　　　)에 도착해서 바다와 단풍을 오랫동안 보았다.

새로 알게 된 사실

Q. 이 글을 읽고 새롭게 알게 된 내용을 적어 보자!

____

____

나의 생각 정리

Q. 다음 글을 읽고 '나'는 가을에 어떤 풍경을 보았는지 써 보자!

아름다운 가을

　가을에는 하늘이 맑고, 적당히 시원한 바람이 분다. 또 곳곳에는 알록달록한 색으로 옷을 갈아입은 나무들이 있다. 나무에 주렁주렁 열린 과일들도 볼 수 있다. 다양한 색깔의 나무들이 조화를 이루는 모습을 보면, 가을은 아름다운 계절이라는 생각이 저절로 든다.

'나'는 ______________________________________

____

____

정답과 해설 • 35쪽

어휘력 확인

1~2 다음 낱말에 알맞은 뜻을 찾아 선으로 이어 보세요.

1 적 •
• ㉠ 나아가 적을 침.

2 공격 •
• ㉡ 서로 싸우거나 해치고자 하는 상대

3~5 다음 문장의 빈칸에 알맞은 낱말을 찾아 색칠해 보세요.

3 비행기를 타고 서울에서 제주도로 ☐.

출발했다 　　　 도착했다

4 언니는 엄마가 사 주신 새 옷으로 ☐.

벗었다 　　　 갈아입었다

5 운동장에서 친구들과 함께 즐겁게 모래성을 ☐.

쌓았다 　　　 무너졌다

6~7 다음 빈칸에 모두 들어갈 수 있는 낱말을 뜻을 참고하여 써 보세요.

6 그림 속 네덜란드의 ☐ 이 멋지다.

— 산이나 들, 강 등의 자연의 모습

7 벚꽃이 활짝 핀 시골의 ☐ 은 한 폭의 그림 같았다.

가족의 다양한 모습

핵심 내용 이해

Q. 다음 낱말 카드를 활용하여 가족의 다양한 형태를 정리해 보자!

> 한 부모 가정   입양 가정   다문화 가정   두 부모 가정

🖉 엄마와 아빠, 아이들이 살고 있는 가정을 (　　　　　)이라고 해요.

🖉 두 부모 가정 중에는 엄마와 아빠가 다른 국적을 가진 (　　　　　)이 있어요.

🖉 (　　　　　)은 입양을 통해 법적으로 부모와 자식의 관계를 맺은 가족이에요.

🖉 (　　　　　)은 부모님 중에서 한 명이 혼자서 자녀를 키우는 가정을 말해요.

새로 알게 된 사실

Q. 이 글을 읽고 새롭게 알게 된 내용을 적어 보자!

🖉 ____

____

나의 생각 정리

Q. 다음 글을 읽고 '나'의 가족이 주말에 하는 일을 소개해 보자!

> 우리 가족은 네 명이야. 아빠, 엄마, 형, 그리고 나. 우리 가족은 주말에 보드 게임을 같이 해. 보드 게임을 하면 가족끼리 즐거운 시간을 보낼 수 있고, 이야기도 많이 하게 돼. 물론 가끔은 진 게 너무 화가 나서 기분이 안 좋을 때도 있어. 하지만 보드 게임을 하는 시간이 즐거워서 주말을 기다리게 돼.

🖉 '나'는 ___________________________________

____

____

어휘력 확인

1~2 다음 빈칸에 알맞은 글자를 쓰고, 어울리는 뜻을 찾아 선으로 이어 보세요.

1 부 + ☐ •

• ㉠ 아들과 딸을 이르는 말

2 자 + ☐ •

• ㉡ 아버지와 어머니를 함께 이르는 말

3~4 다음 뜻과 어울리는 낱말을 찾아 ○표 해 보세요.

3 관계나 인연을 이루거나 만들다.

맺다   끊다

4 남자와 여자가 정식으로 부부가 되다.

결혼하다   이혼하다

5~7 다음 문장의 빈칸에 알맞은 낱말을 보기 에서 찾아 써 보세요.

보기

삶   법   인종

5 미국에는 백인, 흑인, 황인 등 다양한 ☐이 산다.

6 아프리카 친구들은 사람다운 ☐을 살고 싶어 했다.

7 한국과 프랑스는 국가가 달라서 지켜야 할 ☐이 다르다.

동물들의 겨울나기

핵심 내용 이해

Q. 다음 낱말 카드를 활용하여 동물들이 겨울을 나는 방법을 나눠 보자!

> 겨울잠　　　체온　　　털갈이

✎ (　　　　　)을 자는 동물들이 있어요. 겨울에는 날씨가 추워지면서 개구리나 뱀 같은 동물들은 (　　　　　)이 떨어져서 에너지를 절약하려고 잠을 자요.

✎ (　　　　　)를 하는 동물들도 있어요. 호랑이와 멧돼지 같은 동물들은 겨울에 (　　　　　)이 떨어지지 않기 때문에 겨울에도 활발하게 움직여요.

새로 알게 된 사실

Q. 이 글을 읽고 새롭게 알게 된 내용을 적어 보자!

✎ ____

____

나의 생각 정리

Q. 다음 글을 읽고 '나'는 동물원의 동물들이 겨울을 나는 방법이 다른 까닭이 무엇이라고 생각하는지 써 보자!

> **동물원 곰의 겨울나기**
>
> 　야생에 사는 곰은 겨울잠을 자지만, 동물원의 곰은 겨울잠을 자지 않아요. 동물원에 사는 동물들은 겨울에도 충분한 먹이가 있기 때문이에요. 또 동물원은 야생보다 따뜻하게 관리되어요. 그래서 겨울에도 체온을 유지할 수 있어요.

✎ '나'는 ________________________________

____

어휘력 확인

1~2 다음 뜻에 알맞은 낱말을 찾아 ○표 해 보세요.

1 그날그날의 비, 구름, 바람, 기온 등이 나타나는 상태

날짜　　　　날씨

2 자연 현상에 따라 일 년을 구분한 것으로 봄, 여름, 가을, 겨울이 있음.

기온　　　　계절

3 다음 문장과 어울리도록 틀린 글자를 바르게 고쳐 써 보세요.

날씨가 추워서 **채온**이 떨어졌다.

4~5 다음 문장의 빈칸에 알맞은 낱말을 찾아 색칠해 보세요.

4 날씨가 추워서 ☐☐☐ 이불을 덮고 잤다.

얇은　　　　두꺼운

5 강아지가 공원에서 활발하게 ☐☐☐.

멈췄다　　　　움직였다

6~7 다음 빈칸에 모두 들어갈 수 있는 낱말을 뜻을 참고하여 써 보세요.

6 다리를 다쳐서 ☐☐☐을 자제해야 한다.

└ 몸을 움직여 행동함.

7 날씨가 추워지면 동물들은 ☐☐☐이 어려워진다.

모차르트와 아버지

⚑ 핵심 내용 이해

Q. 다음 낱말 카드를 활용하여 모차르트와 아버지의 관계를 정리해 보자!

| 작곡 | 음악가 | 선생님 | 화해 |

✎ 모차르트가 어릴 때, 모차르트의 아버지는 ____________________

✎ 모차르트가 10대 때, ____________________

✎ 모차르트가 20대 때, ____________________

✈ 새로 알게 된 사실

Q. 이 글을 읽고 새롭게 알게 된 내용을 적어 보자!

✎ ____

____

☆ 나의 생각 정리

Q. 다음 글을 읽고 '나'는 모차르트가 음악을 통해 부모님에 대한 사랑을 표현한 까닭이 무엇이라고 생각하는지 써 보자.

모차르트와 어머니

모차르트는 어머니를 위한 노래도 만들었어요. 어머니가 돌아가신 후, 프랑스의 〈아, 어머니께 말씀드리죠〉라는 민요를 듣고, 그 노래를 본떠서 연주곡을 만들었어요. 이 연주곡에 영국의 한 시인이 가사를 붙이면서 우리가 잘 알고 있는 〈반짝반짝 작은 별〉이라는 동요가 되었어요.

✎ '나'는 ____

____

어휘력 확인

1~2 다음 낱말에 알맞은 뜻을 찾아 선으로 이어 보세요.

1 천재 •

•㉠ 남보다 뛰어난 재주를 가진 사람

2 연주회 •

•㉡ 음악을 청중에게 들려주는 모임

3~5 다음 문장의 빈칸에 알맞은 낱말을 보기에서 찾아 써 보세요.

보기

반대	성장	발견

3 지수는 건강하고, 슬기로운 어린이로 ☐☐☐했다.

4 민규와 짝꿍이 되면서 몰랐던 점을 새로 ☐☐☐했다.

5 엄마는 내가 친구들끼리만 놀이동산에 가면 안 된다고 ☐☐☐하셨다.

6~7 다음 문장의 빈칸에 알맞은 낱말을 찾아 색칠해 보세요.

6 왕실에서는 ☐☐☐끼리 모여 파티를 했다.

귀족   민족

7 수현이는 피아노를 ☐☐☐하는 실력이 뛰어났다.

연주   운동

며느릿감 고르기

핵심 내용 이해

Q. 다음 낱말 카드를 활용하여 이 글의 줄거리를 정리해 보자!

| 쌀 | 정 씨 처녀 | 며느리 | 아들 |

최 부자는 어리석은 (   )과 결혼할 지혜로운 (   )를 찾았어요. 그래서
(   ) 한 말로 100일을 버틸 수 있는 사람을 찾았지요.
(   )는 100일 동안 부지런히 일하고 곡식으로 삯을 받았어요. 최 부자는 정 씨 처녀를 바로 며느릿감으로 삼았어요.

새로 알게 된 사실

Q. 이 글을 읽고 새롭게 알게 된 내용을 적어 보자!

나의 생각 정리

Q. 다음 글을 읽고 '나'라면 쌀 한 말로 100일을 어떻게 보낼 것인지 써 보자!

쌀은 지금도 중요한 음식이지만, 과거에는 더 귀한 곡식이었어요. 그래서 옛이야기에는 가진 쌀로 재산을 늘리는 사람의 이야기가 자주 등장해요. 최 부자가 쌀 한 말로 100일을 지낼 며느리를 구한 것도 귀한 쌀을 아끼고, 늘릴 수 있는 사람을 찾기 위해서였어요.

'나'는

🔬 어휘력 확인

1~2 다음 낱말에 알맞은 뜻을 찾아 선으로 이어 보세요.

1 곡식 ·

· ㉠ 물건을 간직하여 두는 곳

2 곳간 ·

· ㉡ 사람의 식량이 되는 쌀, 보리, 콩 등을 이르는 말

3~4 다음 문장의 빈칸에 알맞은 낱말을 찾아 색칠해 보세요.

3 윤호는 집에서 가져온 과자를 친구들과 ☐.

받았다   나누었다

4 화장실에서 이상한 소리가 들리자 희영이는 밖으로 ☐.

잡았다   도망쳤다

5 다음 문장과 어울리도록 틀린 글자를 바르게 고쳐 써 보세요.

머슴은 일을 하고 곡식으로 삭을 받았다.

6~7 다음 빈칸에 모두 들어갈 수 있는 낱말을 뜻을 참고하여 써 보세요.

6 오늘 학교에 준비물을 가지고 오지 않아서 ☐이 되었다.

안심이 되지 않아 속을 태움.

7 엄마는 동생이 감기에 걸리자 ☐스러운 표정을 지으셨다.

지진이 일어났을 때 대피 방법

핵심 내용 이해

Q. 다음 낱말 카드를 활용하여 지진이 일어났을 때 해야 할 일을 정리해 보자!

전기 코드	엘리베이터	식탁	공원

✎ 지진이 일어났을 때는 ________________________

✎ 지진이 멈추었을 때는 ________________________

____

새로 알게 된 사실

Q. 이 글을 읽고 새롭게 알게 된 내용을 적어 보자!

✎ ____

____

나의 생각 정리

Q. 다음 글을 읽고 만약 학교에서 지진이 일어난다면 '나'는 어떻게 해야 할지 써 보자!

　　지진이 일어나면 안전하게 대피해야 해요. 만일 교실에 있을 때 지진이 일어난다면 책상 밑에 들어가 웅크리고 있어야 해요. 그리고 가방을 머리 위에 올려 머리를 보호해요. 만일 영화관이나 백화점 같은 곳에 있을 때는 출구나 계단으로 한꺼번에 몰려가지 않도록 해요. 안내 방송이 나올 때까지 침착하게 기다린 후에 이동해요.

✎ '나'는 ____

____

🔬 **어휘력 확인**

1~2 다음 뜻에 알맞은 낱말을 찾아 ○표 해 보세요.

1 위에서 아래로 내려가다.

　　떨어지다　　　　올라가다

2 위아래나 오른쪽, 왼쪽으로 자꾸 움직이다.

　　멈추다　　　　　흔들리다

3~4 다음 낱말에 알맞은 뜻을 찾아 선으로 이어 보세요.

3　가구　·

4　계단　·

　·㉠ 사람이 오르내리기 위해 건물이나 비탈에 만든 층층대

　·㉡ 집안 살림에 쓰는 기구로 장롱, 책장 같은 큰 제품

5~7 다음 문장의 빈칸에 알맞은 낱말을 **보기** 에서 찾아 써 보세요.

보기

기다리다　　　　빼놓다　　　　다치다

5 미끄럼틀에서 친구와 부딪치는 바람에 ☐☐☐.
상처가 생기다.

6 에너지 절약을 위해 쓰지 않는 전기 코드를 ☐☐☐.
여럿 가운데 골라 놓다.

7 아빠가 치킨을 시켜 주셔서 가족 모두 치킨이 오기를 ☐☐☐.
바라다.

인사하는 방법이 달라요

핵심 내용 이해

Q. 다음 낱말 카드를 활용하여 다른 나라의 인사법을 정리해 보자!

> 코　　　손바닥　　　볼　　　혀

✎ 티베트에서는 (　　　　　)를 내밀며 인사한다.

✎ 이누이트 족은 (　　　　　)를 비비면서 인사한다.

✎ 프랑스에서는 양쪽 (　　　　　)을 번갈아 맞대며 인사한다.

✎ 인도와 네팔에서는 (　　　　　)을 맞대어 가슴 앞에 모으고 고개를 숙이며 인사한다.

새로 알게 된 사실

Q. 이 글을 읽고 새롭게 알게 된 내용을 적어 보자!

✎ ____

____

나의 생각 정리

Q. 다음 글을 읽고 '나'는 여러 나라의 인사말의 의미에 대해 어떻게 생각하는지 써 보자!

> **여러 나라의 인사말**
>
> 우리나라는 '안녕하세요?'라며 인사해요. 인도와 네팔의 인사말은 '나마스테'예요. 나마스테는 '당신을 존중합니다.'라는 뜻을 담고 있어요. 프랑스에서는 '봉주르'라고 말하며 인사해요. 봉주르는 우리말의 '안녕하세요'와 비슷한 뜻이에요.

✎ '나'는 ______________________________

____

(1~3) 다음 낱말에 알맞은 뜻을 찾아 선으로 이어 보세요.

1 맞대다 •

• ㉠ 두 물체를 맞대어 문지르다.

2 비비다 •

• ㉡ 서로 마주 닿게 하다.

3 내밀다 •

• ㉢ 신체나 물체의 일부를 밖이나 앞으로 나가게 하다.

(4~5) 다음 빈칸에 모두 들어갈 수 있는 낱말을 뜻을 참고하여 써 보세요.

4 [ ] 학교마다 교가가 있다.

— 낱낱의

5 김치 맛은 [ ] 가정에 따라 달라진다.

(6~7) 다음 빈칸에 알맞은 글자를 쓰고, 어울리는 뜻을 찾아 선으로 이어 보세요.

6 상대 + [ ] •

• ㉠ 인사하는 방법

7 인사 + [ ] •

• ㉡ 어떤 일을 할 때 짝을 이루는 사람

물가에는 어떤 생물이 살까요?

핵심 내용 이해

Q. 다음 낱말 카드를 활용하여 물 위와 물속에 사는 생물을 정리해 보자!

| 부레옥잠 | 납자루 | 소금쟁이 | 물자라 |

✎ 물 위에 사는 생물은 수련, (   ), (   )가 있다.

✎ 물속에 사는 생물은 물방개, (   ), (   )가 있다.

새로 알게 된 사실

Q. 이 글을 읽고 새롭게 알게 된 내용을 적어 보자!

✎ ____

____

나의 생각 정리

Q. 다음 글을 읽고 '나'는 부레옥잠과 수련의 이름을 어떻게 생각하는지 써 보자!

부레옥잠과 수련의 이름

부레옥잠은 잎자루의 모양이 물고기의 부레와 비슷하고, 물옥잠의 한 종류여서 '부레옥잠'이라는 이름이 붙여졌어요. 연꽃과 비슷하게 생긴 수련은 저녁이 되면 꽃잎을 오므려서 '잠자는 연꽃'이라는 뜻으로 '수련'이라는 이름이 붙여졌어요.

✎ '나'는 ____________________________________

____

 어휘력 확인

1~2 다음 뜻에 알맞은 낱말을 찾아 ○표 해 보세요.

1 가장자리 끝이 점점 줄어지며 모이다.

오므러들다   오므라들다

2 한쪽으로 밀리어 나가거나 넘어지다.

미끄러지다   미끌어지다

3~4 다음 문장의 빈칸에 알맞은 낱말을 보기 에서 찾아 써 보세요.

보기

암컷   수컷

3 닭의 [   ]은 암탉, 닭의 [   ]은 수탉이라고 부른다.

4 돼지의 [   ]은 암돼지, 돼지의 [   ]은 수돼지라고 부른다.

5~7 다음 낱말에 알맞은 뜻을 찾아 선으로 이어 보세요.

5 물 + 속 •   • ㉠ 물이 있는 곳의 가장자리

6 물 + 가 •   • ㉡ 물의 가운데

7 물 + 풀 •   • ㉢ 물속이나 물가에 자라는 풀

빛의 화가 '모네'

핵심 내용 이해

Q. 다음 글자 카드를 활용하여 글쓴이가 이 글을 쓴 목적을 완성해 보자!

> 빛   네   모

✎ 글쓴이는 독자에게 ☐이 보여 주는 모습을 그대로 그리고 싶어 했던 ☐☐에 대해서 알려 주고 싶어서 이 글을 썼다.

새로 알게 된 사실

Q. 이 글을 읽고 새롭게 알게 된 내용을 적어 보자!

✎ ____

____

나의 생각 정리

Q. 다음 글을 읽고 '나'는 튜브 물감의 발명에 대해 어떻게 생각하는지 써 보자!

> **튜브 물감의 발명**
>
> 인상주의 화가들이 그림을 잘 그릴 수 있었던 데에는 튜브에 담긴 물감도 도움이 됐어요. 튜브 물감은 작고 가벼워서 가지고 다니기 편했거든요. 튜브 물감이 나오기 전에는 돼지 방광에 물감을 넣었는데, 크기가 너무 커서 가지고 다니기 불편했어요.

✎ '나'는 ____

____

어휘력 확인

1~2 다음 낱말에 알맞은 뜻을 찾아 선으로 이어 보세요.

1 별명 •

• ㉠ 어떤 대상에 대하여 마음속에 새겨지는 느낌

2 인상 •

• ㉡ 생김새나 특징을 바탕으로 원래 이름 대신에 부르는 이름

3~5 다음 문장의 빈칸에 알맞은 낱말을 **보기** 에서 찾아 써 보세요.

보기

빛	빗	빚

3 엉킨 머리카락을 [ ]으로 빗었다.

4 동생에게 아직 갚지 못한 [ ]이 있다.

5 낮에는 [ ]이 너무 강해서 눈을 뜨기 어려웠다.

6~7 다음 문장의 빈칸에 알맞은 낱말을 찾아 색칠해 보세요.

6 친구가 [ ] 그림이 대상을 받았다.

그린   담은

7 힘이 [ ] 자랑하다가 큰코다칠 뻔했다.

밝다고   세다고

지역마다 다른 집 모양

 **핵심 내용 이해**

Q. 다음 낱말 카드를 활용하여 지역마다 다른 집의 특성을 정리해 보자!

> 수상 가옥　　　이글루　　　유르트

✎ 열대 지역에 사는 사람들은 물 위에 (　　　　　)을 지었다.

✎ 초원 지역에 사는 사람들은 이동식 집 (　　　　　)를 지었다.

✎ 북극 지역에 사는 사람들은 눈을 이용해서 (　　　　　)를 지었다.

새로 알게 된 사실

Q. 이 글을 읽고 새롭게 알게 된 내용을 적어 보자!

✎ ____

____

 **나의 생각 정리**

Q. 다음 글을 읽고 '나'는 '게르'에 대해 어떻게 생각하는지 써 보자!

> ### 몽골의 이동식 집, 게르
>
> 　초원 지역에 사는 몽골 사람들도 가축을 기르며 이동하기 때문에 이동식 집을 지어요. 몽골 사람들의 이동식 집은 '게르'라고 해요. 게르를 만드는 방법은 유르트와 비슷해요. 나무로 모양을 만들고 그 위에 털이나 천을 덮어서 만들어요.

✎ '나'는 ____

____

____

1~2 다음 문장의 빈칸에 알맞은 낱말을 찾아 색칠해 보세요.

1 불볕 ⬜ 가 기승을 부려 기온이 높아졌다.

> 더위   추위

2 꽃샘 ⬜ 가 갑자기 찾아와서 옷을 두껍게 입었다.

> 더위   추위

3~5 다음 문장의 빈칸에 알맞은 낱말을 보기 에서 찾아 써 보세요.

> **보기**
> 지었어요   짓고   지으면

3 약국에서 약을 ⬜ 효과가 좋다.

4 그는 혼자서 한숨을 ⬜ 조용히 앉아 있다.

5 추운 지역에 사는 사람들은 눈을 이용해서 집을 ⬜ .

6~7 다음 낱말에 알맞은 뜻을 찾아 선으로 이어 보세요.

6 초원 •

• ㉠ 비와 바람을 모아 이르는 말

7 비바람 •

• ㉡ 저온 건조하여 나무가 자랄 수 없는
곳에서 풀이 나 있는 곳

고마운 엄마께

🚩 핵심 내용 이해

Q. 다음 글자 카드를 활용하여 글쓴이가 이 편지를 쓴 목적을 완성해 보자!

> 마 엄 음

✏️ 글쓴이는 아픈 자신을 밤새도록 보살펴 준 ☐☐에게 고마운 ☐☐을 전하기 위해 이 편지를 썼다.

✈️ 새로 알게 된 사실

Q. 이 글을 읽고 새롭게 알게 된 내용을 적어 보자!

✏️ _______________________________

____

⭐ 나의 생각 정리

Q. 다음 글을 읽고 '나'는 이 편지를 쓴 친구를 어떻게 생각하는지 써 보자!

> 엄마, 평소에 반찬 투정을 많이 부려서 죄송해요. 고기 반찬만 먹고 채소 반찬은 자꾸 남겨서 정말 죄송해요. 하지만 채소는 너무 먹기 힘들어서 그랬어요. 그래도 조금씩 더 먹어 보려고 노력할게요.

✏️ '나'는 _______________________________

____

____

❀ 어휘력 확인

(1~3) 다음 낱말에 알맞은 뜻을 찾아 선으로 이어 보세요.

1 드리다 •
2 계시다 •
3 께 •

• ㉠ '있다'의 높임말
• ㉡ '주다'의 높임말
• ㉢ '에게'의 높임말

(4~5) 다음 밑줄 친 낱말과 비슷한 뜻을 가진 낱말을 찾아 ○표 해 보세요.

4 나는 무슨 일인지 몰라서 <u>얼떨떨했다</u>.

얼얼했다   어리둥절했다

5 직접 얼굴을 보면서 말하려니까 <u>수줍었다</u>.

쑥스러웠다   우스웠다

(6~7) 다음 문장과 어울리도록 틀린 글자를 바르게 고쳐 써 보세요.

6 나는 몇일 전에 많이 아팠다.

7 엄마 얼굴이 머리속에 떠오른다.

통일을 이루자!

🏳 핵심 내용 이해

Q. 다음 낱말 카드를 활용하여 글쓴이가 이 글을 쓴 목적을 완성해 보자!

| 북한 | 통일 | 이산가족 | 힘 |

✎ 글쓴이는 남한과 (   )이 자유롭게 오가고, (   )이 다시 만나고, 나라의
(   )이 강해질 수 있기 때문에 (   )이 되어야 한다고 주장하기 위해 이
글을 썼다.

✈ 새로 알게 된 사실

Q. 이 글을 읽고 새롭게 알게 된 내용을 적어 보자!

✎ ____

____

☆ 나의 생각 정리

Q. 다음 글을 읽고 '나'는 이산가족 문제를 어떻게 생각하는지 써 보자!

6·25 전쟁 이후 이산가족을 찾기 위한 노력은 서서히 진행됐어요. 1983년 '천만 이산가족
찾기' 방송을 통해 이산가족이 서로의 소식을 알게 되었고, 남북의 이산가족은 1985년 첫 만
남을 시작으로 2018년까지 총 21차례 만남을 가졌어요.

✎ '나'는 ______________________________________

____

____

어휘력 확인

1~2 다음 낱말에 알맞은 뜻을 찾아 선으로 이어 보세요.

1 원래 •

2 하루빨리 •

• ㉠ 하루라도 빠르게

• ㉡ 처음부터 또는 근본부터

3~5 다음 문장의 빈칸에 모두 들어갈 수 있는 낱말을 **보기** 에서 찾아 써 보세요.

보기

체　　　　　채

3 책상에 엎드린 [　　　] 잠이 들었다.

4 밥을 입에 넣은 [　　　] 로 말하지 마세요.

5 이산가족은 서로의 소식을 모른 [　　　] 살고 있다.

6~7 다음 뜻에 알맞은 낱말을 써 보세요.

6 목숨을 이어 오거나 생활을 해 오다.

살다 ＋ 오다 ＝ [　　　　]

7 일정한 곳을 오고 가다, 혹은 주거니 받거니 하다.

오다 ＋ 가다 ＝ [　　　　]

태풍은 무엇일까요?

핵심 내용 이해

Q. 다음 글자 카드를 활용하여 태풍이 무엇인지 정리해 보자!

| 바 | 비 | 구 | 람 | 름 |

태풍은 수증기를 잔뜩 머금은 [ ][ ]이 빠르게 빙빙 돌면서 강한 [ ][ ][ ]이 몰아치는 현상을 말한다.

새로 알게 된 사실

Q. 이 글을 읽고 새롭게 알게 된 내용을 적어 보자!

____

____

나의 생각 정리

Q. 다음 글을 읽고 '나'는 태풍의 이름에 대해 어떻게 생각하는지 써 보자!

태풍의 이름

태풍은 2000년부터 여러 나라가 각각 10개씩 낸 이름을 번갈아 가면서 쓰고 있어요. 우리나라는 메기, 노루, 고니 등의 태풍 이름을 냈어요. 태풍에 이름을 지어 부르면서 태풍에 대한 관심을 높일 수 있게 되었지요.

'나'는 _______________________________________

____

어휘력 확인

1~3 다음 낱말에 알맞은 뜻을 찾아 선으로 이어 보세요.

1 한풀 • • ㉠ 그러한 데다가

2 게다가 • • ㉡ 기세나 기운이 어느 정도로

3 골고루 • • ㉢ 두루두루 빼놓지 않고 고루고루

4~5 다음 문장의 빈칸에 알맞은 낱말을 **보기** 에서 찾아 써 보세요.

┤ 보기 ├

| 잠기다 | 불다 | 깨끗하다 |

4 바람이 너무 세게 ☐ .
어느 방향으로 움직이다.

5 홍수 때문에 다리가 물에 ☐ .
가라앉게 되다.

6~7 다음 문장과 어울리도록 틀린 글자를 바르게 고쳐 써 보세요.

6 밤에는 천둥과 번게가 쳤다.

7 태풍이 불면 더위가 조금 꺽인다.

석빙고에 담긴 조상들의 지혜

☆ 핵심 내용 이해

Q. 다음 글자 카드를 활용하여 석빙고가 무엇인지 정리해 보자!

| 여 | 음 | 고 | 창 | 름 | 얼 |

✎ 석빙고는 겨울에 꽁꽁 언 ☐☐을 더운 ☐☐까지 녹지 않게 보관해 두었던 얼음 ☐☐이다.

✎ 새로 알게 된 사실

Q. 이 글을 읽고 새롭게 알게 된 내용을 적어 보자!

✎ ____

____

☆ 나의 생각 정리

Q. 다음 글을 읽고 '나'는 얼음에 대해 어떻게 생각하는지 써 보자!

옛날에 강의 얼음을 깨거나 잘라서 보관하는 일은 쉽지 않았어요. 그래서 얼음은 백성들이 얻기 어려운 귀한 것이었어요. 석빙고의 얼음은 주로 관리와 신분이 높은 사람들에게 나누어 주었지요. 하지만 병자들과 죄수들에게 나누어 주는 특별한 배려도 있었어요.

✎ '나'는 ____

____

____

1~3 다음 낱말에 알맞은 뜻을 찾아 선으로 이어 보세요.

1 냉동고 •

• ㉠ 벼의 겉을 벗겨 낸 껍질

2 조상 •

• ㉡ 자신의 세대 이전의 모든 세대

3 왕겨 •

• ㉢ 어는점 이하의 낮은 온도를 유지하며 음식을 보존하는 곳

4~5 다음 문장의 빈칸에 알맞은 낱말을 찾아 색칠해 보세요.

4 자기 전에 양치질하는 걸 [　　　] 말자.

잇지　　　　잊지

5 동생과 둘이 바닷가에서 모래성을 [　　　].

싸았다　　　　쌓았다

6~7 다음 문장에서 밑줄 친 낱말의 반대말을 써 보세요.

6 얼음이 꽁꽁 <u>얼어서</u> 녹지 않았다.　　　얼다 ↔ [　　　]

7 <u>추운</u> 겨울에도 불을 땐 온돌방은 더웠다.　　　춥다 ↔ [　　　]

누가 더 나을까?

핵심 내용 이해

Q. 다음 낱말 카드를 활용하여 이 글의 내용을 정리해 보자!

늑대	먹이	개	배

산에서 자유롭게 생활하는 (　　　　　)는 (　　　　　)가 고프더라도 자유롭게 사는 게 낫다고 생각하고, 집에서 사람들이 주는 (　　　　　)를 먹으며 편하게 사는 (　　　　　)는 자유롭지 못해도 배부르게 사는 게 낫다고 생각한다.

새로 알게 된 사실

Q. 이 글을 읽고 새롭게 알게 된 내용을 적어 보자!

나의 생각 정리

Q. 다음 글을 읽고 '나'는 자유로운 생활을 어떻게 생각하는지 써 보자!

도시에 놀러 간 시골 쥐

시골 쥐가 도시에 놀러 갔어요. 그런데 도시는 먹을거리는 많았지만, 사람들 때문에 한시도 편할 날이 없었어요. 시골 쥐는 배는 좀 고파도 자유롭게 사는 게 낫다며 다시 시골로 내려갔어요.

'나'는

1~2 다음 낱말에 알맞은 뜻을 찾아 선으로 이어 보세요.

1 자유 •　　　　　　　• ㉠ 처해 있는 사정이나 형편

2 처지 •　　　　　　　• ㉡ 자기 마음대로 할 수 있는 상태

3~4 다음 밑줄 친 낱말과 비슷한 뜻을 가진 낱말을 찾아 ○표 해 보세요.

3 나는 침대에서 자는 <u>척하고</u> 가만히 있었다.

착하고　　　　　　체하고

4 그는 누구보다 돈이 많다고 <u>으스대며</u> 말했다.

으스러지며　　　　우쭐거리며

5~6 다음 문장과 어울리도록 틀린 글자를 바르게 고쳐 써 보세요.

5 사람들은 그를 안스럽게 보았다.

6 가슴에 메인 리본이 잘 어울린다.

7 다음 중 소리를 흉내 낸 낱말이 아닌 것에 ○표 해 보세요.

꼬르륵　　　　　포동포동　　　　　딸깍

공부한 날   월   일

헌 이 줄게 새 이 다오

핵심 내용 이해

Q. 다음 글자 카드를 활용하여 글쓴이에게 무슨 일이 있었는지 정리해 보자!

| 니 | 앞 | 머 | 할 |

흔들리던 ☐☐가 빠져서 짝꿍에게 놀림을 받을까 봐 속상했는데 ☐☐☐가 이가 예쁘게 빨리 날 수 있는 비결을 알려 주면서 위로해 주셨다.

새로 알게 된 사실

Q. 이 글을 읽고 새롭게 알게 된 내용을 적어 보자!

나의 생각 정리

Q. 다음 글을 읽고 '나'는 이가 빠졌을 때 하는 행동을 어떻게 생각하는지 써 보자!

다른 나라는 이가 빠지면 어떻게 했을까?

서양에서는 빠진 이를 베개 밑에 넣어 두면 이빨 요정이 와서 가져간다고 믿었어요. 필리핀에서는 빠진 이를 땅에 묻으며 소원을 빌었어요. 브라질에서는 빠진 이를 창밖으로 던지면 새가 헌 이를 가져가고 새 이를 가지고 온다고 생각했어요.

'나'는

1~3 다음 낱말에 알맞은 뜻을 찾아 선으로 이어 보세요.

1 비결 •

• ㉠ 이를 낮잡아 이르는 말

2 할미 •

• ㉡ 손자, 손녀에게 할머니 자신을 이르는 말

3 이빨 •

• ㉢ 세상에 알려지지 않은 자기만의 뛰어난 방법

4~5 다음 문장의 빈칸에 알맞은 낱말을 찾아 색칠해 보세요.

4 형은 고집을 부리며 문 앞에서 ☐ 서 있었다.

버티고　　　　버리고

5 어제는 학원 수업을 ☐ 엄마와 박물관에 갔다.

퍼지고　　　　빠지고

6~7 다음 문장과 어울리도록 틀린 글자를 바르게 고쳐 써 보세요.

6 게임을 해도 된다는 말에 귀가 솔직했다.

7 동생한테 화가 나서 소리를 지른 게 후해됐다.

괴롭힘을 멈춰요!

☆ 핵심 내용 이해

Q. 다음 글자 카드를 활용하여 친구를 괴롭히는 행동에는 무엇이 있는지 정리해 보자!

건	몸	말	물

- 장난을 치면서 친구 ☐을 꼬집거나 툭 치는 행동
- 휴대 전화로 친구에게 나쁜 ☐을 하거나 놀리는 말을 하는 행동
- 친구에게 맛있는 걸 사 달라고 꼬드기거나 ☐☐을 함부로 가져가는 행동

✈ 새로 알게 된 사실

Q. 이 글을 읽고 새롭게 알게 된 내용을 적어 보자!

____

____

☆ 나의 생각 정리

Q. 다음 글을 읽고 '나'는 친구에 대해 하는 뒷말을 어떻게 생각하는지 써 보자!

뒷말을 멈춰요!

친구가 없는 곳에서 뒷말을 하거나 친구의 부족한 부분을 들추며 헐뜯는 말을 하는 것도 친구를 괴롭히는 행동이에요. 하고 싶은 말이나 서운한 게 있으면 친구에게 정중하게 직접 말해야 해요. 여럿이서 뒷말을 하며 친구를 괴롭히면 안 돼요.

'나'는 _______________________________________

____

____

어휘력 확인

1~3 다음 낱말에 알맞은 뜻을 찾아 선으로 이어 보세요.

1 허물없이 •

• ㉠ 아무렇게나 되는대로

2 허투루 •

• ㉡ 조심하거나 깊이 생각하지 않고 마음 내키는 대로 마구

3 함부로 •

• ㉢ 서로 매우 친하여, 체면을 돌보거나 조심할 필요가 없이

4~5 다음 문장의 빈칸에 알맞은 낱말을 찾아 색칠해 보세요.

4 친구가 나에게 [   ] 자꾸 장난을 쳤다.

집적거리며   휘적거리며

5 우리는 무서운 마음을 [   ] 다시 용기를 냈다.

저지르고   억누르고

6~7 다음 뜻에 알맞은 낱말을 써 보세요.

6 눈의 앞, 눈으로 볼 수 있는 가까운 곳

눈 + 앞 = [   ]

7 떳떳이 나서지 않고 뒤에서 이러쿵저러쿵 하는 말

뒤 + 말 = [   ]

씨앗이 이동하는 방법

핵심 내용 이해

Q. 다음 글자 카드를 활용하여 글쓴이가 이 글을 쓴 목적을 완성해 보자!

| 방 | 씨 | 법 | 앗 |

✎ 글쓴이는 식물의 ☐☐ 이 다른 곳으로 이동하는 다양한 ☐☐ 을 알려 주기 위해서 이 글을 썼다.

새로 알게 된 사실

Q. 이 글을 읽고 새롭게 알게 된 내용을 적어 보자!

✎ ____

____

나의 생각 정리

Q. 다음 글을 읽고 '나'는 씨앗의 이동에 대해 어떻게 생각하는지 써 보자!

동물에게 붙어서 이동하는 씨앗

씨앗은 사람이나 동물에게 붙어서 여기저기로 이동할 수도 있어요. 어떤 식물의 열매나 씨에는 갈고리나 뻣뻣한 털이 달려 있는데, 이를 이용해서 옷이나 털에 달라붙을 수 있어요. 도깨비바늘이나 도둑놈의갈고리 같은 식물이 이렇게 이동해요.

✎ '나'는 ____________________________________

____

____

1~3 다음 낱말에 알맞은 뜻을 찾아 선으로 이어 보세요.

1 달라붙다 •　　　　　　　• ㉠ 끈기 있게 찰싹 붙다.

2 퍼뜨리다 •　　　　　　　• ㉡ 움직여 옮기다, 자리를 바꾸다.

3 이동하다 •　　　　　　　• ㉢ 널리 퍼지게 하다.

4~5 다음 빈칸에 모두 들어갈 수 있는 낱말을 뜻을 참고하여 써 보세요.

4 할머니 댁에 가서 꽃밭에 [　　　]을 뿌렸다.

5 거짓말을 들으면 마음에 의심의 [　　　]이 자란다.

└ 곡식이나 채소 따위의 씨

6~7 다음 문장과 어울리도록 틀린 글자를 바르게 고쳐 써 보세요.

6 나뭇잎이 바람에 날라간다.

7 길가에 꽃들이 스스로 피여난다.

<씨름>에 담긴 옛사람의 모습

핵심 내용 이해

Q. 다음 낱말 카드를 활용하여 김홍도의 <씨름>을 보고 알 수 있는 내용을 정리해 보자!

| 신분 | 씨름 | 단오절 | 조선 |

- 씨름을 하는 때는 (　　　　　) 무렵이다.
- 조선 후기에는 (　　　　　)의 구별이 작아졌다.
- (　　　　　) 사람들은 (　　　　　)을 즐겨했다.

새로 알게 된 사실

Q. 이 글을 읽고 새롭게 알게 된 내용을 적어 보자!

나의 생각 정리

Q. 다음 글을 읽고 '나'는 부채를 선물하는 풍습을 어떻게 생각하는지 써 보자!

단오절과 부채

　　옛날에는 단오절을 중요한 명절로 여겼어요. 단오절이 되면 윗사람이 아랫사람에게 부채를 선물했어요. 임금님이 신하들에게 부채를 선물하기도 했지요. 다가올 무더운 여름을 건강하게 지내기를 바라는 마음을 담은 거예요.

- '나'는

🔬 **어휘력 확인**

1~2 다음 낱말에 알맞은 뜻을 찾아 선으로 이어 보세요.

1 승부 •　　　　　　　　• ㉠ 엿을 파는 사람

2 엿장수 •　　　　　　　　• ㉡ 이기는 것과 지는 것

3~4 다음 빈칸에 모두 들어갈 수 있는 낱말을 뜻을 참고하여 써 보세요.

3 볏짚으로 만든 짚 [　　　] 을 신은 사람은 신분이 낮다.

4 가죽으로 만든 가죽 [　　　] 을 신은 사람은 신분이 높다.

걸을 때 발에 신는 물건을 이르는 말

5~6 다음 문장과 어울리도록 틀린 글자를 바르게 고쳐 써 보세요.

5 추석 무렵에 추수를 한다.

6 칠판을 보지 않고 딴 대를 보았다.

7~8 다음 문장에서 밑줄 친 낱말의 반대말을 써 보세요.

7 신분이 높은 사람도 씨름을 구경한다. 　　높다 ⟷ [　　　]

8 나이가 많은 사람도 씨름을 구경한다. 　　많다 ⟷ [　　　]

과학적인 기구 측우기

핵심 내용 이해

Q. 다음 낱말 카드를 활용하여 측우기가 무엇인지 정리해 보자!

| 비 | 강우량 | 과학적 | 세종 |

✎ 측우기는 조선 (　　　　　) 때 (　　　　　　)을 측정하기 위해 전 세계에서 최초로 발명된 (　　　　　)의 양을 재는 (　　　　　　)인 기구이다.

새로 알게 된 사실

Q. 이 글을 읽고 새롭게 알게 된 내용을 적어 보자!

✎ ____

____

나의 생각 정리

Q. 다음 글을 읽고 '나'는 측우기에 대해 어떻게 생각하는지 써 보자!

> **발명의 날**
>
> 우리나라는 매년 5월 19일을 '발명의 날'로 지정해서 기념하고 있어요. 발명의 날을 통해 발명에 더욱 관심을 기울이고, 발명 의욕을 높이기 위한 여러 행사를 진행해요. 5월 19일을 발명의 날로 지정한 이유는 측우기를 반포한 날이기 때문이에요.

✎ '나'는 _______________________________________

____

1~3 다음 낱말에 알맞은 뜻을 찾아 선을 이어 보세요.

1 강우량 •

2 기구 •

3 반포 •

• ㉠ 세상에 널리 퍼뜨려 모두 알게 함.

• ㉡ 일정 기간 동안 일정한 곳에 내린 비의 양

• ㉢ 집안 살림에 쓰는 물건이나 도구, 기계 등을 이르는 말

4~6 다음 문장의 빈칸에 알맞은 낱말을 [보기]에서 찾아 써 보세요.

보기		
예측	측정	설치

4 교실에 에어컨을 ☐ 했어요.

5 짝꿍이 지각할 거라는 ☐ 이/가 맞았어요.

6 안경점에 가서 양쪽 눈의 시력을 ☐ 했어요.

7~8 다음 뜻에 알맞은 낱말을 찾아 ○표 해 보세요.

7 아래에서 위까지의 높은 정도

깊이　　　높이

8 위에서 밑바닥까지, 겉에서 속까지의 깊은 정도

깊이　　　높이

MEMO

똑똑 초등 국어 문해력

정답과 해설

1단계 · 기본편

초등 1·2학년

Q1

`글의 내용` 이 글은 돌잡이의 의미를 설명하는 글이에요. 돌잡이는 아기의 첫 생일에 아기가 여러 물건 중에서 한두 개를 잡는 일을 말한다고 했어요. 글쓴이는 돌잡이에 부모님의 마음이 담겨 있다고 말하고 있어요.

`정답` ④

`해설` 이 글에서 가장 많이 등장하는 낱말은 '돌잡이'예요. 이 글에서는 돌잡이가 무엇인지, 어떤 의미인지를 설명하고 있어요.

Q2

`글의 내용` 이 글은 우리가 건강을 위해 유지해야 하는 '바른 자세'에 대해 설명하고 있어요. 어릴 때부터 우리가 바른 자세를 유지해야 병을 막고, 건강에 도움이 된다고 해요.

`정답` 자세

`해설` 이 글은 우리 몸의 좌우 균형이 조화롭게 이루어지는 '바른 자세의 중요성'에 대해 설명하고 있어요. 빈칸에 들어갈 말은 '자세'예요.

Q3

`글의 내용` 이 글은 식물이나 채소라고 생각하기 쉽지만 식물과 다른 균류에 속하는 버섯의 특징을 설명하고 있어요. 식물과 버섯의 특징을 비교하여 설명하는 글이에요.

`정답` **(1)** 균류 **(2)** 움직이지 **(3)** 동물 **(4)** 영양분

`해설` **(1)**, **(2)**, **(3)**, **(4)** 버섯은 '균류'에 속하고, 식물처럼 '움직이지' 못한다는 특징이 있지만, 식물보다 '동물'에 가깝고 스스로 '영양분'을 만들지 못한다는 특징을 정리할 수 있어요.

Q4

`글의 내용` 이 글은 문익점이 백성들을 위해서 우리나라로 몰래 들여온 목화씨에 대해서 설명하고 있어요. 문익점이 목화씨를 들여와서 백성들은 따뜻한 겨울을 지내게 되었다고 해요.

`정답` ⑤

`해설` 문익점은 원나라에 사신으로 갔다가 목화씨를 우리나라로 들여왔어요. 또 이것을 잘 키워서 목화 실을 뽑아내어 따뜻한 무명 옷을 지었다고 했어요.

Q5

`글의 내용` 이 글은 여러 나라들이 전쟁을 치른 2차 세계 대전 후에 다시는 전쟁을 겪지 않기 위해 국제 연합이 만들어진 배경과 국제 연합이 하는 일을 설명하고 있어요.

`정답` ㉠, ㉡, ㉢

`해설` 국제 연합은 전쟁, 가난, 기후 변화, 전염병 등의 문제를 각 나라들이 협력하여 해결하기 위해 만들어졌다고 했어요. 그러나 국제 연합이 각 나라의 정치 문제를 해결하기 위해 만들어진 것은 아니에요.

Q6

`글의 내용` 이 글에서는 우리 조상님들이 늦가을에 배고픈 까치나 다른 새들을 배려하여 남겨 두는 감인 까치밥을 설명하고 있어요. 까치밥에는 조상님들의 아름다운 마음이 나타나요.

`정답` 까치, 먹으라고

`해설` 까치밥은 늦가을에 감을 딸 때, 까치나 다른 새들이 먹으라고 남겨 두는 감을 말한다고 했어요. 빈칸에 들어갈 말은 '까치', '먹으라고'예요.

Q7

`글의 내용` 이 글은 바닷가에 있는 모래의 원래의 물질과 모래가 만들어지는 과정을 설명하고 있어요. 모래는 바위와 돌이 깨지면서 생기는 작은 조각인데, 원래의 물질에 따라서 빛깔이 달라진다고 했어요.

`정답` **(1)** 석영 **(2)** 산호 **(3)** 조개껍데기 **(4)** 현무암

`해설` 모래의 빛깔은 모래가 원래 어떤 물질이었는지에 따라 달라진다고 했어요. 이 글에서 하얀 모래는 원래 '석영' 같은 광물이나 '산호', '조개껍데기'였을 것이고, 검은 모래는 '현무암' 같은 바위였을 것이라고 했어요.

Day 02 짜임 이해하기

Q1~Q2

글의 내용 이 글은 근거를 설명하는 방식을 통해 노벨이 노벨상을 만든 이유에 대해 설명하고 있어요.

정답 **Q1** 이유 **Q2** (1) 하지만 (2) 그래서

해설 **Q1** 2문단의 마지막 문장을 보면 이 글이 발명가였던 노벨이 노벨상을 만든 이유를 설명한 글이라는 것을 알 수 있어요.
Q2 (1) 1문단 마지막 문장에서 노벨은 도로나 터널을 만드는 데 폭약이 쓰이기를 바랐어요. '하지만' 폭약은 전쟁에 사용되었다고 했어요.
(2) 2문단 첫 번째 문장에서, '그래서' 노벨은 자신의 재산을 사람들에게 쓰기로 마음먹고 노벨상을 만들게 되었다고 했어요.

Q3

글의 내용 이 글은 우리나라의 옛날이야기에 자주 나오는 호랑이의 여러 가지 모습을 나열하여 설명하고 있어요.

정답 나열

해설 이 글에서는 '곶감이 무서워서 도망친 호랑이', '할아버지 담배를 훔쳐 먹다가 털이 타서 검은 줄무늬가 생긴 호랑이', '어렵고 가난한 사람들을 도와주는 정 많고 착한 호랑이'를 차례대로 나열하여 설명하고 있어.

Q4

글의 내용 이 글은 옛날에 백성들이 억울한 일을 신고할 수 있었던 신문고 제도를 오늘날과 비교하여 설명하고 있어요.

정답 준호

해설 이 글은 억울한 일이 생겼을 때 오늘날에는 경찰에 신고를 하거나 재판을 하고, 옛날에는 신문고 제도로 북을 쳐서 알릴 수 있었다고 비교하여 설명하고 있어요.

Q5

글의 내용 이 글은 바다에서 용암이 분출되어 생긴 화산섬인 제주도, 울릉도, 독도의 공통점과 차이점을 비교하여 설명하고 있어요.

정답 (1) 공통점 (2) 그러나 (3) 차이점

해설 (1) 1문단에서 제주도, 울릉도, 독도는 바다 위에 용암이 쌓여서 만들어진 화산섬이라는 '공통점'이 있다고 했어요.
(2) 1문단과 2문단은 '그러나'라는 이어 주는 말로 연결되어 있어요.
(3) 2문단에서 독도와 울릉도는 깊은 바다에서 용암이 솟아 나와 쌓인 화산섬이고, 제주도는 얕은 곳에서 용암이 솟아 나와 만들어진 '차이점'이 있다고 설명하고 있어요.

Q6

글의 내용 이 글은 지구가 자꾸 뜨거워지는 것을 막기 위해 지구의 남는 땅에 나무를 심어서 지구를 구하자고 말하고 있어요.

정답 예

해설 이 글에서는 지구가 뜨거워지는 것을 막기 위해 '예를 들어' 지구의 남는 땅에 나무를 심어서 사람들이 발생시키는 이산화탄소를 제거하자고 말하고 있어요.

Q7

글의 내용 이 글은 봄에 피는 꽃을 무리지어 피는 꽃, 풀꽃, 꽃이 눈에 띄지 않는 꽃으로 나누어 어떤 꽃들이 있는지 소개하고 있어요.

정답 풀꽃

해설 이 글은 봄에 무리지어 피는 꽃에는 동백꽃, 산수유꽃, 매화, 개나리, 진달래 등이 있고, 봄의 풀꽃으로는 할미꽃, 제비꽃, 복수초 등이 있고, 꽃이 눈에 띄지 않는 꽃은 오리나무, 개암나무, 버드나무 등이 있다고 설명했어요.

Q8

글의 내용 이 글은 할머니 댁에 놀러가서 잡초를 뽑으며 할머니를 도와드린 일을 시간 순서대로 설명하고 있어요.

정답 ⓒ → ㉠ → ⓒ

해설 이 글의 글쓴이는 할머니 댁에 놀러가서 점심을 먹고 할머니와 같이 밭에 나가서(ⓒ) 할머니를 도와드리며 풀을 뽑았고(㉠), 할머니를 도와드려서 일이 하나도 힘들지 않고 뿌듯했다고(ⓒ) 했어요.

Q1

글의 내용 이 글은 여러 가지 물건을 사고파는 시장이 어떻게 생겨났는지 설명하고 있어요. 옛날 사람들은 만나서 물건을 서로 교환했는데, 그것이 불편해지자 사람들이 물건을 쉽게 사고팔기 위해 시장이 생겼다고 했어요. 그래서 시장은 사람들이 모이기 쉬운 곳에 생긴다고 했어요.

정답 시장, 사고팔기, 모이기

해설 1문단을 보면 이 글이 '시장'이 어떻게 생겨났는지 설명하는 글임을 한눈에 파악할 수 있어요. 시장은 날짜를 정해서 다른 사람들과 물건을 쉽게 '사고팔기' 위해서 생겨났고, 사람들이 '모이기' 쉽고 멀리서도 오기 쉬운 곳에 생겨났다고 했어요.

Q4~Q5

글의 내용 이 글은 집이나 건물, 도로 등을 지을 때 꼭 필요한 콘크리트가 무엇으로 만들어지는지, 자갈의 크기와 종류에 따라서 어떻게 성질이 달라지는지를 설명하고 있어요. 콘크리트는 시멘트와 모래나 자갈과 같은 단단한 재료들을 한 덩어리로 만든 것이라고 해요.

정답 **Q4** 시멘트 **Q5** 콘크리트, 또한

해설 **Q4** 1문단을 보면 이 글은 콘크리트에 대해 설명하는 글임을 알 수 있어요. 2문단을 보면 콘크리트가 어떤 재료로 만들어졌는지를 설명하고 있어요. 콘크리트는 '시멘트', 자갈, 물을 섞어서 만드는 것이라고 했어요.

Q5 추가로 덧붙여서 설명할 때 쓰이는 이어 주는 말은 '또한'이에요. 자갈은 콘크리트를 단단하게 해 주고, 콘크리트에 넣는 시멘트가 굳을 때 너무 뜨거워지거나 쩍쩍 갈라지는 것을 막아 준다고 했어요.

Q2~Q3

글의 내용 이 글은 미세 먼지가 무엇인지 알려주는 글이에요. 미세 먼지가 발생하는 원인은 매연, 배기가스, 먼지, 황사 등이라고 했고, 미세 먼지가 생기는 양이 계절별로 다르다는 것을 설명하고 있어요.

정답 **Q2** 작은, 계절 **Q3** ㉮ 미세 먼지 ㉯ 양

해설 **Q2** 1문단을 보면 미세 먼지는 눈에 보이지 않을 만큼 '작은' 먼지로, 우리 몸에 들어가서 나쁜 영향을 줄 수 있다고 했어요. 2문단에서는 미세 먼지가 매연과 자동차의 배기가스 등에서 생겨난다고 했어요. 3문단에서는 미세 먼지가 생기는 양은 '계절'에 따라 달라진다고 했어요.

Q3 이 글의 내용을 간추려 보면, 눈에 보이지 않을 만큼 작은 먼지인 '미세 먼지'는 매연이나 배기가스 등에서 생겨나며, 계절에 따라 미세 먼지의 '양'이 달라져요.

Q6~Q7

글의 내용 이 글은 우리나라의 전통 옷인 한복에 대해 설명하는 글이에요. 한복은 저고리와, 바지, 치마로 이루어져 있고, 화려한 한복에는 한국인의 정서가 담겨 있다고 했어요. 그리고 한복은 어떠한 몸매의 사람에게도 잘 맞고 옷을 입은 모양에 따라 우아한 맵시가 드러난다고 했어요.

정답 **Q6** 정서, 맵시 **Q7** 인희

해설 **Q6** 2문단에서 오늘날 명절이나 결혼식에 입는 화려한 한복에는 한국인의 '정서'가 담겨 있다고 했어요. 3문단에서 한복은 옷을 입은 모양에 따라 우아한 '맵시'가 드러난다고 설명했어요.

Q7 이 글의 내용을 간추려 보면 우리나라의 전통 옷인 한복에는 한국의 정서가 담겨 있으며, 옷을 입은 모양에 따라 우아한 맵시를 드러내는 아름다운 옷이라고 할 수 있어요.

한국과 중국의 젓가락

글의 내용 이 글은 한국의 젓가락과 중국의 젓가락을 비교해서 설명하고 있어요. 두 나라는 음식 문화가 달라요. 음식 문화의 차이는 도구의 차이를 가져왔어요. 두 나라의 전통적인 젓가락 모양이 어떻게 다른지 알 수 있는 글이에요.

원리로 확인하기

정답과 해설 · 05쪽

핵심 내용 정리하기

1 이 글의 중심 낱말이 무엇인지 골라 ○표 해 보세요.

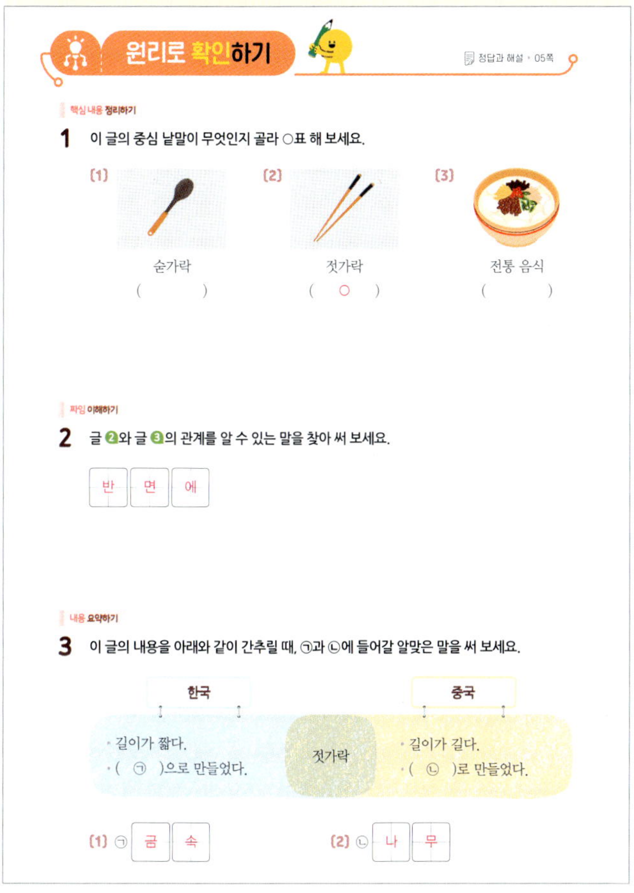

짜임 이해하기

2 글 **2**와 글 **3**의 관계를 알 수 있는 말을 찾아 써 보세요.

반 면 에

내용 요약하기

3 이 글의 내용을 아래와 같이 간추릴 때, ㉠과 ㉡에 들어갈 알맞은 말을 써 보세요.

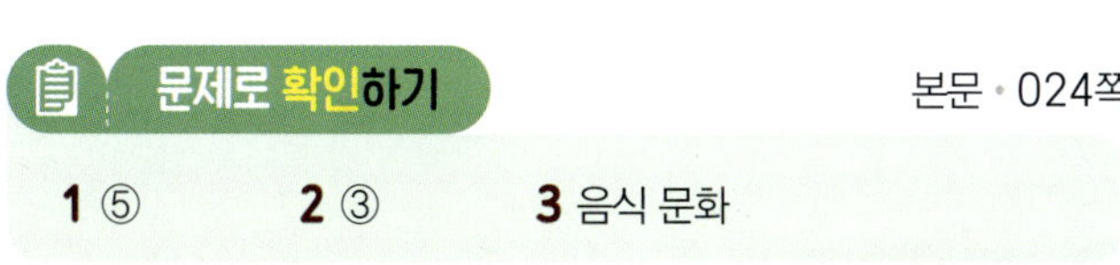

[1] ㉠ 금 속   [2] ㉡ 나 무

문제로 확인하기

본문 · 024쪽

1 ⑤   **2** ③   **3** 음식 문화

1 이 글은 한국의 젓가락과 중국의 젓가락의 차이점을 설명하는 글이에요. 두 나라는 음식 문화가 다르기 때문에 젓가락의 모양에 차이가 생겼어요. 그래서 이 글에는 한국과 중국의 음식 문화의 차이점은 설명했지만, 한국과 중국의 음식의 공통점은 설명하고 있지 않아요.

오답 풀이

① 2문단에서 한국의 젓가락은 금속으로 만들었다고 한국 젓가락의 재료를 설명했어요.

② 3문단에서 중국의 젓가락은 나무로 만들었다고 중국 젓가락의 재료를 설명했어요.

③ 2문단에서 한국의 음식 문화는 국물이 있는 음식이 많다

고 설명했어요.

④ 3문단에서 중국은 식탁 가운데에 놓고 먹는 음식 문화가 있고, 튀기거나 뜨거운 음식을 자주 먹는다고 설명했어요.

2 2문단에서는 한국의 젓가락을 설명하고 있고, 3문단에서는 중국의 젓가락을 설명하고 있어요. 보통 한국의 젓가락은 금속으로 되어 있고, 중국의 젓가락은 나무로 되어 있어요.

오답 풀이

① 2문단에서 한국의 젓가락이 중국의 젓가락보다 짧다고 했어요.

② 1문단을 보면 한국과 중국은 밥을 먹을 때 젓가락을 사용한다고 했어요. 두 나라는 젓가락을 쓰는 것은 같지만 젓가락의 모양이 달라요.

④ 한국의 젓가락은 국물이 스며들지 않게 금속으로 만들었어요. 반면에 중국의 젓가락은 열이 전달되지 않는 나무로 만들었어요.

⑤ 3문단에서 중국은 음식을 식탁 가운데에 놓고 먹기 때문에 멀리 있는 음식을 잘 집을 수 있도록 젓가락을 길게 만들었다고 했어요.

3 한국은 국물이 많은 음식을 먹는 음식 문화를 가지고 있어요. 중국은 음식을 식탁 가운데에 놓고, 튀기거나 뜨거운 음식을 먹는 음식 문화를 가지고 있어요. 두 나라의 음식 문화가 다르기 때문에 그에 맞게 젓가락의 모양도 조금씩 달라졌어요.

어휘력 다지기

본문 · 025쪽

1 ㉡   **2** ㉠   **3** 도구   **4** 이유

낱말 더 보기

· **문구**: 학용품과 사무용품 등을 통틀어 이르는 말
  예 학교에서 공부할 때 필요한 <u>문구</u>를 샀다.

· **사과**: 자신의 잘못을 인정하고 용서를 비는 것
  예 어제 엄마에게 소리 지른 것을 <u>사과</u>했다.

글의 내용 이 글은 동물의 모습을 보고 만든 발명품을 설명하는 글이에요. 사람들은 동물의 모습을 자세히 관찰하고 생활에 필요한 물건을 만들었어요. 이 글에서는 헬리콥터와 핀셋이 어떤 동물을 보고 만들었는지 나와 있어요.

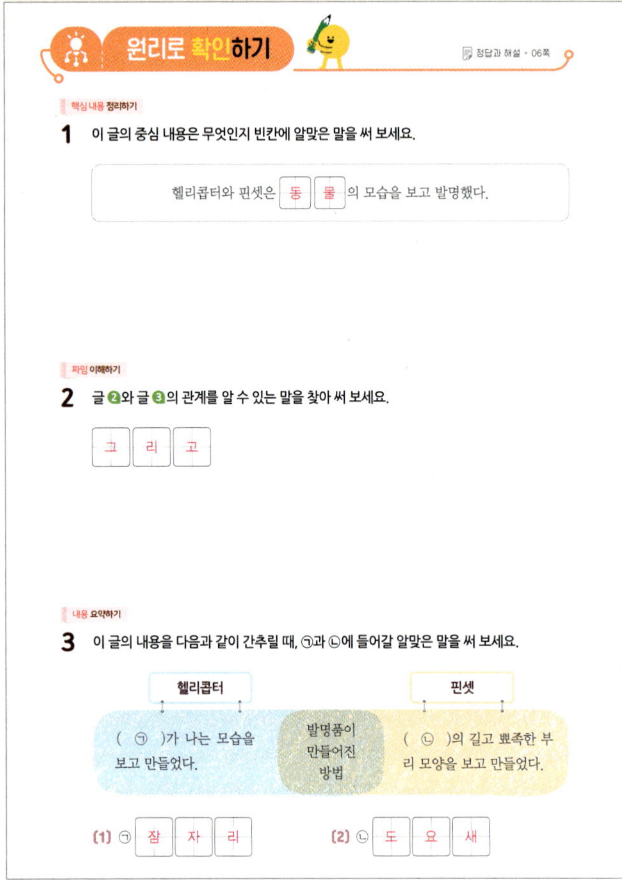

모습을 보고 만든 발명품을 설명하는 글이에요.

2 2문단은 헬리콥터에 대해 설명하고 있어요. 헬리콥터는 잠자리가 빠르게 날다가도 마음대로 방향을 바꾸는 것을 자세히 보고 만든 발명품이에요. 3문단은 핀셋에 대해 설명하고 있어요. 핀셋은 도요새가 길고 뾰족한 부리로 먹이를 집어 먹는 것을 보고 만든 발명품이에요.

3 이 글은 동물들의 특징을 보고 만든 발명품을 설명하고 있어요. 그리고 헬리콥터와 핀셋을 예로 들었어요. 이 글을 읽으면 두 가지의 발명품이 어떻게 만들어졌는지와 왜 만들어졌는지를 알 수 있어요. 지윤이는 동물의 모습을 보고 만든 발명품은 사람들의 생활에 필요하지 않다고 말했어요. 하지만 1문단을 보면 사람들은 동물의 모습을 자세히 관찰해 우리 생활에 필요한 물건을 만들었다고 되어 있어요. 따라서 우리 생활에 필요하지 않다고 한 지윤이의 말은 알맞지 않아요.

오답 풀이

가을: 동물들은 각자의 모습대로 살아가기 때문에 동물들의 모습을 자세히 관찰해서 우리 생활에 필요한 것을 만들었어요. 동물들이 각자의 모습으로 살아가는 것을 '동물의 특징'이라고 할 수 있어요.

수호: 사람들은 잠자리가 나는 모습과 도요새가 먹이를 먹는 모습을 자세히 관찰하고 필요한 물건을 만들었어요. 사람들이 동물을 자세히 관찰했기 때문에 여러 가지 발명품을 만들 수 있었어요.

문제로 확인하기

본문 · 028쪽

1 ④   **2** (1) ㉡ (2) ㉠   **3** 지윤

1 이 글은 동물의 모습을 보고 만든 발명품을 설명하는 글이에요. 그중에서도 헬리콥터와 핀셋이 어떤 동물을 보고 만들었는지 알려 주고 있어요.

오답 풀이

① 이 글에는 세상에서 가장 비싼 발명품이 무엇인지는 나와 있지 않아요.

② 이 글에는 세상에서 가장 유명한 발명품은 나와 있지 않아요.

③ 이 글은 과일의 모습을 보고 만든 발명품이 아니라 동물의 모습을 보고 만든 발명품을 설명하는 글이에요.

⑤ 이 글은 식물의 모습을 보고 만든 발명품이 아니라 동물의

어휘력 다지기

본문 · 029쪽

1 ㉠   **2** ㉡   **3** 편리한   **4** 관찰해

🔍 낱말 더 보기

· **기술**: 사물을 잘 다룰 수 있는 방법이나 능력
  예 아빠는 운전 기술이 뛰어났다.

· **불편**: 어떤 것을 사용하거나 이용하는 것이 거북하거나 괴로움.
  예 계단이 움푹 파여서 사람들이 지나다닐 때 불편했다.

· **발명**: 아직까지 없던 기술이나 물건을 새로 생각하여 만들어 냄.
  예 에디슨은 전구를 발명해 사람들의 생활을 편리하게 했다.

Day 06 발표하는 날

글의 내용 이 글은 글쓴이가 발표하는 날에 있었던 일과 느낌을 쓴 일기예요. 글쓴이의 경험을 바탕으로 발표가 무엇인지, 발표할 때의 바른 자세는 무엇인지, 발표가 중요한 까닭이 무엇인지를 알 수 있어요.

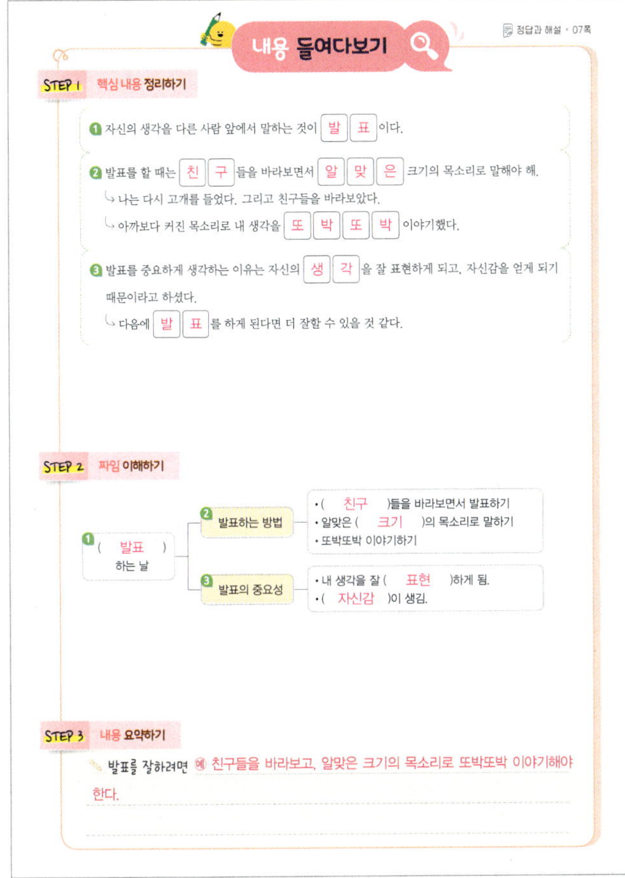

③ 선생님께서는 "발표를 할 때에는 친구들을 바라보면서"라고 말씀하셨어요. 발표를 할 때에는 친구들을 바라보아야 하는 것을 알 수 있어요.

⑤ 선생님께서는 "알맞은 크기의 목소리로 말해야 해."라고 말씀하셨어요. 발표를 할 때에는 알맞은 크기의 목소리로 말해야 하는 것을 알 수 있어요.

3 3문단의 내용을 살펴보도록 해요. 선생님께서 발표를 중요하게 생각하는 이유가 발표의 좋은 점이에요. 선생님께서 발표를 중요하게 생각하는 이유는 자신의 생각을 잘 표현하게 되고, 자신감을 얻게 되기 때문이라고 했어요. 친구들에게 인기가 많아진다는 내용은 이 글에 나와 있지 않아요.

4 그림 속 친구가 발표하는 모습을 살펴보세요. 친구는 다른 친구들을 보지 않고 바닥을 보고 있어요. 이 글의 글쓴이도 발표할 때, 고개를 숙였어요. 그러자 선생님께서 발표를 할 때에는 친구들을 바라보아야 한다고 말씀하셨어요. 그림 속 친구에게도 마찬가지로 발표를 할 때는 친구들을 바라보아야 한다고 말해 주어야 해요.

어휘력 다지기

1 ㉡ **2** ㉠ **3** 자신감 **4** 또박또박

낱말 더 보기

- **기예**: 기술과 예술을 아울러 이르는 말
  ⟨예⟩ 조선 시대의 남자들은 기예를 익혔다.
- **좌절감**: 계획이나 의지 따위가 꺾여 자신감을 잃은 느낌이나 기분
  ⟨예⟩ 게임에서 계속해서 지자 좌절감을 느꼈다.
- **뚜벅뚜벅**: 발소리를 뚜렷이 내며 잇따라 걸어가는 소리. 또는 그 모양
  ⟨예⟩ 아빠의 구두 소리가 뚜벅뚜벅 들렸다.

문제로 확인하기

1 발표 **2** ②, ④ **3** (2) ○ (3) ○ **4** (2) ○

1 이 글은 글쓴이가 친구들 앞에서 우리 동네를 소개하는 발표를 하는 날 있었던 일을 쓴 일기예요. 글쓴이가 쓴 일기를 통해서 발표할 때의 바른 자세와 발표를 잘하면 좋은 점을 알 수 있어요.

2 발표를 할 때에는 친구들을 바라보면서 알맞은 크기의 목소리로 또박또박 말해야 해요. 책을 바라보거나 작은 목소리로 발표를 하면 안 돼요.

오답 풀이

① 선생님께서는 "또박또박 말해 보자."라고 말씀하셨어요. 발표를 할 때에는 또박또박 말해야 하는 것을 알 수 있어요.

Day 07 학교에서 지켜야 할 규칙

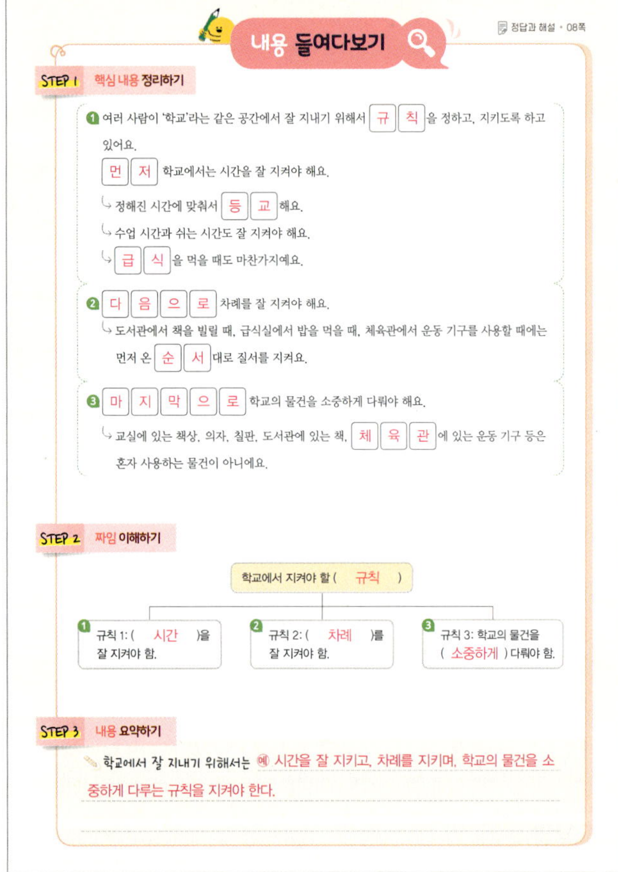

문제로 확인하기

1 (2) ○　　**2** ⑤　　**3** (1) 도서관 (2) 급식실 (3) 체육관
4 재인

1 이 글은 글쓴이가 학교에서 지켜야 할 규칙을 알려 주려고 쓴 글이에요. 1문단에서는 학교에 규칙이 필요한 까닭, 2문단부터 3문단까지는 학교에서 지켜야 할 규칙을 설명해 주고 있어요.

오답 풀이
(1) 학교에서 무엇을 배우는지 알려 주는 글에는 학교에서 배워야 하는 과목이 나와야 해요. 하지만 이 글에는 학교에서 배우는 과목이 나와 있지 않아요.
(3) 규칙을 지켜야 하는 까닭은 친구와 재미있게 지내기 위해

서가 아니라, 학교라는 공간에서 여러 사람이 생활하기 때문이에요. 이 글에는 친구와 재미있게 지내는 방법은 나와 있지 않아요.

2 1문단에 급식 시간에 지켜야 할 규칙이 나와 있어요. 급식 시간이 지나면 다음 수업 시간이 시작되기 때문에 너무 천천히 급식을 먹으면 수업 시간을 지킬 수 없게 돼요. 그래서 정해진 시간에 맞춰서 밥을 먹고, 정리해야 해요.

3 장소와 지켜야 할 규칙을 잘 살펴보세요.
(1) 2문단을 보면 도서관에서 책을 빌릴 때에는 차례를 잘 지켜야 한다고 나와 있어요.
(2) 1문단을 보면 급식실에서 밥을 먹을 때에는 시간을 잘 지켜야 한다고 나와 있어요.
(3) 3문단을 보면 체육관에서는 운동 기구를 망가뜨리면 안 된다고 나와 있어요.

4 1문단을 보면 수업 시간에는 열심히 공부하고, 쉬는 시간에 화장실을 다녀와야 한다고 되어 있어요. 재인이는 수업 시간에 화장실을 갔기 때문에 규칙을 지키지 못했어요.

오답 풀이
학교의 물건은 소중하게 다뤄야 해요. 주승이는 도서관에서 빌린 책에 낙서를 하지 않았어요. 학교의 물건을 소중하게 다루고 있는 것을 알 수 있어요. 또 학교에서는 차례를 잘 지켜야 해요. 서준이는 철봉에 빨리 올라가고 싶었지만 차례를 기다렸어요. 규칙을 잘 지킨 것을 알 수 있어요.

어휘력 다지기

🔍 낱말 더 보기

- **재판:** 옳고 그름을 판단함.
  예 자전거를 훔친 도둑은 재판을 받았다.
- **양보:** 길이나 자리, 물건 등을 남에게 내어 줌.
  예 하나 남은 빵을 친구에게 양보했다.

글의 내용 이 글은 우리가 느끼는 다섯 가지 감각을 설명하는 글이에요. 다섯 가지 감각을 '오감'이라고 하는데 '오감'에는 시각, 청각, 후각, 미각, 촉각이 있어요. 이 글을 통해 각 기관에서 어떤 감각을 느끼는지 알 수 있어요.

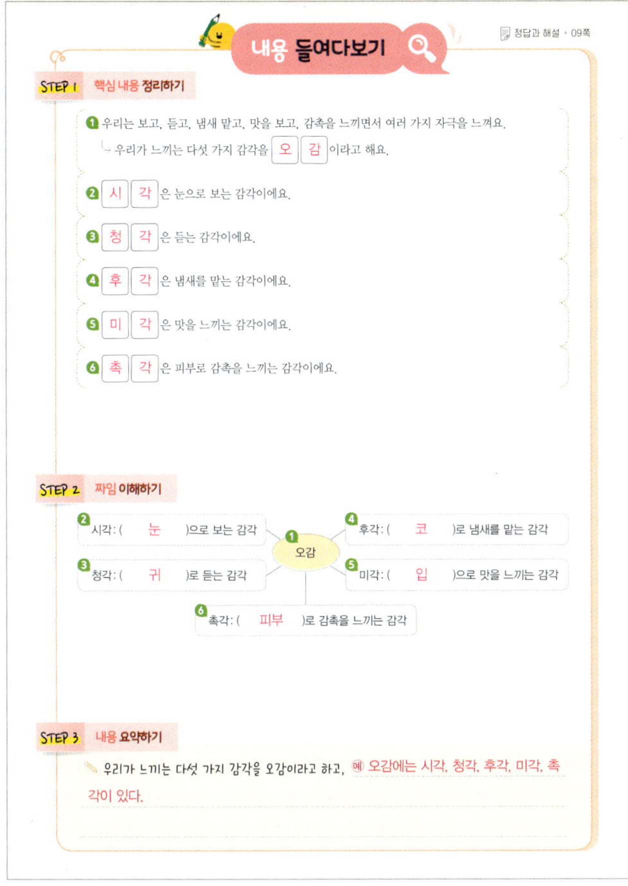

문제로 확인하기
본문 · 042쪽

1 [1] 시각 [2] 청각 [3] 후각 [4] 미각 [5] 촉각
2 [2] ○   **3** ②   **4** 공기, 고막, 뇌

1 우리는 보고, 듣고, 냄새 맡고, 맛을 보고, 감촉을 느끼면서 여러 가지 자극을 느껴요. 이렇게 우리가 느끼는 감각이 '오감'이에요.
[1] 시각은 눈으로 보는 감각이에요.
[2] 청각은 귀로 듣는 감각이에요.
[3] 후각은 코로 냄새를 맡는 감각이에요.
[4] 미각은 입으로 맛을 느끼는 감각이에요.
[5] 촉각은 피부로 감촉을 느끼는 감각이에요.
이렇게 다섯 가지 감각을 오감이라고 해요.

2 우리가 느끼는 감각은 신경을 통해 뇌로 전달돼요. 그래서 뇌는 그것이 무엇인지를 알게 돼요. 우리가 눈을 통해 나무를 보면 우리가 본 것은 눈에 있는 신경을 통해 뇌로 전달되어 그것이 나무라는 것을 알게 되어요.
오답 풀이
[1] 우리가 느끼는 다섯 가지 감각은 '오감'이라고 해요. 감촉은 피부를 통해 느껴지는 느낌을 뜻해요.

3 6문단을 보면 우리의 피부는 뜨거움, 차가움, 아픔을 느낄 수 있다고 설명되어 있어요. 뜨거움만 느끼는 것은 아니에요.
오답 풀이
① 5문단에서 혓바닥에는 맛을 느끼는 돌기가 있다고 했어요.
③ 3문단에서 우리가 듣는 소리는 공기를 통해 귀로 들어온다고 했어요.
④ 2문단에서 우리가 눈으로 보는 것은 신경을 통해 뇌로 전달된다고 했어요.
⑤ 4문단에서 공기 중에 떠다니는 냄새들이 코로 들어와 후각 세포에 닿는다고 했어요.

4 듣는 감각을 '청각'이라고 해요. '청각'에 대해 설명한 문단은 3문단이에요. 먼저 소리는 공기를 통해 귀로 들어와요. 귓속으로 들어온 소리는 고막을 떨게 하고, 떨림이 신경을 통해 뇌로 가서 어떤 소리인지 알게 되어요.

어휘력 다지기
본문 · 043쪽

1 ㉠   **2** ㉡   **3** 감촉   **4** 전달

낱말 더 보기

• **작용**: 어떠한 현상을 일으키거나 영향을 미침.
예 선생님의 칭찬이 정현이에게는 긍정적으로 작용했다.
• **정보**: 관찰이나 측정을 통해 수집한 자료를 정리한 지식
예 책에는 좋은 정보가 많다.
• **조직**: 같은 기능과 구조를 가진 세포의 집단
예 뇌에 있는 세포 조직을 검사했다.

Day 09 반 고흐의 소중한 친구들

글의 내용 이 글은 네덜란드의 화가인 반 고흐의 친구를 소개하는 글이에요. 반 고흐는 지금은 유명한 화가지만, 그가 살던 당시에는 그렇지 않았어요. 하지만 그의 곁을 지켜 준 소중한 친구들 덕분에 멋진 그림을 그릴 수 있었어요. 이 글을 통해 화가 반 고흐의 삶을 이해할 수 있어요.

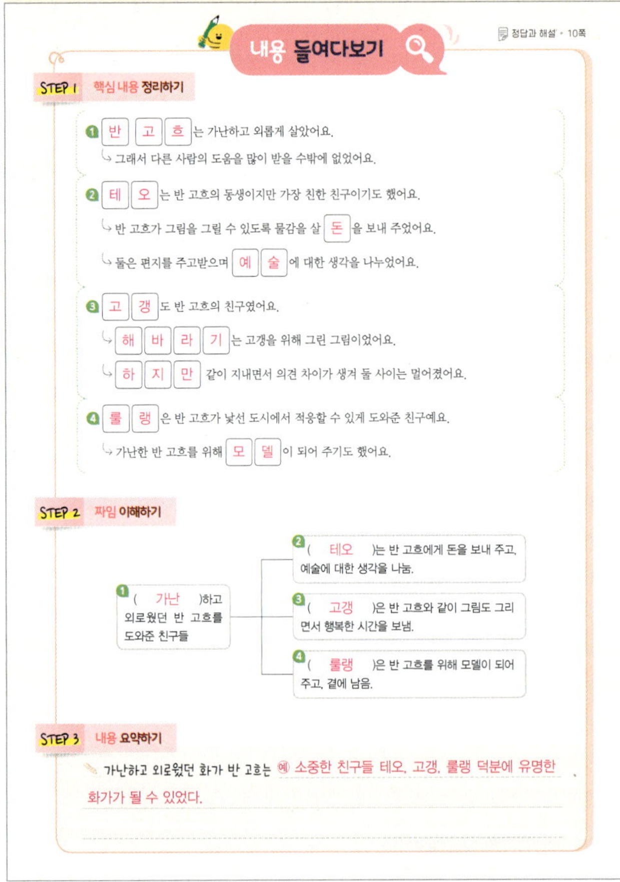

③ 반 고흐가 태어난 나라인 '네덜란드'가 나왔지만 반 고흐의 국적을 소개하는 것이었어요. 글 전체의 중심 내용은 아니에요.

⑤ 반 고흐의 동생이자 친구였던 테오가 물감을 사 주었다는 이야기는 테오가 반 고흐에게 어떤 도움을 주었는지 알려 주기 위한 내용이에요. 글 전체의 중심 내용은 아니에요.

2 [1] 테오는 반 고흐가 그림을 그릴 수 있도록 물감을 살 돈을 보내 주었어요.

[2] 고갱은 반 고흐가 사는 도시에 와서 그림을 함께 그렸어요.

[3] 룰랭은 가난한 반 고흐를 위해 그림 모델이 되어 주었어요.

3 반 고흐는 가난했지만 테오의 도움으로 그림을 계속 그릴 수 있었어요. 그리고 멋진 그림을 그려 유명해졌어요. 반 고흐가 그림 그리는 것을 포기하지 않았기 때문에 우리는 지금 그가 남긴 그림을 볼 수 있어요.

4 반 고흐는 가난하고 외로운 생활을 했어요. 하지만 그를 도와 준 사람들 덕분에 그림을 계속 그릴 수 있었어요. 그리고 지금 우리는 그의 멋진 그림을 볼 수 있어요.

오답 풀이

연지: 반 고흐는 외로운 생활을 했지만 혼자서 아무것도 못한 것은 아니에요. 그림을 다른 사람이 대신 그려 줄 수는 없었어요.

주한: 고갱과 반 고흐의 사이가 멀어진 것은 사실이지만 무엇 때문에 멀어졌는지는 이 글에 나오지 않았어요. 따라서 그 사건만으로 반 고흐가 친구들을 배신했다고 볼 수는 없어요.

📋 문제로 확인하기

1 ④　　**2** [1] ㉢ [2] ㉠ [3] ㉡　　**3** ④

4 민규

1 이 글의 1문단에서 4문단까지를 살펴보면 공통점이 있어요. 바로 반 고흐의 친구에 대해서 이야기하고 있다는 거예요. 이 글은 가난하고 외로웠던 반 고흐가 유명한 화가가 될 수 있게 그의 곁을 지켜준 친구 테오, 고갱, 룰랭을 소개하고 있어요.

오답 풀이

① 반 고흐의 작품 〈해바라기〉가 3문단에 나오지만, 중심 내용은 아니에요. 반 고흐의 친구 고갱과 친한 사이였다는 것을 알려 주기 위해 반 고흐의 작품 이야기를 했어요.

② 이 글에는 반 고흐의 아내에 대한 이야기는 나오지 않았어요.

💬 어휘력 다지기

1 ㉡　　**2** ㉠　　**3** 낯선　　**4** 외롭다고

🔍 낱말 더 보기

• **낯익다**: 여러 번 보아서 눈에 익거나 친숙하다.
　예 2학년 교실에는 낯선 얼굴이 있었지만 낯익은 얼굴도 많았다.

• **즐겁다**: 마음에 거슬림이 없이 흐뭇하고 기쁘다.
　예 숙제가 없어서 주말을 즐겁게 보냈다.

글의 내용) 이 글은 우리나라의 세계 문화유산 중 하나인 '수원 화성'을 설명하는 글이에요. 수원 화성의 특징, 수원 화성이 만들어진 시기, 수원 화성을 통해 알 수 있는 것이 무엇인지 설명하고 있어요. 이 글을 통해 우리나라 문화유산인 '수원 화성'에 대해 알 수 있어요.

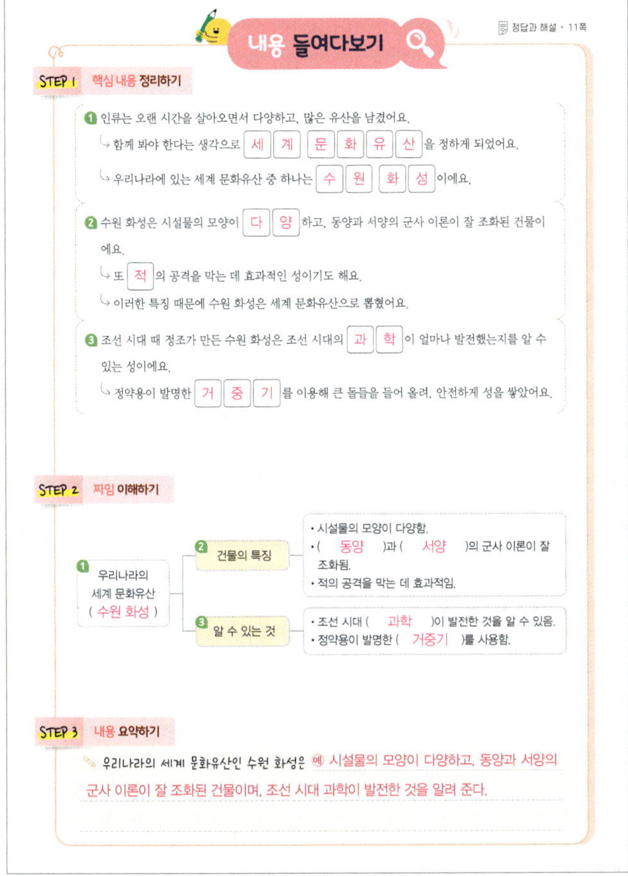

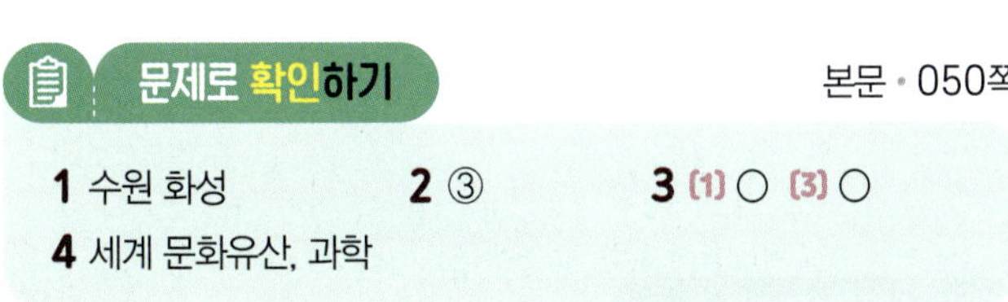

1 이 글의 2문단에 나와 있는 내용이에요. '수원 화성'은 우리나라에 있는 세계 문화유산 중 하나로 수원에 있고, 6km에 달하는 성벽, 4개의 성문, 41개의 시설물로 되어 있어요.

2 1문단에 세계 문화유산을 정한 까닭이 나와 있어요. 인류는 오랜 시간 살아오면서 다양한 문화유산을 남겼어요. 이러한 문화유산은 인류 모두의 재산이기 때문에 함께 지켜야 한다는 생각에서 세계 문화유산이 정해졌어요.

오답 풀이

① 1문단을 보면 인류가 남긴 문화유산은 다양하다고 했어요.

인류가 남긴 문화유산이 비슷하다는 내용은 나와 있지 않아요.

② 1문단을 보면 인류가 남긴 문화유산이 많다고 했어요.

④ 인류가 남긴 문화유산은 우리 모두의 재산이기 때문에 함께 지켜야 하는 것이지, 돈을 벌기 위한 것이 아니에요.

⑤ 1문단을 보면 이 세상에 남겨진 문화유산은 인류 모두의 소중한 재산이라고 하고 있어요.

3 ⑴ 3문단을 보면 '수원 화성'은 조선 시대 때 정조가 만들었다고 했어요.

⑶ 3문단을 보면 '수원 화성'은 평평한 땅에 지어졌기 때문에 큰 돌을 옮겨야 해서 정약용이 발명한 거중기를 사용했다고 했어요.

오답 풀이

⑵ 2문단에서 '수원 화성'은 동양과 서양의 군사 이론이 조화되어 만들어진 건축물이라고 했어요.

4 '수원 화성'은 우리나라에 있는 세계 문화유산 중 하나예요. '수원 화성'은 평평한 땅에 세웠기 때문에 거중기를 사용했어요. 거중기를 사용해서 큰 돌을 옮겼다는 것은 조선 시대 과학이 발전했다는 것을 뜻해요.

🔍 낱말 더 보기

• **화산**: 땅속에 있는 가스나 마그마가 지각의 터진 틈을 통하여 지표로 분출하는 지점, 또는 그 결과로 생기는 지점
예 일본에 있는 화산이 폭발했다.

• **공적**: 노력과 수고를 들여 이루어 낸 일의 결과
예 거중기는 정약용의 공적이다.

Day 11 단풍 구경

글의 내용 | 이 글은 가을날 단풍 구경을 하러 설악산에 가서 있었던 일을 쓴 기행문이에요. 글쓴이는 설악산에서 있었던 일을 장소의 변화에 따라 썼어요. 설악산 입구, 케이블카, 권금성에서 글쓴이가 본 것과 들은 것, 생각한 것이 무엇인지 알 수 있는 글이에요.

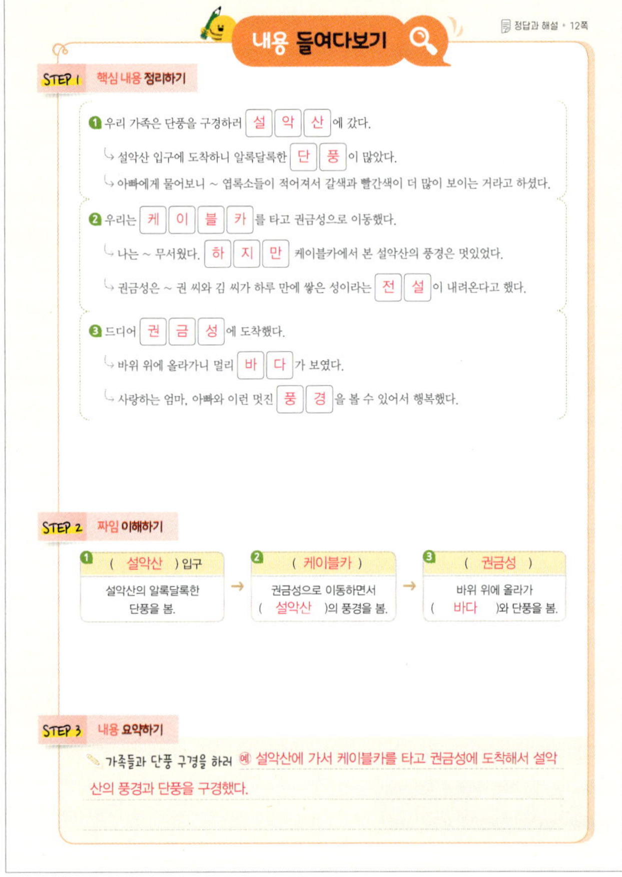

문제로 확인하기
본문 · 056쪽

1 ⑤ 2 ㉢→㉠→㉡ 3 (1) ○ (3) ○
4 엽록소, 가족

1 이 글은 글쓴이가 가족과 함께 설악산으로 단풍 구경을 가서 본 것, 들은 것, 생각한 것을 쓴 기행문이에요. 기행문은 자신이 여행간 것을 기록으로 남긴 글이에요. 글쓴이도 가족과 설악산으로 단풍 구경을 간 것을 기록으로 남기려고 이 글을 썼어요.

오답 풀이

① 2문단에 '권금성'의 전설이 나와요. 하지만 이 글은 권금성의 전설을 소개하기 위해서가 아니라 글쓴이가 단풍 구경을 간 것을 기록하기 위해 썼어요.

② 글쓴이가 케이블카를 탄 것은 사실이지만, 그것을 자랑하지는 않았어요.

③ 1문단에 단풍이 빨간 이유가 나와 있어요. 하지만 그 내용은 글쓴이가 설악산에서 들은 내용 중 하나예요.

④ 이 글은 글쓴이가 여행한 것을 기록하기 위해 쓴 글이지, 주장하는 글이 아니에요. 글쓴이는 여행을 설악산으로 가야 한다고 주장하지 않았어요.

2 이 글은 총 3문단으로 되어 있어요. 그리고 각 문단마다 글쓴이가 간 곳이 나와 있어요. 1문단에서는 설악산 입구에 도착해서 본 것을 썼어요. 설악산 입구는 글쓴이가 가장 먼저 간 곳이에요. 2문단에서는 케이블카를 타고 권금성으로 이동하는 과정을 썼어요. 케이블카는 글쓴이가 두 번째로 간 곳이에요. 3문단에서는 권금성에 도착해서 본 것을 썼어요. 권금성은 글쓴이가 세 번째로 간 곳이에요.

3 (1) 글쓴이는 가족들과 설악산 입구에서 단풍을 보고, 케이블카를 타고 권금성으로 이동했어요.
(2) 글쓴이가 다른 사람과 도시락을 먹었다는 내용은 나와 있지 않아요.
(3) 글쓴이는 권금성에 도착해서 바위 위에 올라가 멀리 바다를 보았어요.

4 기행문은 글쓴이가 여행가서 본 것, 들은 것, 느낀 것을 쓴 글이에요. 글쓴이는 설악산의 단풍과 바다를 보았어요. 그리고 아버지가 가을에 나뭇잎이 예쁜 옷으로 갈아입은 이유를 설명해 준 것을 들었어요. 또 케이블카에서는 권금성은 권 씨와 김 씨가 하루 만에 쌓은 성이라는 것을 들었어요. 글쓴이는 케이블카에서는 높은 곳에 떠 있는 게 무서웠어요. 그리고 권금성에서 예쁜 풍경을 봤을 때는 가족과 함께 멋진 풍경을 봐서 행복했어요.

어휘력 다지기
본문 · 057쪽

낱말 더 보기

• **도서관:** 온갖 종류의 도서, 문서, 기록, 출판물의 자료를 모아 두고 사람들이 볼 수 있게 한 시설
예 학교 도서관에는 책이 많다.

• **노을:** 해가 뜨거나 질 무렵에, 하늘이 햇빛에 물들어 벌겋게 보이는 현상
예 노을이 지는 모습이 예쁘다.

글의 내용 이 글은 가족의 다양한 모습에 대해 설명하고 있는 글이에요. 가족이 무엇인지, 집집마다 가족이 어떻게 다른지, 가족의 역할은 무엇인지 설명하고 있어요. 이 글을 통해 우리는 집집마다 가족 구성원은 다르지만, 가족의 역할은 비슷하다는 것을 알 수 있어요.

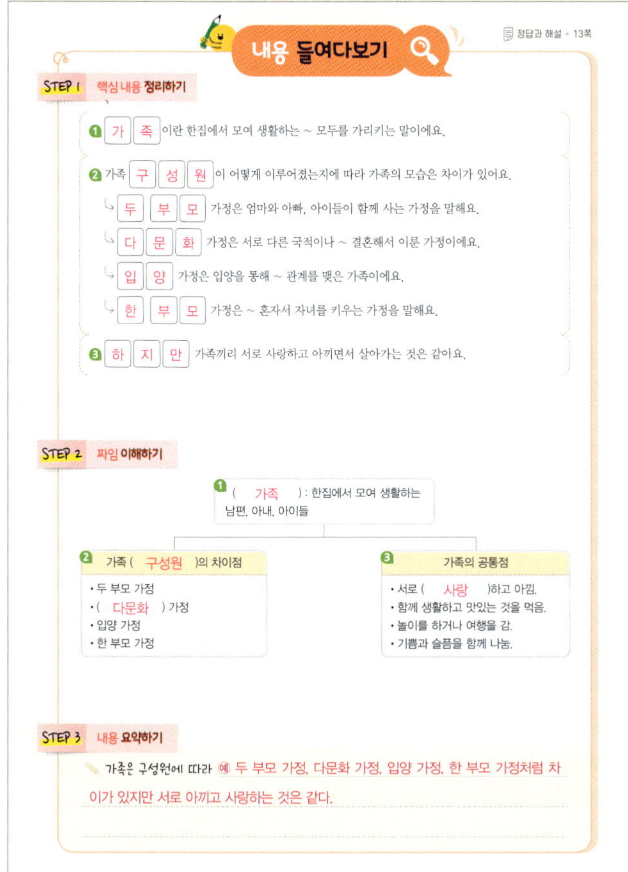

문제로 확인하기　　　　　　　본문 · 060쪽

1 가족　　**2** (1) ㉣ (2) ㉠ (3) ㉤ (4) ㉢
3 ②　　　**4** (2) ○ (3) ○

1 이 글은 가족에 관한 글이에요. '가족'은 한집에서 모여 생활하는 남편과 아내, 아이들을 가리키는 말로, 모든 관계의 시작이에요.

2 2문단에는 가족 구성원이 어떻게 이루어졌는지에 따른 다양한 가족의 모습이 나와 있어요. '두 부모 가정'은 엄마와 아빠, 아이들이 함께 살고 있는 가정을 말해요. '다문화 가정'은 서로 다른 국적이나 인종, 문화를 가진 남자와 여자가 결혼해서 이룬 가정을 말해요. '입양 가정'은 입양을 통해 법적으로 부모 자식 사이의 관계를 맺은 가정을 말해요. '한 부모 가정'은

결혼하지 않고 아이를 낳거나 혼자서 자녀를 키우는 가정을 말해요.

3 3문단에서 가족은 함께 여행을 한다고 했어요. 하지만 가족이 없다고 해서 여행을 못 가는 것은 아니에요.

오답 풀이

① 3문단에 가족은 함께 슬픔과 기쁨을 나눈다고 나와 있어요.
③ 3문단에 가족은 서로 아끼고 사랑한다고 나와 있어요.
④ 1문단에 가족은 우리가 태어나서 처음 맺는 관계라고 나와 있어요.
⑤ 1문단에 우리는 가족과 관계를 맺고 사회로 나아간다고 나와 있어요.

4 이 글은 가족의 다양한 모습과 가족의 역할을 설명하는 글이에요. 우리는 이 글을 읽고 가족과 관계를 맺는 것은 사회로 나아가는 시작이기 때문에 중요하다는 것을 알 수 있어요. 집집마다 가족 구성원은 다르지만 가족끼리 서로 아끼고 사랑하며 살아가는 것은 같다는 것을 알 수 있어요.

오답 풀이

(1) 가족 구성원이 어떻게 이루어졌는가에 따라 가족의 모습은 달라요. 어떤 집은 두 부모 가정일 수 있고, 또 어떤 집은 한 부모 가정일 수도 있어요. 어떤 집은 입양 가정일 수도 있고, 어떤 집은 다문화 가정일 수도 있어요. 따라서 집집마다 가족 구성원이 같다는 말은 맞지 않아요.

어휘력 다지기　　　　　　　본문 · 061쪽

1 구성원　　**2** 다문화　　**3** 입양　　**4** 생활

낱말 더 보기

· **지구촌**: 지구 전체를 한 마을처럼 여겨 이르는 말
　예 교통의 발달은 지구 전체를 지구촌으로 만들었다.
· **여행**: 일이나 유람을 목적으로 다른 고장이나 외국에 가는 일
　예 미국으로 여행을 갔다.

Day 13 동물들의 겨울나기

 이 글은 동물들이 어떻게 겨울을 나는지 설명하는 글이에요. 동물은 겨울이 되면 겨울잠을 자는 동물과 털갈이를 해서 겨울잠을 자지 않는 동물로 나누어져요. 다양한 동물들이 어떻게 겨울을 나는지 알 수 있는 글이에요.

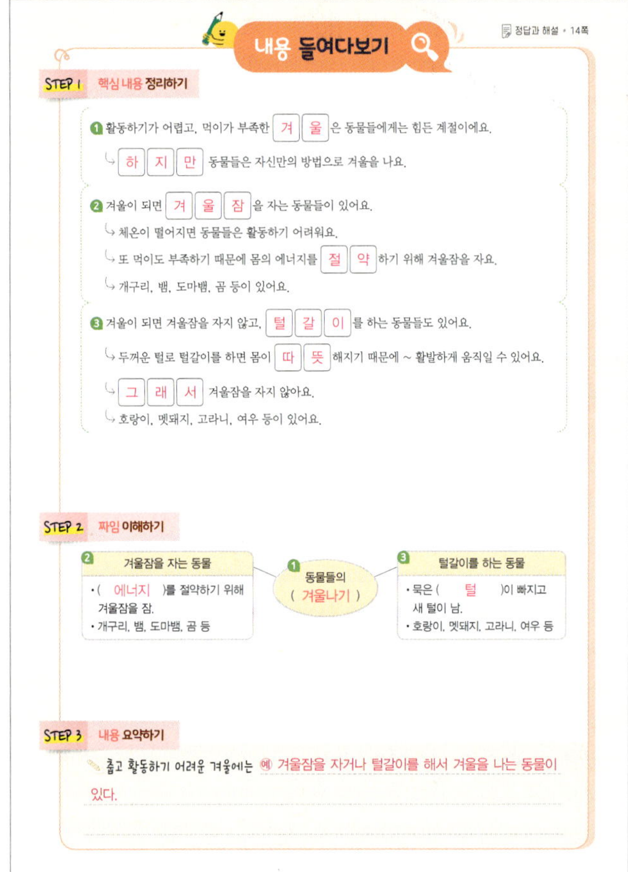

2 1문단을 보면 겨울이 되면 나타나는 변화를 알 수 있어요. 겨울이 되면 기온이 떨어져 날씨가 추워져요. 그래서 동물들의 체온이 떨어져 활동하기가 어려워요. 동물들이 활동하기 어렵게 되면 동물들의 먹이도 부족해져요.

3 2문단에는 겨울에 겨울잠을 자는 동물이 나와 있어요. 겨울잠을 자는 동물은 뱀과 개구리예요. 3문단에는 털갈이를 하는 동물이 나와 있어요. 털갈이를 하는 동물은 여우와 고라니예요.

4 이 글을 통해 우리는 동물들이 각각 자신만의 방법으로 겨울을 보낸다는 것을 알 수 있어요. 이 문제는 여러 동물 중에서 여우가 겨울을 어떻게 보내는지 생각해 보는 문제예요. 그림을 보고, 여우의 겨울을 추측해 봐요. 여우는 곰처럼 겨울잠을 자지 않아요. 왜냐하면 따뜻한 털로 털갈이를 하는 동물이기 때문이에요. 털갈이를 하면 몸이 따뜻해지기 때문에 겨울에도 활발하게 움직일 수 있어서 겨울잠을 자지 않아도 돼요.

어휘력 다지기

1 ㉡　　**2** ㉠　　**3** 기온　　**4** 절약

낱말 더 보기

• **장마**: 여름철에 여러 날을 계속해서 비가 내리는 현상이나 날씨 또는 그 비
예 날씨가 습해지더니 여름 장마가 시작됐다.

• **낭비**: 시간이나 재물을 헛되이 헤프게 씀.
예 주아는 용돈을 받으면 쓸데없는 것을 사서 돈을 낭비했다.

문제로 확인하기

1 ⑤　　**2** (1) 기온 (2) 체온 (3) 먹이

3 (1) 뱀, 개구리 (2) 여우, 고라니　　**4** (1) 겨울잠 (2) 털갈이

1 이 글은 동물들이 어떻게 겨울을 나는지 설명하는 글이에요. 겨울잠을 자는 동물과 겨울잠을 자지 않고 털갈이를 하는 동물로 나누어서 설명하고 있어요.

오답 풀이
① 동물들이 어디로 여행을 가는지는 이 글에서 알 수 없어요.
② 겨울에는 동물들의 먹이가 부족하다는 내용은 있지만 동물들의 먹이를 중심으로 다루고 있지 않아요.
③ 이 글에는 동물들이 무서워하는 적은 나오지 않아요.
④ 동물들의 짝짓기는 이 글에 나와 있지 않아요.

글의 내용 이 글은 모차르트와 그의 아버지에 대해 알려 주는 글이에요. 천재 음악가였던 모차르트에게 아버지는 그의 재능을 처음 발견한 사람이자 선생님이었어요. 모차르트의 어린 시절, 10대, 20대의 시간 순서에 따라 아버지와 모차르트의 관계 변화를 알 수 있는 글이에요.

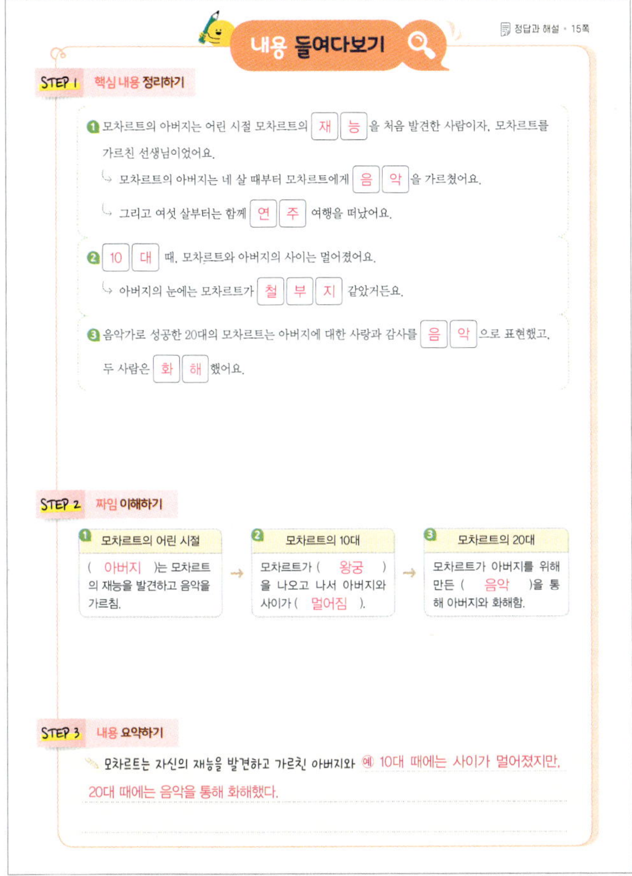

1 재능, 선생님　　**2** (1) ⓒ (2) ⓛ (3) ⊙
3 (2) ○　　　　　**4** ③

1 이 글은 모차르트와 그의 아버지의 관계를 알려 주는 글이에요. 1문단에 둘의 관계가 어떠했는지 잘 나와 있어요. 모차르트의 아버지는 모차르트의 재능을 처음 발견한 사람이자, 선생님이었어요.

2 이 글에는 시간의 흐름에 따라 모차르트와 아버지의 관계가 어떻게 변했는지 나타나 있어요. 1문단은 모차르트의 어린 시절, 2문단은 모차르트의 10대, 3문단은 모차르트의 20대 때 이야기가 나와 있어요.

(1) 어린 시절, 모차르트는 아버지에게 음악을 배우고, 함께 연주 여행을 떠났어요.
(2) 10대 때, 모차르트는 왕궁의 음악가가 되었지만 귀족들과 사이가 좋지 않아서 왕궁을 나왔어요.
(3) 20대 때의 모차르트는 자유 음악가로 성공했어요.

3 모차르트의 아버지는 모차르트가 훌륭한 음악가로 성장하는 데 도움을 주었어요. 어린 시절 모차르트에게 음악을 가르치고, 함께 연주 여행을 떠나면서 모차르트가 음악가로 성장할 수 있게 도와주었어요.

오답 풀이
(1) 3문단에 모차르트는 아버지가 작곡한 곡을 자신의 음악에 사용해 'F장조의 안단테'를 만들었다고 나와요. 이를 통해 모차르트의 아버지도 음악을 했다는 것을 추론할 수 있어요.

4 이 글은 모차르트가 음악가로 성장하는 데 도움을 준 아버지의 이야기예요. 모차르트와 아버지는 10대 때는 사이가 안 좋은 적도 있었어요. 하지만 모차르트가 음악가로 성공하면서 화해했어요. 모차르트는 'F장조의 안단테'를 통해 아버지에 대한 사랑과 감사를 표현하려고 했어요. 따라서 빈칸에 들어갈 말은 '사랑해요'예요.

오답 풀이
'① 싫어해요 ② 미워해요 ④ 반대해요 ⑤ 힘들어요'는 모두 부정적인 감정을 나타내는 낱말이에요. 아버지에 대한 사랑과 감사를 표현하는 편지에 어울리지 않는 표현이에요.

1 ⓛ　　**2** ⊙　　**3** 재능　　**4** 화해

낱말 더 보기

- **전문**: 어떤 분야에 상당한 지식과 경험을 가지고 오직 그 분야만 연구하거나 믿음.
　예 과학자는 과학을 전문으로 공부한다.
- **뛰어나다**: 남들보다 월등히 훌륭하거나 앞서 있다.
　예 호민이는 뛰어난 운동 선수이다.
- **오해**: 그릇되게 해석하거나 뜻을 잘못 앎.
　예 나는 친구와 대화로 오해를 풀었다.

Day 15 며느릿감 고르기

글의 내용 이 글은 최 부자가 어리석은 아들을 위해 지혜로운 며느리를 구한다는 내용의 전래 동화예요. 최 부자는 지혜로운 며느리를 찾기 위해 쌀 한 말로 100일을 버틸 수 있는 사람을 찾았어요. 며느리가 되기 위해 찾아온 세 사람이 어떻게 행동했는지를 보면서 깨달음을 얻을 수 있는 글이에요.

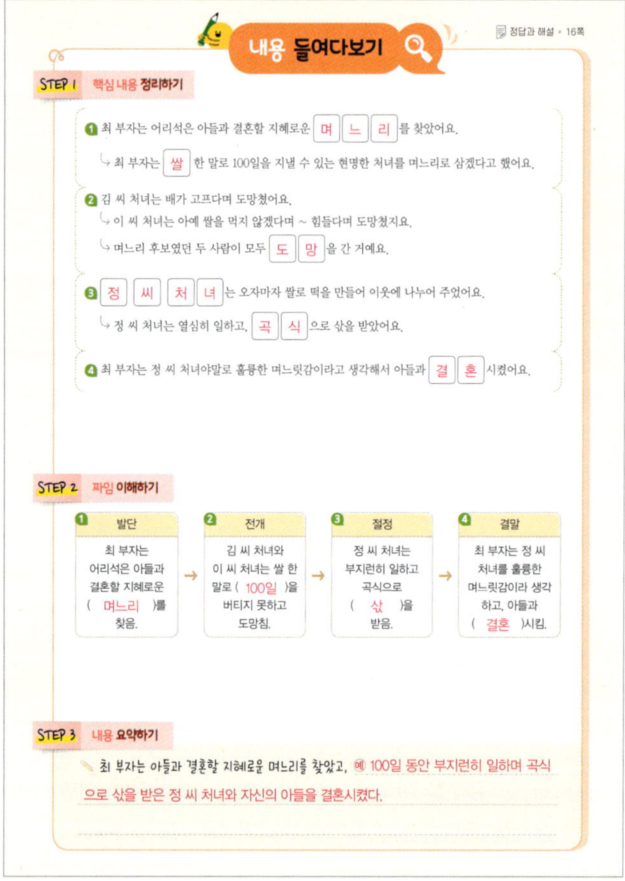

(3) 정 씨 처녀는 쌀로 떡을 만들어 이웃집에 나누어 주었어요. 그리고 일거리를 받아 100일을 버틸 수 있었어요.

3 정 씨 처녀는 두 처녀들과 다르게 쌀로 떡을 만들어 이웃들에게 나누어 주었어요. 이웃 사람들과 잘 지내서, 일거리를 얻으려고 했던 거예요. 일거리를 얻으면 삯으로 곡식을 받을 수 있어요. 자신이 삯으로 받은 곡식을 먹으면서 지내면 100일을 충분히 버틸 수 있어요. 그래서 사람들에게 떡을 나눠 준 거예요.

오답 풀이
① 정 씨 처녀가 떡을 좋아한다는 내용은 나오지 않았어요.
④ 쌀로 떡을 만들어서 오래 먹지 않았어요. 그리고 쌀로 떡을 만들면 쌀을 금방 쓰게 돼요.
⑤ 이웃 사람들이 떡을 좋아한다는 이야기를 들은 적은 없어요.

4 인물의 성격은 인물들의 행동과 말로 알 수 있어요.
(1) 최 부자는 지혜로운 며느리를 구했고, 정 씨 처녀가 그런 며느리라고 생각했어요. 이 말과 정 씨 처녀가 100일 동안 자신만의 방법으로 지혜롭게 지낸 것을 볼 때 정 씨 처녀의 성격은 지혜롭다고 할 수 있어요.
(4) 정 씨 처녀는 떡을 사람들에게 나누어 주고 사람들에게 일거리를 부탁했어요. 그리고 열심히 100일 동안 일해서 삯을 받았어요. 이렇게 꾸준히 열심히 하는 성격을 '부지런하다'라고 해요. 정 씨 처녀의 성격을 잘 나타내는 말이에요.

오답 풀이
(2) '인색하다'는 재물을 아끼는 태도가 지나치다는 뜻이에요. 정 씨 처녀는 쌀을 아끼지 않고 사람들에게 나누어 주었어요. 따라서 인색한 성격이 아니에요.
(3) '어리석다'는 슬기롭지 못하고 둔하다는 뜻이에요. 슬기롭게 100일을 버틴 정 씨 처녀의 성격으로 알맞지 않아요.

📋 문제로 확인하기
본문 · 072쪽

1 지혜로운
2 (1) ㉡ (2) ㉠ (3) ㉢
3 ②, ③
4 (1) ○ (4) ○

1 이 글은 최 부자가 어리석은 아들과 결혼할 지혜로운 며느리를 찾는다는 내용의 전래 동화였어요.

2 이 글에는 최 부자의 며느리가 되기 위해 찾아온 세 명의 처녀가 나와요.
(1) 김 씨 처녀는 쌀을 100봉지로 나누고 하루에 한 봉지씩 먹기로 했지만 결국 도망쳤어요.
(2) 이 씨 처녀는 쌀을 아예 먹지 않겠다며 하루 종일 누워 있었지만 배가 고픈 것을 참지 못하고 도망쳤어요.

💬 어휘력 다지기
본문 · 073쪽

1 일거리 **2** 후보 **3** ㉡ **4** ㉠

🔍 낱말 더 보기

• **볼거리**: 사람들이 즐겁게 구경할 만한 물건이나 일
⑩ 설악산에는 볼거리가 많았다.
• **일꾼**: 삯을 받고 남의 일을 해 주는 사람
⑩ 머슴은 양반 집에서 일하는 일꾼이었다.

글의 내용 이 글은 지진이 일어났을 때 어떻게 행동해야 하는지 두 가지로 나누어서 알려 주는 기사문이에요. 최근 들어 우리나라는 지진이 잦아지고 있어요. 그래서 지진 대피 연습을 해야 해요. 지진이 일어났을 때와 지진이 멈췄을 때에 어떻게 대피를 해야 할지 알 수 있는 글이에요.

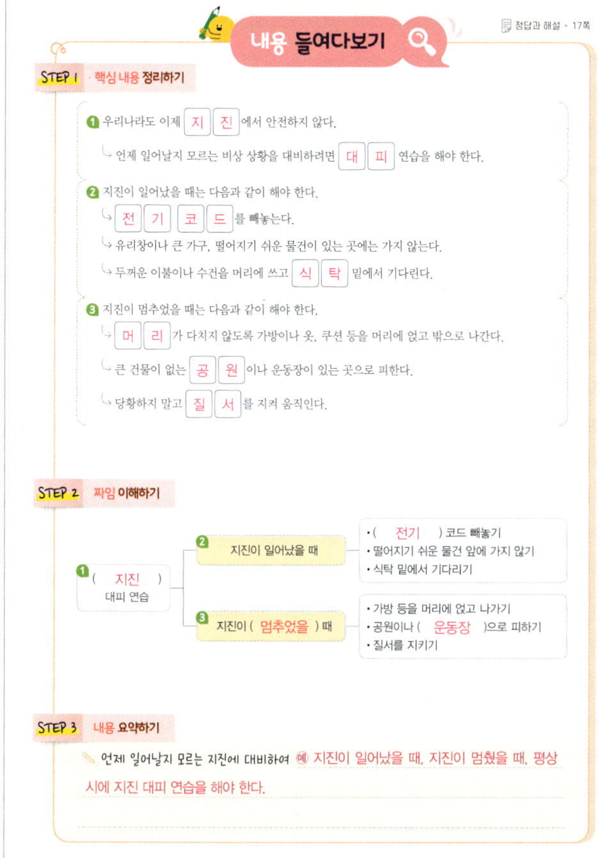

문제로 확인하기   본문 · 078쪽

1 (2) ○   **2** ④   **3** ㉠ 머리 ㉡ 질서
4 엘리베이터 대신 계단을 이용한다.

1 이 글은 지진이 일어났을 때 어떻게 대피하는지를 알려 주려고 쓴 기사문이에요.

오답 풀이
[1] 이 글에는 지진이 왜 일어나는지 나와 있지 않아요.
[3] 1문단에 최근 들어 지진이 잦아진 지역이 나와 있어요. 하지만 이 내용은 지진 대피 연습을 해야 하는 근거로 쓰였어요. 이 글은 지진이 많이 일어나는 지역을 알려 주려고 쓴 글이 아니에요.

2 1문단을 보면 우리가 지진 대피 연습을 해야 하는 까닭이 나와 있어요. 최근 들어 지진이 잦아지고 있다는 내용은 있지만 지진으로 사망한 사람이 많다는 내용은 없어요.

오답 풀이
① 지진은 언제 일어날지 모르는 비상 상황이에요.
② 최근 들어 우리나라 해남과 포항에 지진이 잦아졌어요.
③ 우리나라도 더 이상 지진에서 안전하지 않아서 지진 대피 연습을 해야 해요.
⑤ 지진 대피 방법을 알면 안전하게 대피할 수 있어요.

3 2문단에는 지진이 일어났을 때에 어떻게 대피해야 하는지 나와 있어요. 3문단에는 지진이 멈췄을 때에 어떻게 대피해야 하는지 나와 있어요. 지진이 일어났을 때는 전기 코드를 빼고, 큰 가구나 떨어지기 쉬운 물건이 있는 곳에 가지 않고, 머리에 두꺼운 이불이나 수건을 쓰고 식탁 밑에 있어야 해요. 지진이 멈췄을 때는 계단을 이용해서 큰 건물이 없는 곳으로 이동하고, 질서를 지켜야 해요.

4 그림 속 남자는 엘리베이터를 타려고 기다리고 있어요. 지진이 일어났을 때는 엘리베이터 대신 계단을 이용하는 것이 좋아요. 따라서 이 내용을 포함하여 글로 쓰면 돼요.

💬 **어휘력 다지기**   본문 · 079쪽

1 비상   **2** 대피   **3** 잦아지다   **4** 대비하다

🔍 **낱말 더 보기**

· **위험:** 해로움이나 손실이 생길 우려가 있음.
예 지진은 <u>위험</u>하다.
· **긴급:** 긴요하고 급함.
예 환자가 오자 의사는 <u>긴급</u>하게 뛰어갔다.
· **망설이다:** 이리저리 생각만 하고 태도를 결정하지 못하다.
예 나는 무엇을 살까 <u>망설이고</u> 사지는 못했다.

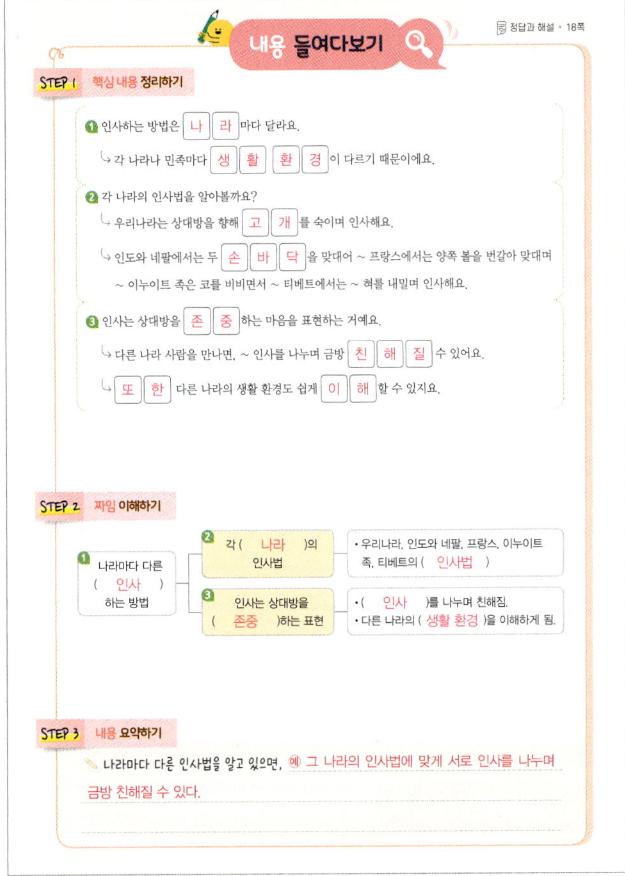

1 인사는 상대방을 존중하는 마음을 표현하는 행동이에요. 각 나라마다 다른 인사법이 있어요. 다른 나라 사람을 만나면 그 나라의 인사하는 방법에 맞게 인사하면서 친해질 수 있어요.

2 이 글은 다른 나라의 인사법을 알려 주면서, 다른 나라의 인사법을 알고 있으면 좋은 점을 말해 줘요. 다른 나라의 인사법을 알면 다른 나라 사람과 만났을 때 서로 인사를 나누면서 금방 친해질 수 있고, 다른 나라의 생활 환경도 쉽게 이해할 수 있어요.

오답 풀이

[2] 이 글에서는 다른 나라의 인사법과 우리나라의 인사법을 소개하고 있지만, 우리나라 인사법이 더 좋은 이유를 설명하고 있지는 않아요.

3 이누이트 족은 볼이 아니라 서로 코를 비비면서 인사해요. 이러한 인사법은 코를 비비면서 숨결에 있는 서로의 영혼을 만나게 하는 행동이지요. 볼을 번갈아 맞대면서 인사하는 나라는 프랑스예요.

오답 풀이

② 티베트에서는 상대방을 향해 혀를 내밀면서 자기가 악마가 아니라는 것을 보여 주며 인사해요.

③ 우리나라는 상대방을 향해 고개를 숙여서 상대방을 존중하는 마음을 나타내며 인사해요.

④ 프랑스에서는 양쪽 볼을 번갈아 맞대며 '쪽' 소리를 내며 인사해요.

⑤ 인도와 네팔에서는 두 손바닥을 맞대어 가슴 앞에 모으고 고개를 숙이며 인사해요.

4 정민이와 효진이는 티베트의 인사법을 잘못 이해하고 있어요. 티베트에서 혀를 내미는 행동은 상대방에게 자신이 악마가 아니라는 걸 보여 주는 거예요. 오히려 상대방을 안심시키는 행동이지요. 남준이와 지수는 티베트의 인사법을 제대로 이해하고 있어요. 정민이와 효진이, 남준이와 지수, 이들은 모두 티베트의 인사법에 대한 이야기를 나누고 있어요.

낱말 더 보기

· **풍습**: 옛날부터 전해 오는 생활이나 습관을 이르는 말
 예 결혼 풍습은 지역과 나라마다 다르다.

· **존재**: 현실에 실제로 있음.
 예 그는 외계인의 존재를 믿지 않는다.

글의 내용 이 글은 여름철 물가에서 볼 수 있는 다양한 생물을 소개하고 있어요. 물 위에 사는 생물로 수련과 부레옥잠, 소금쟁이의 특징을 알려 주고 있지요. 물속에 사는 생물로는 물방개와 물자라, 납자루의 특징을 설명하고 있어요.

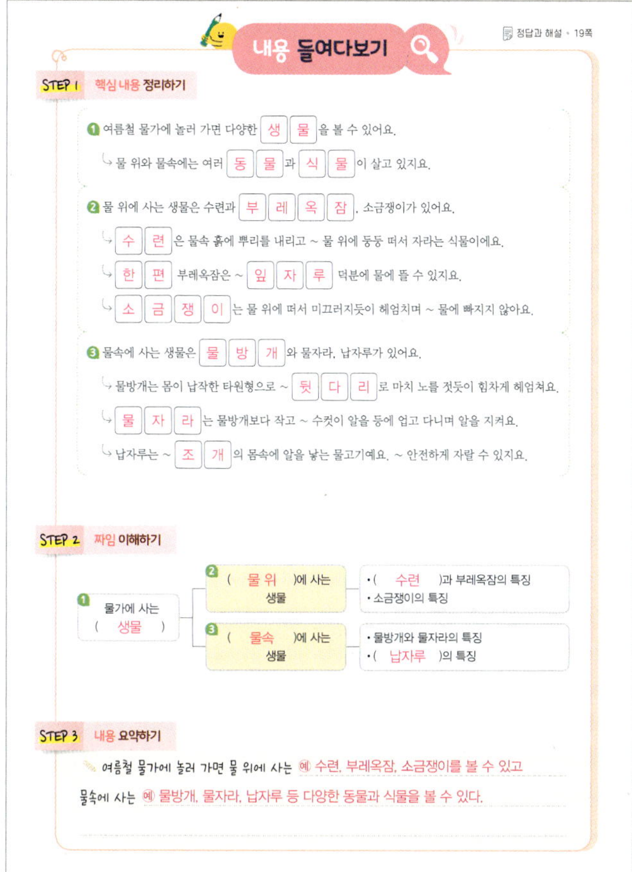

가 아니라 물자라예요. 납자루는 조개의 몸속에 알을 낳는 생물이에요.

3 부레옥잠은 뿌리를 흙에 내리지 않고 물 위에 떠다니는 식물이에요. 부레옥잠이 물 위에 뜰 수 있는 건 부레옥잠의 잎자루 덕분이에요. 잎자루에 공기주머니가 있어서 여기에 가득 들어 있는 공기가 부레옥잠을 물에 띄워 주지요.

4 물가에 사는 생물들의 특징은 저마다 다르며 살아가는 데 도움을 줘요. 납자루는 조개의 몸속에 알을 낳아서 자신의 알이 다른 물고기에게 잡아먹히지 않게 지켜요. 이렇게 생물의 생김새나 행동이 저마다 다른 이유는 살아가는 데 필요하기 때문이에요.

어휘력 다지기 본문 · 087쪽

1 성, ⓛ **2** 형, ㉠ **3** 안전 **4** 생물

낱말 더 보기

- **스며들다**: 속으로 배어들다.
  예 빗물이 신발 속으로 <u>스며들어서</u> 축축했다.
- **미생물**: 눈으로는 볼 수 없는 아주 작은 생물
  예 <u>미생물</u>은 세균이나 효모를 말한다.

문제로 확인하기 본문 · 086쪽

1 (1) ㉠, ㉢, ㉤ (2) ㉡, ㉣, ㉥
2 (1) ○ (2) ○ (3) ✕ **3** 잎자루 **4** 물가, 특징

1 여름철 물가에 사는 생물 중에서 물 위에 사는 생물은 수련, 부레옥잠, 소금쟁이가 있고, 물속에 사는 생물은 물방개, 납자루, 물자라가 있어요.

2 (1) 소금쟁이는 다리에 방수성 털이 가득해서 물이 스며드는 걸 막아 주기 때문에 물에 떠 있을 수 있어요.
(2) 물방개는 뒷다리의 털을 이용해서 노를 젓듯이 힘차게 헤엄치지요.
오답 풀이
(3) 수컷이 알을 등에 업고 다니며 알을 지키는 생물은 납자루

Day 19 빛의 화가 '모네'

글의 내용 이 글은 프랑스의 화가 모네와 모네의 그림에 대해 설명하고 있어요. 모네는 빛이 보여 주는 모습을 그대로 그리려고 해서 '빛의 화가'라고 불려요. 모네는 순간의 인상을 그림에 담은 화가라서 인상주의 화가로 알려져 있지요.

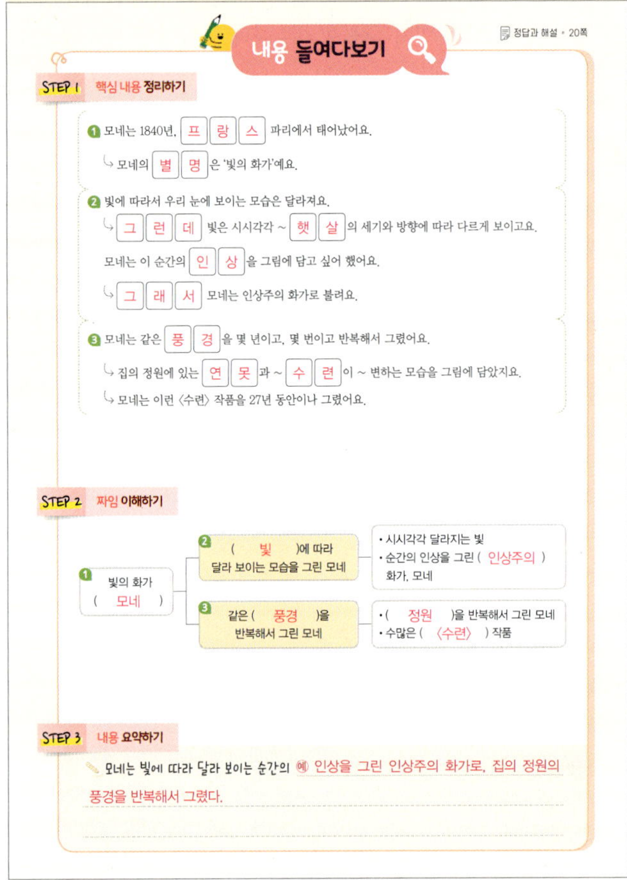

*출처: (그림) 「수련」, 「수련 연못」, 클로드 모네, 시카고 미술관

문제로 확인하기

본문 · 090쪽

1 빛 **2** 프랑스, 화가, 수련 **3** ⑤
4 ㉡

1 프랑스의 화가 클로드 모네는 빛의 변화에 따라서 풍경이 어떻게 다르게 보이는지를 그림으로 그린 화가예요. 그래서 '빛의 화가'라는 별명을 가지고 있지요.

2 모네는 1840년에 프랑스 파리에서 태어났어요. 순간의 인상을 그린 인상주의 화가예요. 모네는 자신의 집 정원에 있는 연못과 연못 위의 수련을 27년 동안 그리며, 300여 점의 작품을 남겼어요. 그러므로 '모네'와 관계있는 낱말은 '프랑스', '화가', '수련'이에요.

3 모네가 같은 풍경을 반복해서 그린 이유는 그림을 잘 팔고 싶어서가 아니라, 같은 풍경이라도 빛에 따라 매순간 달라지기 때문이에요. 모네는 빛에 따라 달라지는 정원의 인상을 그렸던 거지요.

오답 풀이

① 우리가 보는 사물이나 풍경은 빛의 변화에 따라서 달라져요.

② 모네는 빛의 변화에 따라 다르게 보이는 순간의 인상을 그림에 담고 싶어 했어요.

③ 모네는 집의 정원 풍경을 수십 번 반복해서 그렸어요. 시시각각 달라지는 풍경을 그림으로 그린 거예요.

④ 같은 풍경을 그렸지만 빛에 따라서 매순간 달라지기 때문에 모네의 작품들은 모두 모습이 다르지요.

4 사진은 모네의 집에 있는 정원의 연못을 찍은 거예요. 모네는 프랑스 '지베르니' 지방으로 집을 옮긴 후에, 집에 정원을 만들고 그림을 그렸어요. 이곳에서 모네의 유명한 〈수련〉 작품들이 탄생했지요.

어휘력 다지기

본문 · 091쪽

1 시시각각 **2** 사계절 **3** 우중충 **4** 점

낱말 더 보기

- **권:** 책을 세는 단위
  예 책을 3권 읽고 감상문을 써야 해요.
- **톨:** 밤이나 곡식의 낱알을 세는 단위
  예 밤 한 톨도 주지 않았어요.

글의 내용 이 글은 전통적으로 지역의 기후에 따라 집 모양이 어떻게 다른지 알려 주고 있어요. 북극 지역에서는 눈으로 이글루를 지었고, 열대 지역에서는 물 위에 수상 가옥을 지었어요. 초원 지역에서는 유르트라는 이동식 집을 지었지요.

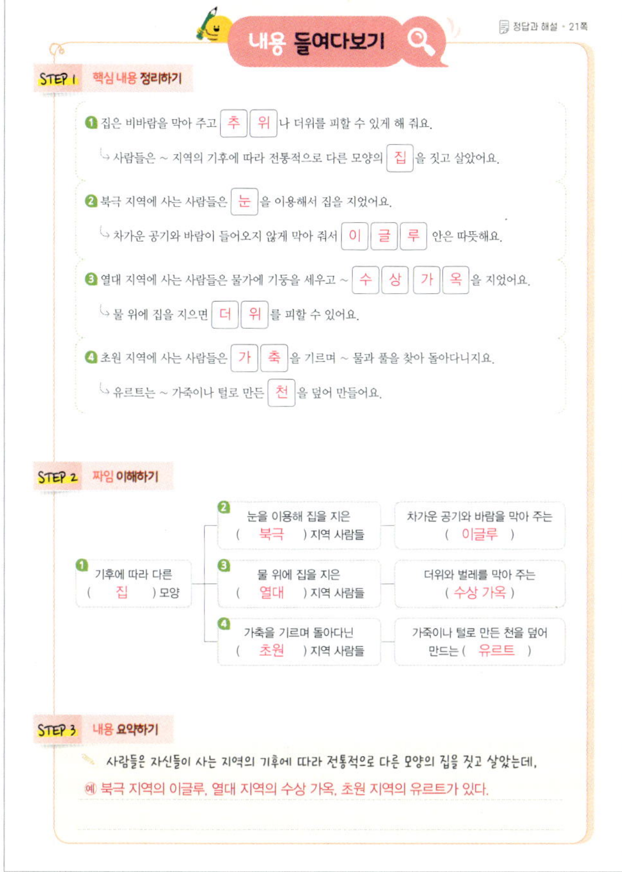

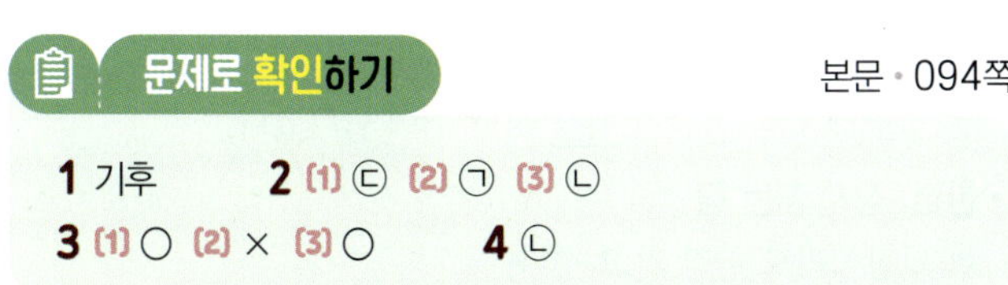

1 기후 **2** (1) ㉢ (2) ㉠ (3) ㉡
3 (1) ○ (2) × (3) ○ **4** ㉡

1 글쓴이는 기후에 따라 전통적인 집 모양이 어떻게 다른지 알려 주려고 이 글을 썼어요. 집은 비바람을 막고 추위나 더위를 피하려고 지은 건축물이에요. 그래서 사람들은 사는 지역의 기후에 따라 전통적으로 모양이 다른 집을 지은 거예요.

2 (1) 눈이 많이 내리고 추운 북극 지역에 사는 사람들은 눈을 이용해서 '이글루'를 지었어요.
(2) 덥고 습한 열대 지역에 사는 사람들은 물 위에 '수상 가옥'을 지었어요.
(3) 비가 적게 내려 건조한 초원 지역에 사는 사람들은 이동하

며 살았기 때문에 이동식 집인 '유르트'를 지었어요.

3 (1) 수상 가옥은 물 위에 지어서 더운 날씨를 피할 수 있게 해 주고, 물고기를 잡기에도 편하지요.
(2) 유르트는 나무로 뼈대를 만들고 그 위에 가죽이나 털로 만든 천을 덮어 만들기 때문에 쉽고 빠르게 만들 수 있어요. 이동할 때는 집을 버리는 게 아니라, 천과 나무 뼈대를 빠르게 해체해서 가지고 갔어요.
(3) 이글루는 단단하게 언 눈을 벽돌 모양으로 잘라서 둥글게 쌓아서 만든 집이에요. 북극 지방에는 눈이 많이 내려서 쉽게 구할 수 있는 재료예요.

4 눈으로 만든 집이고, 두껍고 단단한 얼음 벽이 차가운 바람을 막아 주고, 안에서 불을 피울 수도 있어서 따뜻한 집은 '이글루'예요. 이글루 안에 불을 피워서 안쪽 얼음 벽이 녹으면 물을 끼얹었어요. 그러면 물이 다시 얼면서 벽은 더욱 단단해져요.

낱말 더 보기

• **고유:** 본래부터 가지고 있는 특유한 것
예 비빔밥은 우리나라 고유의 음식이다.
• **열대:** 연평균 기온이 20℃ 이상으로 따뜻한 적도를 중심으로 분포한 지역
예 망고는 열대 지방에서 많이 자란다.

Day 21 고마운 엄마께

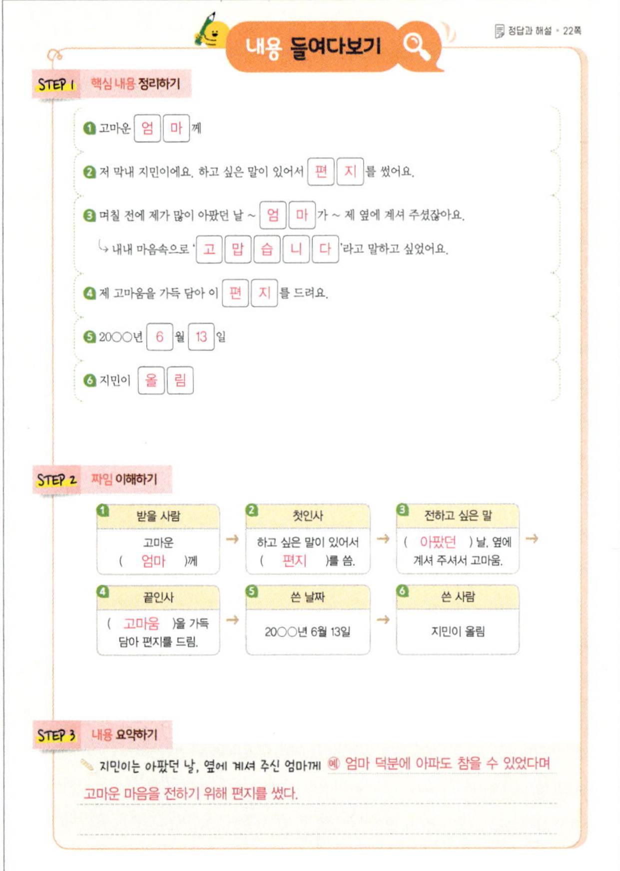

문제로 확인하기

1 엄마, 지민 **2** ④ **3** 고마웠어요
4 ㅂ

1 이 편지는 막내 지민이가 엄마에게 쓴 편지예요. 지민이는 엄마에게 고마운 마음을 전하려고 편지를 썼어요. 편지는 마음을 전하는 데 아주 유용한 글이에요.

2 글쓴이는 자신이 아플 때 옆에 있어 주어서 고맙다는 말을 엄마에게 전하기 위해서 편지를 썼어요. 글쓴이가 열이 많이 나고 아팠는데, 글쓴이의 엄마가 옆에 있어 주어서 잘 참을 수 있었다고 해요.

오답 풀이
① 글쓴이가 열이 많이 나고 아팠던 것은 맞지만 글을 쓴 까

닭은 아니에요.

② 글쓴이는 엄마에게 고마운 마음을 전하려고 편지를 썼어요.

③ 엄마가 행복하기를 바라는 것은 맞지만, 엄마에게 고마운 마음을 전하는 것이 편지의 목적이었어요.

⑤ 글쓴이는 앞으로도 엄마 말씀을 잘 듣고, 반찬도 골고루 먹겠다는 약속을 하기는 했지만, 편지를 쓴 목적은 아니에요. 편지에 있는 내용과 편지를 쓴 목적을 잘 구분해 보세요.

3 글쓴이는 아플 때 옆에 있어 준 엄마에게 고맙다는 말을 하지 못했다고 해요. 이를 근거로 말줄임표 다음에 '고마웠어요.'라는 말이 나올 거예요. '고마웠어요.'와 비슷한 표현이 들어갈 수 있도록 말줄임표 다음 말을 생각해 보세요.

4 편지는 꼭 써야 할 내용과 내용에 맞는 순서가 있어요. 받을 사람, 첫인사, 전하고 싶은 말, 끝인사, 쓴 날짜, 쓴 사람 순서로 편지를 써야 하지요. 마지막에 꼭 자신의 이름이나 자신이 누구인지 밝혀야 누가 편지를 썼는지 알 수 있어요.

어휘력 다지기

1 밤새다 **2** 한숨 **3** 쑥스러워서 **4** 편찮으셔서

낱말 더 보기

- **한결:** 전에 비하여서 한층 더
  예 어제보다 몸이 한결 좋아졌다.
- **한참:** 시간이 상당히 지나는 동안
  예 친구가 약속 시간이 한참 지난 뒤에 나타났다.
- **한잠:** 잠시 자는 잠
  예 낮잠이라도 한잠 자고 싶다.
- **올림:** 아랫사람이 윗사람에게 편지나 선물을 보낼 때 쓰는 말
  예 씩씩한 아들 윤수 올림

Day 22 통일을 이루자!

글의 내용 이 글은 원래 같은 민족이었던 남한과 북한이 통일을 이루어야 한다고 주장하고 있어요. 통일이 되면 남한과 북한이 자유롭게 오가고, 이산가족이 다시 만나고, 나라의 힘이 강해질 수 있다며 통일을 이루자고 주장해요.

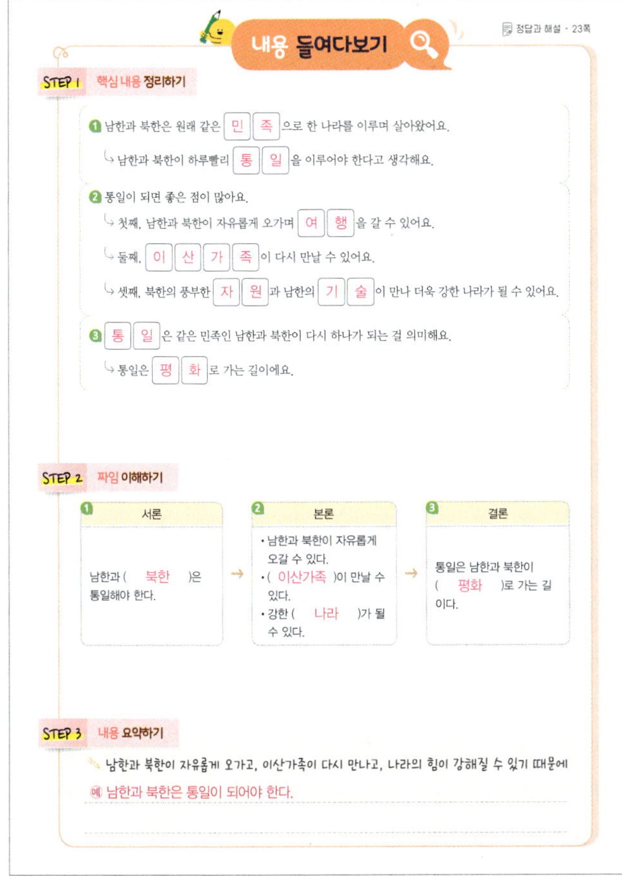

문제로 확인하기

1 남한, 북한
2 (1) ○ (2) ○ (3) ×
3 이산가족
4 통일

1 글쓴이는 남한과 북한이 통일해야 한다는 주장을 하려고 이 글을 썼어요. 글쓴이는 주장을 뒷받침하기 위해 통일하면 좋은 점을 제시했어요.

2 (1), (2) 글쓴이는 통일이 되면 좋은 점으로 남한과 북한이 자유롭게 여행할 수 있고, 이산가족이 다시 만날 수 있다고 했어요.
(3) 글쓴이는 남한의 기술과 북한의 자원이 만나면 나라의 힘이 강해질 수 있다고 했어요. 북한의 기술과 남한의 자원이 만나는 것이 아니에요.

3 신문에 나온 기사는 이산가족에 대한 내용이에요. 먼저 신문에 실린 그림을 보고 기사 내용이 무엇인지 생각해 볼 수 있어요. 기사 내용을 읽어 보면 남한과 북한의 이산가족이 지금까지 21차례의 만남을 가졌지만, 아직도 남한 이산가족의 82%가 북한에 있는 가족의 소식을 알지 못한다는 걸 알 수 있어요.

4 대화 내용을 살펴보면 통일이 되면 각자 무엇이 하고 싶은지에 대해 이야기하고 있는 걸 알 수 있어요. 은서는 통일이 되면 개마고원을 가 보고 싶다고 말해요. 민석이는 평양에 가서 평양냉면을 먹고 싶다고 말하지요. 수지는 백두산에 가 보고 싶다고 해요. 은서와 민석이와 수지 모두 통일이 되면 하고 싶은 것들에 대해 이야기하고 있어요.

어휘력 다지기

1 ㉡ **2** ㉠ **3** 자원 **4** 국토

낱말 더 보기

• **오가다:** ① 무엇을 주거니 받거니 하다. ② 거리나 길을 오거니 가거니 하다.
예 서로 오가며 사이좋게 지내면 좋아요.
• **한반도:** 아시아의 동북쪽 끝에 있는 반도. 우리나라 국토의 전역을 포함한다.
예 한반도 전역이 태풍의 영향권에 들었다.

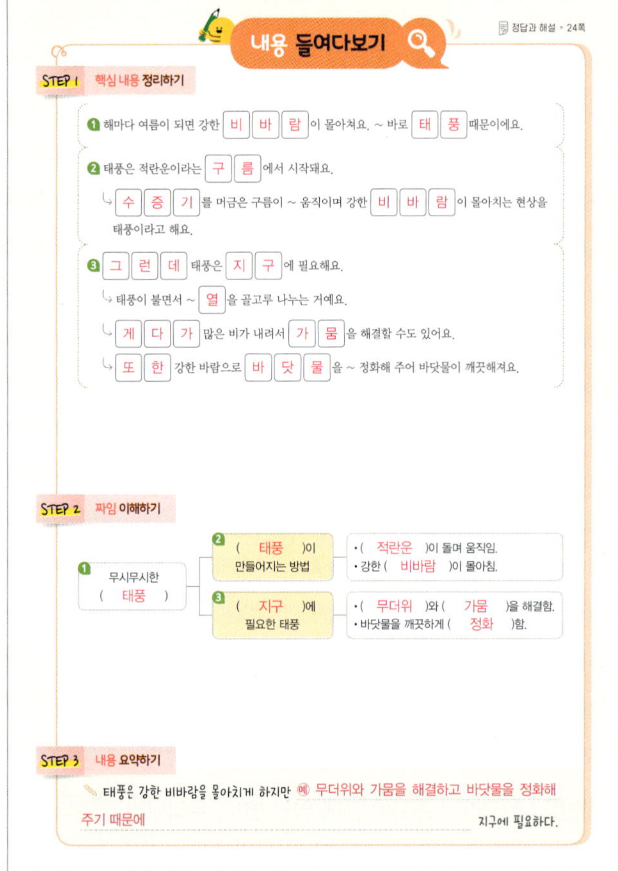

② 태풍이 심하면 천둥과 번개를 동반하지요.

③ 태풍은 더운 지역의 열을 추운 지역에 전달해서 지구의 열 에너지를 골고루 순환시킬 수 있어요.

④ 태풍은 적란운 때문에 비가 많이 내리고 바람이 강하게 부는 현상을 말해요.

3 (1) 이 글에는 태풍이 어떻게 만들어지는지 나왔어요. 적란운이라는 구름이 뜨거운 여름에 많이 발생한 수증기를 빨아들이며 더 크게 발달하지요. 이렇게 커진 적란운이 빠르게 빙빙 돌면서 강한 비바람이 몰아치는 현상이 태풍이에요.

(2) 이 글에는 태풍이 지구에 필요한 이유가 나왔어요. 태풍은 지구에 있는 열을 나누어 주고 가뭄을 해결하고 바닷물을 깨끗하게 해 준다고 했어요.

(3) 이 글에는 태풍의 이름을 만드는 방법은 나오지 않았어요.

4 (1) 은지와 민경이는 태풍이 무섭다고 이야기하고 있어요. 은지는 바람이 세서 무섭다고 하고, 민경이는 비가 너무 많이 와서 집이 잠길까 봐 무섭다고 해요.

(2) 유찬이와 오윤이는 태풍이 필요한 이유를 이야기하고 있어요. 유찬이는 지구의 열을 골고루 나눠 주니까 태풍이 필요하다고 해요. 오윤이는 무더위와 가뭄을 해결해 주니까 태풍이 필요하다고 말해요.

어휘력 다지기　　　　　　　본문 · 109쪽

1 ㉠　　**2** ㉡　　**3** 가로수　　**4** 수증기

낱말 더 보기

· **길거리**: 사람이나 차가 많이 다니는 길
　예 길거리에 쓰레기를 버리면 안 된다.

· **해마다**: 그해 그해
　예 이 마을은 해마다 여름이면 비가 많이 온다.

문제로 확인하기　　　　　　　본문 · 108쪽

1 태풍　　**2** ⑤　　**3** (1) ○ (2) ○ (3) ×
4 (1) 은지, 민경　(2) 유찬, 오윤

1 적란운을 그린 그림과 적란운에 대한 설명이 나왔어요. 적란운은 수증기를 많이 빨아들여서 비를 많이 뿌리는 구름이에요. 위로 높게 커지는 특징이 있지요. 또한 빠르게 돌면서 움직이는데, 이 때문에 태풍은 강한 비바람을 동반해요.

2 태풍에 대한 설명이 아닌 것을 고르는 문제예요. 태풍은 대부분 겨울이 아니라 여름에 발생해요.

오답 풀이

① 태풍이 불면 바닷물을 골고루 섞으며 깨끗하게 정화시킬 수 있어요.

글의 내용 이 글은 과학적인 원리로 만들어진 석빙고에 대해 소개하고 있어요. 한여름에도 얼음을 녹지 않게 보관할 수 있었던 원리를 통해 조상들의 지혜를 엿볼 수 있지요. 석빙고는 조상들의 지혜로 만들어진 자랑스러운 건축물이에요.

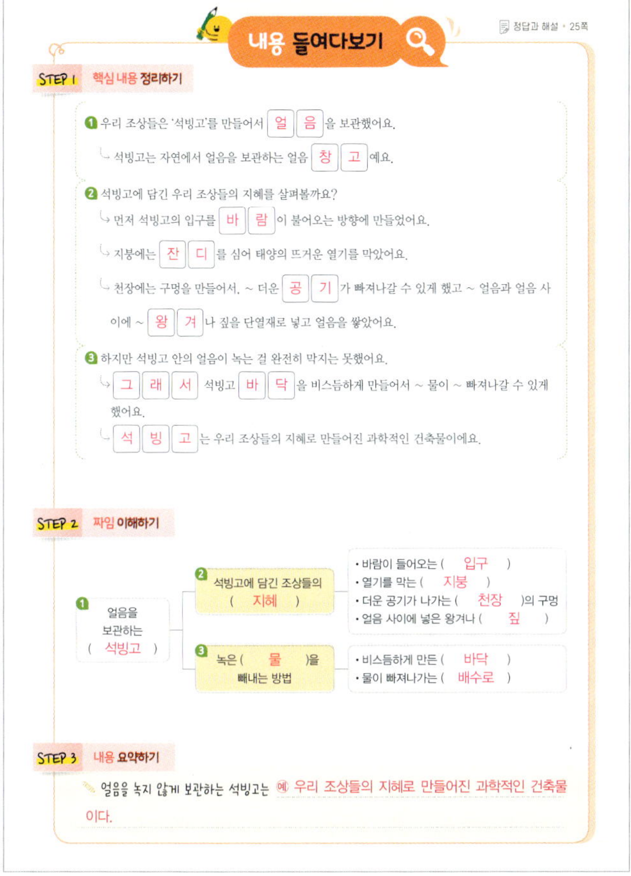

명을 읽고 어느 부분에 해당하는지 그림을 보면서 찾을 수 있어요.

[1] 녹은 물이 빠져나가는 길인 배수로는 ㉰에 있어요.

[2] 얼음 사이에 왕겨나 짚을 깐 모습은 ㉱에서 볼 수 있어요. 왕겨나 짚이 단열재 역할을 해서 얼음이 빨리 녹는 것을 막아 줬어요.

[3] 더운 공기가 빠져나가는 구멍은 ㉮에 있어요.

4 [1] 은서는 냉동고가 없던 옛날에도 얼음을 먹을 수 있었다는 사실을 알고 신기해 하고 있어요.

[2] 민수는 천장에 구멍을 만들어서 더운 공기가 빠져나가게 한 원리가 무척 과학적이라고 말하고 있어요. 더운 공기는 가벼워서 위로 올라가는데 조상들은 이런 공기의 순환 원리를 잘 알고 있었죠.

[3] 경민이는 바닥을 비스듬하게 만든 것을 보면서 조상들이 지혜롭다는 걸 엿볼 수 있다고 해요.

어휘력 **다지기** 본문 · 113쪽

1 재, ㉡ **2** 로, ㉠ **3** 짚 **4** 열기

🔍 낱말 **더** 보기

• **한낮**: 낮의 한가운데, 낮 열두 시를 전후한 때
  예 한낮의 태양이 제일 뜨겁다.
• **조상**: 자기 세대 이전의 모든 세대
  예 문화유산에는 조상들의 삶과 지혜가 담겨 있다.

문제로 **확인하기** 본문 · 112쪽

1 석빙고 **2** [1] ㉡ [2] ㉠
3 [1] ㉱ [2] ㉰ [3] ㉮ **4** [1] 얼음 [2] 구멍 [3] 바닥

1 이 글은 조상들의 지혜로 만들어진 과학적인 건축물인 석빙고를 소개하고 있어요. 석빙고는 냉동고가 없던 옛날, 한여름에도 얼음을 먹기 위해 우리 조상들이 만든 얼음 창고예요.

2 [1] 얼음을 녹지 않게 보관하고 옛날에 사용한 얼음 창고는 석빙고예요.
[2] 냉동고는 기계가 온도를 직접 낮추므로 석빙고와는 차이가 있어요. 오늘날에는 냉동고가 석빙고를 대신하지요.

3 이 그림은 석빙고의 내부를 그린 거예요. 석빙고에 대한 설

Day 25 누가 더 나을까?

 이 글은 이솝 우화 중에서 늑대와 개 이야기예요. 산에서 자유롭게 사는 늑대와 집 마당에서 사람들이 주는 먹이를 먹으면서 편하게 살지만 자유를 누리지 못하는 개를 통해 자유로운 삶에 대해 생각해 볼 수 있어요.

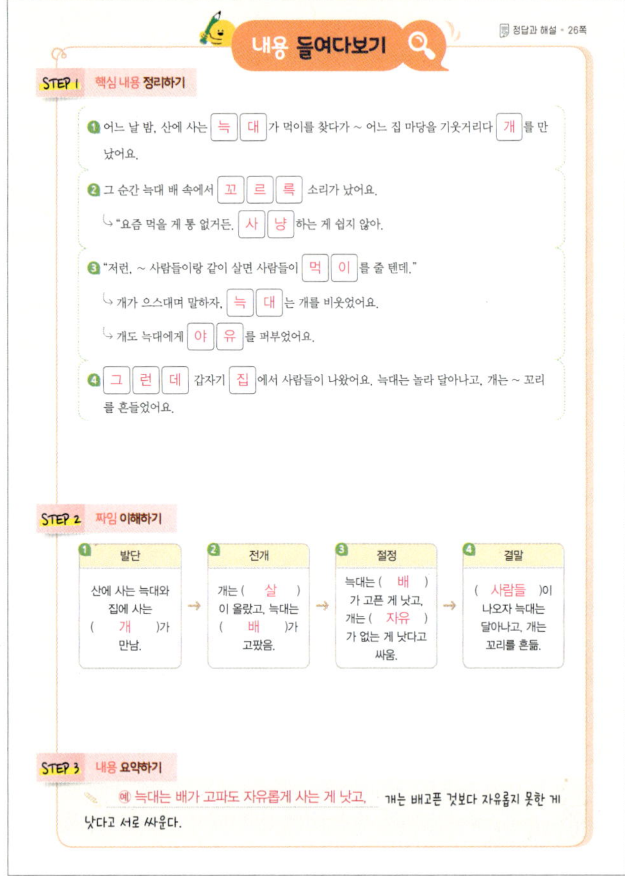

문제로 확인하기

본문 • 116쪽

1 (1) 늑대 (2) 개　　2 ③　　3 수지
4 (1) 늑대 (2) 개

1 이 글에 등장하는 인물은 산에 사는 늑대와 집 마당에 사는 개예요. 늑대와 개가 만나서 이야기를 주고받다가 배가 고파도 자유롭게 사는 게 더 좋은지, 자유롭지 않아도 배부르게 사는 게 더 좋은지를 놓고 다투게 되지요.

2 개는 주인에게 먹이를 얻어 먹고 포동포동하게 살이 올랐다고 했어요. 그래서 사냥을 해서 먹이를 얻는 인물은 개가 아니라 늑대예요.

오답 풀이
①, ② 집 마당에 사는 개는 목줄을 하고 있어서 자유롭게 다

닐 수는 없지만, 주인이 주는 먹이를 먹으며 살이 포동포동하게 올랐어요.
④ 늑대는 사냥하기 힘들어 먹이를 구하지 못해 배가 많이 고픈 상황이에요.
⑤ 늑대는 먹이를 찾아 마을까지 내려왔어요.

3 이 글은 자유로운 삶에 대한 이야기예요. 자유롭게 살기 위해서 포기해야 할 것이 무엇인지 생각해 보고, 자유를 위해 불편이나 어려움을 감수하는 게 더 나은지 고민해 볼 수 있어요. 자유로운 삶을 중요하게 여기는 늑대처럼 배고픔을 감수하고라도 자유를 지키려고 노력하는 사람들도 있지요. 수지는 늑대와 개가 포기하지 않고 끝까지 싸워야 한다고 말했는데, 이 감상은 이 글의 주제와 어울리지 않아요. 왜냐하면 이 글은 포기하지 않고 싸우는 것과 관련된 이야기가 아니기 때문이에요.

4 이 이야기의 주제를 더 생각해 보기 위해 집고양이와 들고양이를 예로 들어서 생각해 보는 활동이에요. 들고양이는 자유로운 삶을 택한 늑대와 같고, 집고양이는 배부른 삶을 택한 개와 같아요. 집고양이와 들고양이의 생각이 다른 것처럼 자유에 대한 늑대와 개의 생각도 다르지요. 둘의 생각이 어떻게 다른지 비교해 볼 수 있어요.

어휘력 다지기

본문 • 117쪽

1 ㉢　　2 ㉠　　3 ㉡　　4 낳다

낱말 더 보기

• **도무지:** 아무리 해도
예 그 친구를 어디서 만났는지 도무지 생각이 안 난다.

• **낳다:** 배 속의 아이, 새끼, 알을 몸 밖으로 내놓다.
예 고양이가 낳은 새끼 고양이도 갈색이다.

• **찬찬히:** 동작이나 태도가 급하지 않고 느릿하게
예 밥을 찬찬히 먹으면 소화가 잘 된다.

글의 내용) 이 글은 앞니가 빠지자 짝꿍 민지가 놀릴까 봐 걱정이 되어서 속상해진 글쓴이가 할머니의 위로를 받으며 고마운 마음을 쓴 일기예요. 글쓴이는 까치에게 새 이를 물어다 달라는 노래를 부르며 기분이 풀려요.

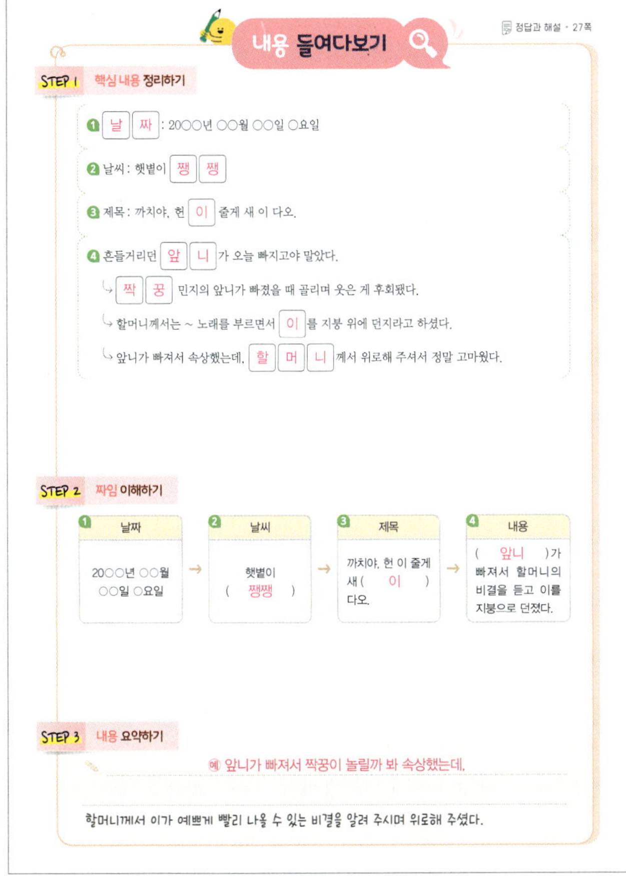

문제로 확인하기　　본문 · 122쪽

1 ④　　**2** ②　　**3** (2) ○　　**4** 생각이나 느낌

1 이 글은 글쓴이가 앞니가 빠진 날 쓴 일기예요. 일기에는 쓴 날짜, 날씨, 일어난 일, 그 일을 겪으면서 든 생각이나 느낌이 꼭 들어가요. 보내는 사람은 편지를 쓸 때 꼭 들어가야 하는 내용이에요.

2 글쓴이는 오늘 앞니가 빠졌어요. 그래서 예전에 민지를 골린 일이 생각나며 민지가 쌤통이라고 놀릴까 봐 걱정이 됐지요. 하지만 할머니가 지붕 위로 이를 던지면서 새 이를 달라고 노래하라며 위로해 주었어요. 글쓴이는 할머니의 위로에 고마운 마음을 느끼지요.

오답 풀이
① 글쓴이는 치과에 가지 않고 버텼다고 했어요.
③ 글쓴이가 짝꿍 민지를 골리며 웃은 건 오늘이 아니라 예전이에요.
④ 까치에게 새 이를 물어다 달라고 말했지만, 정말 까치가 새 이를 물어다 준 것은 아니에요.
⑤ 아마도 민지는 이 비결을 모를 거라고 생각했지만 민지에게 비결을 알려 주지는 않았어요.

3 글쓴이는 민지의 앞니가 빠졌다며 골리며 웃은 걸 후회해요. 이러한 행동은 입장을 바꿔서 생각해 보지 못한 행동으로 자신이 그 입장이 되어 보니 후회가 된 것이지요.

4 〈보기〉는 할머니께 고마움을 느낀 글쓴이의 마음이 담긴 부분이에요. 일기에서는 글쓴이의 생각과 느낌을 꼭 표현해야 해요.

어휘력 다지기　　본문 · 123쪽

1 쌤통　　**2** 앞니　　**3** 헌　　**4** 헌

낱말 더 보기

• **심통**: 마땅치 않게 여기는 나쁜 마음
　예) 피자를 혼자 다 먹은 동생에게 심통을 부렸다.
• **수거**: 거두어 감.
　예) 쓰레기 수거는 새벽에 한다.
• **솔깃하다**: 그럴듯해 보여 마음이 쏠리는 데가 있다.
　예) 우리는 그의 달콤한 말에 귀가 솔깃했다.

글의 내용 이 글은 친한 사이라고 함부로 하면 괴롭힘이 될 수 있음을 알려 줘요. 괴롭히는 것은 몸과 마음 모두 포함되지요. 괴롭힘은 폭력이기 때문에 어떤 행동이 폭력인지 알고, 하지 않으려고 노력해야 해요.

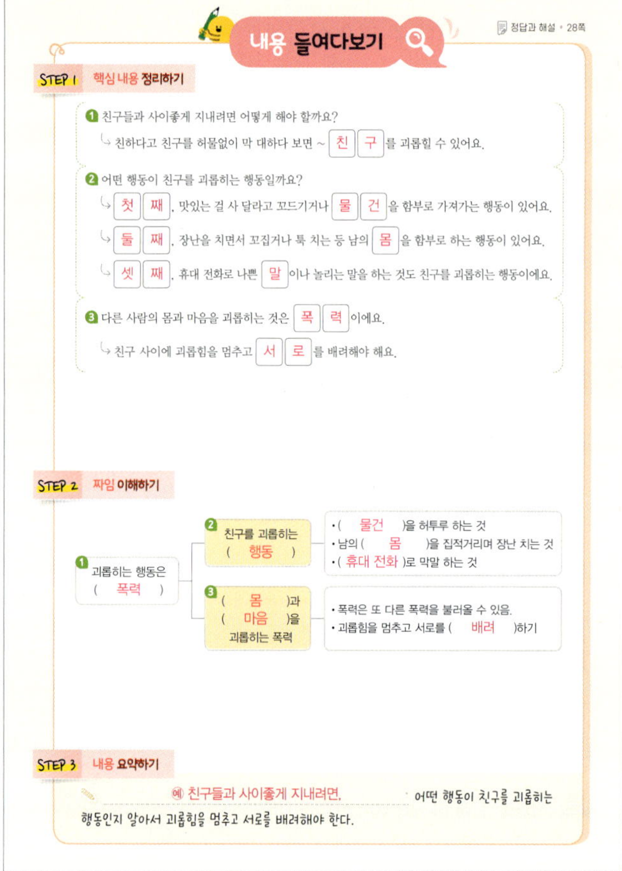

문제로 **확인**하기　　　　본문 · 126쪽

1 폭력　　**2** (1) ○ (2) ○ (3) ×　　**3** ⑤
4 (1) 장난　(2) 폭력　(3) 친구

1 다른 사람의 몸과 마음을 괴롭히는 것은 폭력이에요. 폭력은 힘으로 남을 억누르는 것이니까요. 친구 사이에는 괴롭힘을 멈추고 서로를 배려해야 좋은 사이가 될 수 있어요.

2 힘으로 억누르고 강제로 무엇을 시키거나 싫어하는 행동을 반복적으로 하는 것들이 폭력적인 행동에 해당돼요.
(1) 장난이라며 친구 팔을 꼬집으면 당하는 친구는 아프고 두려운 감정을 느낄 수도 있어요.
(2) 친구에게 맛있는 걸 자꾸 사 달라고 조르면 친구는 귀찮고 부담스러울 거예요.

3 이 글은 폭력적인 행동이 무엇인지 구체적인 예를 들어서 설명하고 있어요. 친한 친구라고 매일 아이스크림을 사 달라고 조르는 것은 친구를 괴롭히는 행동이에요. 친구의 돈을 함부로 하는 행동이며, 친구의 감정을 불편하게 만드니까요.

오답 풀이
① 휴대 전화는 상대방이 눈에 보이지 않아서 함부로 말할 수 있어요. 휴대 전화로 욕을 하거나 막말을 하면 안 되지요.
② 장난이라며 친구 어깨를 툭 치는 행동은 친구의 몸을 함부로 대하는 행동이니 하면 안 돼요.
③ 남의 물건을 함부로 가져가는 것도 친구를 괴롭히는 행동이에요. 친구 입장에서는 불편한 감정을 느낄 수 있어요.
④ 친구를 오징어라고 부르며 놀리는 것도 친구를 괴롭히는 행동이에요. 친구의 마음이 상할 수 있어요.

4 실제로 친구 사이에 일어날 수 있는 상황을 상상해 보고, 상황에 알맞은 말을 완성해 보는 활동이에요. 장난이라며 머리를 잡아당기면 어떤 감정이 드는지 친구에게 말해 줘요. 친구가 잘못을 인정하고 다시는 그런 행동을 하지 않도록 충분히 대화로 표현해 주어요.

💬 **어휘력 다지기**　　　　본문 · 127쪽

1 ㉡　　**2** ㉠　　**3** 막말　　**4** 말문

🔍 낱말 더 보기

· **함부로:** 조심하거나 깊이 생각하지 아니하고 마음 내키는 대로 마구
예 쓰레기를 함부로 버리면 안 된다.

· **억누르다:** 어떤 감정이 일어나거나 나타나지 아니하도록 스스로 참다.
예 수진이는 화가 나는 마음을 억눌렀다.

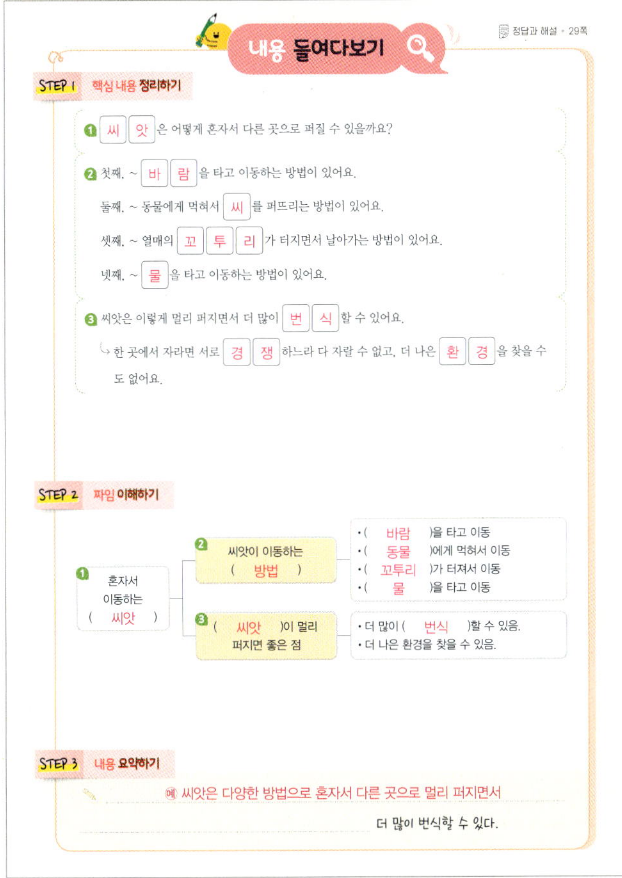

---

1 씨앗　　　　**2** (1) ○ (3) ○
3 (1) ㉢ (2) ㉡ (3) ㉠　　**4** 찬수

1 이 글은 열매 속의 씨앗이 어떻게 스스로 이동하는지 다양한 방법을 알려 주고 있어요.

2 (1) 글쓴이는 씨앗이 혼자서 이동하는 네 가지 방법을 알려 주고 있어요.
(3) 이 글을 통해 씨앗이 이동하면서 멀리 퍼지면 좋은 점이 무엇인지 알려 주지요. 씨앗은 멀리 이동하면서 더 많이 번식할 수 있어요. 식물이 한곳에서 자라면 영양분과 햇빛을 서로 나누어야 하므로 경쟁하게 되지요. 그래서 씨앗은 더 좋은 환경을 찾아 멀리 퍼지는 거예요.

오답 풀이
(2) 씨앗을 잘 키우는 방법은 이 글에 나와 있지 않아요.

3 (1) 바람을 타고 이동하는 씨앗의 예로 서양민들레가 나와요. 서양민들레 씨앗의 갓털이 바람을 타고 이동하게 해 주지요.
(2) 꼬투리가 터지면서 이동하는 씨앗의 예로 콩과 봉숭아가 나와요.
(3) 물을 타고 이동하는 씨앗의 예로는 연꽃이 나오지요.

4 이 대화는 동물에게 먹혀서 씨앗이 이동하는 방법에 대해 이야기하고 있어요. 식물은 맛있는 열매를 맺어서 동물을 유혹해요. 달콤한 냄새도 풍기지요. 동물이 열매를 먹으면 딱딱한 씨는 소화되지 않고 똥으로 나와서 다른 곳으로 퍼져 나가는 거예요. 찬수는 씨앗이 동물에게 먹히는 방법이 아닌, 동물의 털에 붙어서 이동하는 방법에 대해 이야기하고 있어요. 따라서 동물에게 먹혀서 씨앗이 이동하는 방법이 아닌 다른 방법을 말하는 친구는 찬수예요.

1 ㉡　　**2** ㉠　　**3** 꼬투리　　**4** 퍼진다

🔍 **낱말 더 보기**

· **사투리**: 어느 한 지방에서만 쓰는, 표준어가 아닌 말
　예 선생님이 경상도 사투리로 말하셨다.
· **길가**: 길의 양쪽 가장자리
　예 예쁜 꽃들이 길가에 피어 있다.
· **열매**: 식물이 수정한 후 자라서 생기는 것으로 씨가 들어 있는 곳
　예 가지에 달린 열매가 탐스럽게 익었다.

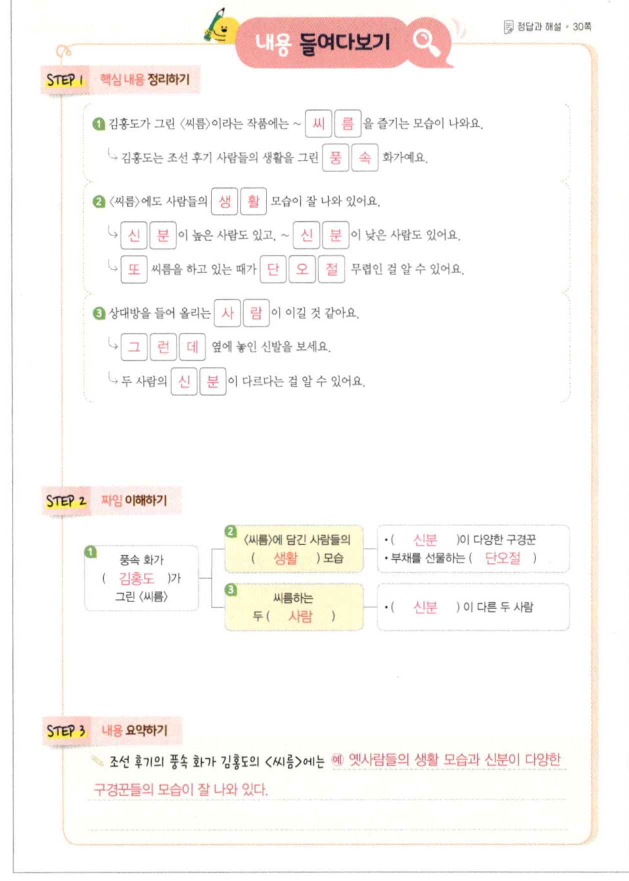

* 출처: (그림) 씨름, 《단원 풍속도첩》, 국립중앙박물관

📋 문제로 확인하기　　본문 · 134쪽

1 생활　　**2** ④　　**3** (1) ㉡　(2) ㉢　(3) ㉠
4 ㉮

1 김홍도의 〈씨름〉은 조선 후기의 작품으로, 사람들이 모여서 씨름하는 모습을 구경하는 장면을 그린 그림이에요. 이를 통해 조선 후기 사람들의 다양한 생활 모습을 알 수 있어요.

2 이 그림은 실제 조선 후기 사람들의 모습을 그린 것으로, 사람들이 꿈꾸는 세상을 그린 그림이 아니에요.
　오답 풀이
　① 김홍도는 조선 후기에 살았던 화가예요. 〈씨름〉은 조선 후

기에 그린 그림이지요.
　②, ③ 〈씨름〉은 사람들이 모여 씨름을 구경하는 모습을 그린 풍속화예요. 풍속화는 사람들의 생활 습관이나 유행을 그린 그림이에요.
　⑤ 〈씨름〉에는 신분이 높은 사람과 낮은 사람이 함께 구경하는 모습이 나와 있어요.

3 〈씨름〉을 감상하면서 많은 내용을 알게 돼요.
　(1) 먼저 씨름하는 두 사람이 옆에 놓아 둔 신발이 다른 걸 볼 수 있어요. 하나는 가죽신, 다른 하나는 짚신이에요. 가죽신은 신분이 높은 사람이 신고, 짚신은 신분이 낮은 사람이 신어요. 그러니 씨름하는 두 사람의 신분이 다르다는 걸 알 수 있지요.
　(2) 다양한 사람들이 씨름을 구경하고 있는데, 신분이 높은 사람과 낮은 사람이 함께 구경하고 있어요. 신분이 차이 나는 사람들이 함께 구경하고 있다는 것은 신분의 구별이 작아진 것을 뜻해요.
　(3) 부채를 들고 구경하는 사람들이 나와요. 옛날에는 단오절이 되면 부채를 선물하는 풍속이 있었어요. 다가올 더위를 잘 이겨 내자는 배려가 담긴 풍속이에요. 이를 통해 단오절 무렵이라는 걸 알 수 있어요.

4 말하는 사람은 자신이 신분이 높다고 해요. 그래서 씨름 구경을 하는 모습이 점잖지 않아 보일까 봐 걱정이 되어 부채로 얼굴을 가렸다고 해요. 김홍도의 〈씨름〉에서 부채로 얼굴을 가린 사람을 쉽게 찾을 수 있어요.

💬 어휘력 다지기　　본문 · 135쪽

1 ㉡　　**2** ㉠　　**3** 명절　　**4** 옛날

🔍 낱말 더 보기

- **신분**: 개인에 따라 차이가 나는 사회적 위치나 계급
　㉠ 옛날에 양반은 <u>신분</u>이 높고, 천민은 <u>신분</u>이 낮았다.
- **후기**: 일정 기간을 둘이나 셋으로 나누었을 때의 맨 뒤 기간
　㉠ 임신 <u>후기</u>에는 몸을 조심해야 한다.

글의 내용 이 글은 세종 때 만들어진 비의 양을 재는 측우기를 소개하고 있어요. 측우기는 전 세계에서 최초로 만들어진 강우량을 측정하는 기구예요. 측우기가 얼마나 과학적인 기구이고, 농사에 어떻게 도움이 되는지 알려 주는 글이에요.

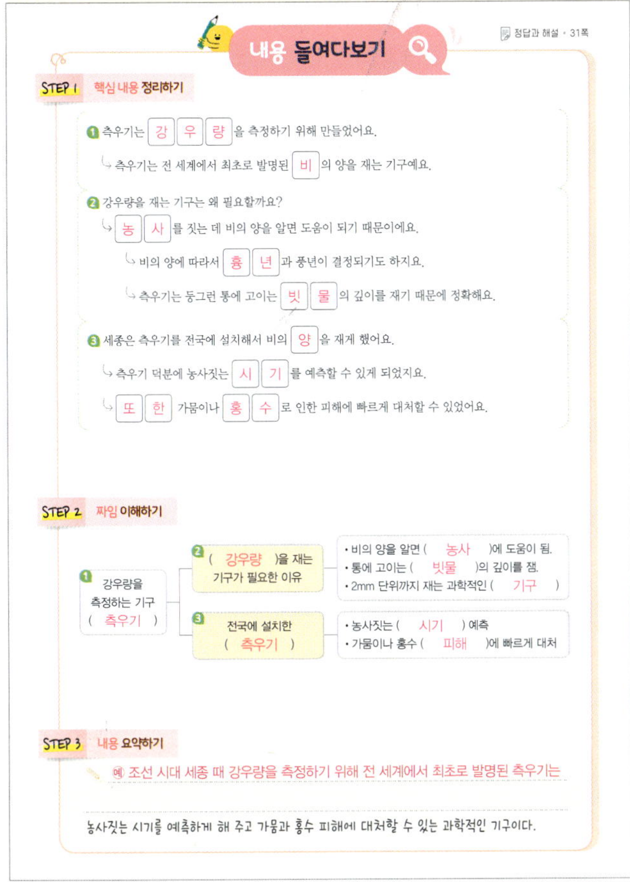

1 측우기는 비의 양을 재는 기구로, 세종 때 만들었어요. 조선 시대에 측우기로 강우량을 측정해서 꾸준히 기록해 놓았지요. 측우기는 과학 기구이므로 무기와는 관련이 없어요.

2 측우기가 발명되기 전에는 땅속에 스며든 빗물의 깊이를 살펴보는 방법으로 비의 양을 측정했다고 나와요. 하지만 이 방법은 땅의 메마르고 습한 정도에 따라서 비의 양이 다르게 나오기 때문에 좋은 방법이 아니었지요. 그러므로 측우기가 땅속에 스며든 빗물의 깊이를 살펴보는 기구라는 설명은 틀렸어요.

오답 풀이
① 이 글에는 세종이 측우기를 전국에 설치해서 비의 양을 재게 했다고 나와요.
② 이 글에는 비가 내리는 양을 아는 것은 농사를 짓는 데 중요하다는 내용도 나오지요.
③ 이 글에서 측우기는 전 세계에서 최초로 발명된 비의 양을 재는 기구라고 했어요.
⑤ 이 글에서 측우기는 비의 양을 2mm 단위까지 잴 수 있는 과학적인 기구라고 나와요.

3 측우기가 발명되기 전에는 비가 언제 얼마나 오는지 예측하기 어려워서 농사를 언제 지어야 하는지 알기 어려웠어요. 그러므로 그림의 농부에게 필요한 것은 측우기예요.

4 실제로 측우기를 발명하는 데 도움을 준 문종과 세종의 대화를 상상해 본 내용이에요. 세종이 가뭄이 들어 농사가 어렵게 될까 봐 걱정하고 있어요. 문종은 비의 양을 측정해서 기록해 두면 농사에 도움이 될 거라고 하지요. 세종은 비의 양을 기록한 걸 보고 올해 내릴 비의 양을 예측할 수 있을 거라며 크게 기뻐하지요.

낱말 더 보기

• **세종**: 조선 제4대 왕. 집현전을 두어 학문을 장려하였고, 훈민정음을 창제하였으며, 측우기 · 해시계 따위의 과학 기구를 제작하게 하였다.
　예 조선 시대의 세종은 한글을 창제한 왕이다.
• **발명**: 아직까지 없던 기술이나 물건을 새로 생각하여 만들어 냄.
　예 에디슨은 전구의 발명으로 사람들에게 도움을 주었다.

04일차

공부한 날 　월　　일

한국과 중국의 젓가락

🔍 핵심 내용 이해

Q. 다음 글자 카드를 활용하여 이 글의 주제를 완성해 보자!

| 음 | 양 | 식 | 모 |

✏️ 한국과 중국의 젓가락은 **음** **식** 문화의 차이 때문에 **모** **양** 이 다르다.

✈️ 새로 알게 된 사실

Q. 이 글을 읽고 새롭게 알게 된 내용을 적어 보자!

예 한국과 중국의 젓가락이 어떻게 다른지 알게 되었다.

☆ 나의 생각 정리

Q. 다음 글을 읽고 '나'는 일본의 젓가락 모양이 우리나라와 다른 까닭이 무엇이라고 생각하는지 써 보자!

일본의 젓가락

일본은 섬나라이기 때문에 생선과 해산물을 주로 먹었어요. 생선과 해산물은 가시가 있거나 껍질을 벗겨서 먹어야 해요. 그래서 일본의 젓가락은 가시를 잘 바를 수 있도록 한국의 젓가락보다 짧고 뾰족해요.

예 '나'는 일본은 우리나라와 달리 섬나라이기 때문에 생선과 해산물을 잘 먹을 수 있어야 해서 젓가락의 모양이 다르다고 생각한다.

💬 어휘력 확인

(1~2) 다음 낱말에 알맞은 뜻을 찾아 선으로 이어 보세요.

1 식탁 • • ㉠ 음식에서 건더기를 빼고 남은 물

2 국물 • • ㉡ 음식을 차려 놓고 둘러앉아 먹는 높은 상

3 다음 문장과 어울리도록 틀린 글자를 바르게 고쳐 써 보세요.

> 우리는 젇가락을 사용해서 반찬을 집는다.

젓 **가** **락**

(4~5) 다음 문장의 빈칸에 알맞은 낱말을 **보기** 에서 찾아 써 보세요.

보기 | 집다 | 튀기다 |

4 엄마가 기름에 새우을 **튀기다**.
끓는 기름에 넣어서 부풀어 나게 하다.

5 바닥에 떨어진 연필을 **집다**.
잡아서 들다.

(6~7) 다음 빈칸에 모두 들어갈 수 있는 낱말을 뜻을 참고하여 써 보세요.

6 가은이는 감기에 걸려 머리에 **열** 이 났다.
병으로 인해 몸에 오르는 더운 기운

7 모닥불을 손에 가까이 쬐었더니 **열** 이 느껴졌다.

05일차

공부한 날 　월　　일

어떻게 만든 발명품일까?

🔍 핵심 내용 이해

Q. 다음 낱말 카드를 활용하여 이 글의 내용을 요약해 보자!

| 핀셋 | 동물 | 헬리콥터 |

✏️ 이 글은 (**동물**)의 모습을 보고 만든 발명품을 (**헬리콥터**)와 (**핀셋**)을 예로 들어 설명하는 글이다.

✈️ 새로 알게 된 사실

Q. 이 글을 읽고 새롭게 알게 된 내용을 적어 보자!

예 헬리콥터와 핀셋이 동물의 모습을 보고 만든 발명품이라는 것을 알게 되었다.

☆ 나의 생각 정리

Q. 다음 글을 읽고 '나'는 헬리콥터, 핀셋, 오리발의 공통점이 무엇이라고 생각하는지 써 보자!

'오리발'은 오리와 개구리를 관찰하여 만든 발명품이에요. 오리와 개구리는 발가락 사이에 물갈퀴가 있어서, 물갈퀴로 물을 밀어내며 앞으로 쑥쑥 나아가요. 사람들은 이 물갈퀴를 보고 잠수나 수영을 할 때 사용하는 '오리발'을 만들었어요.

✏️ '나'는 예 헬리콥터, 핀셋, 오리발의 공통점은 동물의 모습을 보고 만든 발명품이라고 생각한다.

💬 어휘력 확인

(1~2) 다음 낱말에 알맞은 뜻을 찾아 선으로 이어 보세요.

1 물건 • • ㉠ 자연이나 사물의 겉으로 나타난 모양

2 모습 • • ㉡ 모양을 갖춘 모든 것 또는 사고파는 여러 가지 것들

(3~4) 다음 문장의 빈칸에 알맞은 낱말을 골라 색칠해 보세요.

3 연아는 학교까지 눈썹을 휘날리며 **빠르게** 달려갔다.

| 느리게 | **빠르게** |

4 우림이는 끝이 아주 **뾰족한** 연필에 손을 찔러 다쳤다.

| **뾰족한** | 밋밋한 |

(5~7) 다음 문장의 빈칸에 알맞은 낱말을 **보기** 에서 골라 써 보세요.

보기 | 관찰 | 갯벌 | 발명품 |

5 연우는 **갯벌** 에서 조개를 잡으며 놀았다.

6 동물들을 **관찰** 해 보면 다양한 특징이 있다.

7 여러 가지 **발명품** 은 동물의 모습을 보고 만들어졌다.

발표하는 날

핵심 내용 이해

Q. 다음 글자 카드를 활용하여 이 글의 주제를 완성해 보자!

일	발	기	표

글쓴이는 <u>발</u> <u>표</u> 하는 날 있었던 일을 <u>일</u> <u>기</u> 로 썼다.

새로 알게 된 사실

Q. 이 글을 읽고 새롭게 알게 된 내용을 적어 보자!

예 발표할 때 주의해야 할 점과 발표가 중요한 까닭을 알게 되었다.

나의 생각 정리

Q. 다음 글을 읽고 '나'는 발표를 잘하려면 어떻게 해야 한다고 생각하는지 써 보자!

발표 연습

나는 친구들 앞에만 서면 목소리가 작아지고, 다리가 후들후들 떨린다. 그래서 거울 앞에 서서 발표하는 연습을 열심히 했다. 그랬더니 발표 시간에 자신감이 생겼다.

'나는 예 발표를 잘하려면 열심히 연습해서 자신감을 길러야 한다고 생각한다.

어휘력 확인

1~2 다음 낱말에 알맞은 뜻을 찾아 선으로 이어 보세요.

1 더듬다 ·   · ㉠ 놀라거나 다급하여 어찌할 줄 모르다.

2 당황하다 ·   · ㉡ 술술 말하거나 소리 내어 읽지 못하고 머뭇머뭇하다.

3 다음 문장과 어울리도록 틀린 글자를 바르게 고쳐 써 보세요.

우리 동내를 소개하는 발표를 했다. → <u>동</u> <u>네</u>

4~5 다음 뜻과 어울리는 낱말을 찾아 ○표 해 보세요.

4 마음이 놓이지 않아 속을 태움.

(걱정)   (기쁨)

5 마음속의 감정이 얼굴에 드러난 모습

(표정)   (목소리)

6~7 다음 문장의 빈칸에 알맞은 낱말을 보기 에서 찾아 써 보세요.

보기

정말로	환하게	무사히

6 발표를 <u>무사히</u> 끝낸 나는 밝게 웃었다.
　　아무 탈 없이 편안하게

7 선생님의 말씀처럼 발표는 <u>정말로</u> 자신감을 키워 주었다.
　　거짓이 없이 말 그대로

학교에서 지켜야 할 규칙

핵심 내용 이해

Q. 다음 낱말 카드를 활용하여 학교에서 지켜야 할 규칙을 정리해 보자!

시간	소중하게	차례	물건

먼저 예 시간을 잘 지켜야 한다.

다음으로 예 차례를 잘 지켜야 한다.

마지막으로 예 물건을 소중하게 다뤄야 한다.

새로 알게 된 사실

Q. 이 글을 읽고 새롭게 알게 된 내용을 적어 보자!

예 학교에서 지켜야 할 규칙과 규칙이 필요한 까닭을 알게 되었다.

나의 생각 정리

Q. 다음 글을 읽고 '나'는 교실에서 어떤 규칙을 지켜야 한다고 생각하는지 써 보자!

교실에서 지켜야 하는 규칙

학교에서 가장 많은 시간을 보내는 곳은 '교실'이에요. 교실에서는 여러 가지 활동을 많이 하기 때문에 지켜야 할 규칙이 많아요. 교실에서는 뛰지 않기, 발표할 때는 손을 들고 말하기, 친구의 물건을 함부로 쓰지 않기 등의 규칙을 지켜야 해요.

'나는 예 수업 시간에는 자리에 앉아 있어야 한다고 생각한다. 수업 시간에 돌아다니면 집중을 할 수 없어서 수업에 방해가 되기 때문이다.

어휘력 확인

1~2 다음 뜻에 알맞은 낱말을 찾아 ○표 해 보세요.

1 학생을 교육시키는 기관

(학교)   (공원)

2 교사가 학생에게 지식을 가르쳐 줌.

(급식)   (수업)

3~4 다음 빈칸에 알맞은 글자를 쓰고, 어울리는 뜻을 찾아 선으로 이어 보세요.

3 급식 + <u>실</u> ·   · ㉠ 책, 문서, 기록 등의 자료를 모아 두고 볼 수 있게 한 시설

4 도서 + <u>관</u> ·   · ㉡ 학교, 군대, 공장 등에서 음식을 제공하기 위해서 마련한 방

5~7 다음 문장의 빈칸에 알맞은 낱말을 보기 에서 찾아 써 보세요.

보기

차례	낙서	물건

5 자신의 <u>물건</u> 에 이름을 써야 잃어버리지 않는다.

6 급식을 먹을 때 새치기를 하지 않고 <u>차례</u> 을/를 지켰다.

7 시현이가 책상에 <u>낙서</u> 을/를 해서 책상이 지저분해졌다.

정답과 해설 • 34쪽

다섯 가지 감각

핵심 내용 이해

Q. 다음 낱말 카드를 활용하여 다섯 가지 감각을 정리해 보자!

| 피부 | 눈 | 코 | 귀 | 혀 |

- 시각은 (눈)으로 보는 감각이다.
- 청각은 (귀)로 듣는 감각이다.
- 후각은 (코)로 냄새를 맡는 감각이다.
- 미각은 (혀)로 맛을 느끼는 감각이다.
- 촉각은 (피부)로 감촉을 느끼는 감각이다.

새로 알게 된 사실

Q. 이 글을 읽고 새롭게 알게 된 내용을 적어 보자!

예 오감에는 시각, 청각, 후각, 미각, 촉각이 있다는 것을 알게 되었다.

나의 생각 정리

Q. 다음 글을 읽고 '나'는 다섯 가지 맛에 대해 무슨 생각을 했는지 써 보자!

맛을 느끼는 감각을 미각이라고 해요. 우리는 혀에 있는 맛봉오리를 통해 맛을 느껴요. 혀의 맛봉오리를 통해 우리가 느낄 수 있는 맛은 단맛, 짠맛, 신맛, 쓴맛, 감칠맛의 다섯 가지가 있어요.

'나'는 예 감칠맛도 우리가 느끼는 맛이라는 사실이 신기하다고 생각했다.

어휘력 확인

1~2 다음 낱말에 알맞은 뜻을 찾아 선으로 이어 보세요.

1 감각 ・　・㉠ 눈, 코, 귀 등을 통해 바깥의 자극을 알아차림.

2 세상 ・　・㉡ 사람이 살고 있는 모든 사회를 통틀어 이르는 말

3~4 다음 문장의 빈칸에 알맞은 낱말을 찾아 색칠해 보세요.

3 라면 냄새를 맡으니 배가 고팠다.

　보니　　맡으니

4 아이스크림을 흘린 손이 차가워진 것을 느꼈다.

　느꼈다　　들었다

5 다음 문장과 어울리도록 틀린 글자를 바르게 고쳐 써 보세요.

뜨거운 물이 손에 다았다.　　닿　았　다

6~7 다음 빈칸에 모두 들어갈 수 있는 낱말을 뜻을 참고하여 써 보세요.

6 창문에서 피아노 치는 소리 가 들렸다.

음파가 귀청을 울리어 귀에 들리는 것

7 엄마는 매일 나에게 공부하라고 잔 소리 를 한다.

정답과 해설 • 34쪽

반 고흐의 소중한 친구들

핵심 내용 이해

Q. 다음 낱말 카드를 활용하여 이 글의 내용을 요약해 보자!

| 친구 | 화가 | 반 고흐 |

- 이 글은 (반 고흐)가 유명한 (화가)가 될 수 있도록 도움을 주었던 (친구)들을 설명한다.

새로 알게 된 사실

Q. 이 글을 읽고 새롭게 알게 된 내용을 적어 보자!

예 외롭고 가난했던 반 고흐를 아껴 준 소중한 친구들이 많았다는 것을 알게 되었다.

나의 생각 정리

Q. 다음 글을 읽고 '나'는 반 고흐가 〈해바라기〉를 그릴 때, 반 고흐의 마음이 어떠했을 거라고 생각하는지 써 보자!

반 고흐의 〈해바라기〉와 고갱

〈해바라기〉는 반 고흐의 유명한 작품이에요. 이 작품은 반 고흐가 그의 친구 고갱을 위해 그린 그림이에요. 고갱은 반 고흐가 머물던 도시에 오기로 약속했어요. 반 고흐는 고갱이 온다는 소식에 진심으로 기뻐했어요. 그래서 고갱이 오기 전에 허름한 집을 꾸미기 위해 〈해바라기〉 그림을 그렸다고 해요.

'나'는 예 반 고흐가 고갱에게 〈해바라기〉 그림을 빨리 보여 주고 싶어서 설레고 행복했을 것 같다.

어휘력 확인

1~2 다음 낱말에 알맞은 뜻을 찾아 선으로 이어 보세요.

1 유명 ・　・㉠ 이름이 널리 알려져 있음.

2 가난 ・　・㉡ 살림살이가 넉넉하지 못함.

3~5 다음 문장의 빈칸에 알맞은 낱말을 보기 에서 찾아 써 보세요.

| 보기 |
| 친구　　도움　　적응 |

3 주한이와 서연이는 친한 친구 이다.

4 학교에 입학하고 새로운 교실에 적응 하기 힘들었다.

5 다리를 다쳐서 학교 갈 때, 엄마의 도움 이/가 필요했다.

6~7 다음 문장의 빈칸에 알맞은 낱말을 찾아 색칠해 보세요.

6 가족들은 수영을 즐겁게 하면서 행복한 시간을 보냈다.

　행복한　　지루한

7 현주는 내가 힘들 때 나에게 힘을 주는 든든한 친구이다.

　든든한　　비겁한

세계 문화유산 '수원 화성'

핵심 내용 이해

Q. 다음 낱말 카드를 활용하여 수원 화성의 특징을 정리해 보자!

> 성벽　군사　거중기　과학

- 수원 화성은 6km에 달하는 예 성벽으로 되어 있다.
- 수원 화성은 동양과 서양의 예 군사 이론이 조화를 이루었다.
- 수원 화성은 조선 시대 때 예 거중기를 사용해서 과학이 발전한 것을 알려 준다.

새로 알게 된 사실

Q. 이 글을 읽고 새롭게 알게 된 내용을 적어 보자!

- 예 수원 화성이 세계 문화유산 중 하나라는 것을 알게 되었다.

나의 생각 정리

Q. 다음 글을 읽고 '나'는 석굴암이 세계 문화유산으로 선정된 까닭이 무엇이라고 생각하는지 써 보자!

세계 문화유산 '석굴암'

석굴암도 세계 문화유산 중 하나예요. 석굴암은 750년경 신라 시대 때 지어졌어요. 옛날의 건축 기술이라고 믿기 어려울 만큼 과학적으로 설계되었어요. 특히 석굴암 안에 있는 본존불은 뛰어난 예술성을 자랑해요. 완벽한 인체 비율로 조각되었고, 밝기와 각도에 따라 다양한 모습을 보여 주기 때문이에요.

- '나'는 예 석굴암이 과학적으로 설계되고, 본존불의 예술성이 뛰어나기 때문에 세계 문화유산으로 선정되었다고 생각한다.

어휘력 확인

1~2 다음 뜻에 알맞은 낱말을 찾아 ○표 해 보세요.

1 지구상의 모든 나라

> 세계　　인류

2 사람이 살거나, 일을 하거나, 물건을 넣어 두기 위해 지은 집을 통틀어 이르는 말

> 성문　　건물

3 다음 문장과 어울리도록 틀린 글자를 바르게 고쳐 써 보세요.

> 세계 문화유산은 우리의 제산이다.　　재　산

4~5 다음 빈칸에 모두 들어갈 수 있는 낱말을 뜻을 참고하여 써 보세요.

4 나는 우주의 비밀을 연구하는 [과학]자가 되고 싶다.

5 거중기를 만든 것을 볼 때 조선 시대는 [과학]이 발전했다.

> 진리나 법칙을 발견하기 위한 지식이나 학문

6~7 다음 문장의 빈칸에 알맞은 낱말을 보기에서 찾아 써 보세요.

> **보기**
> 튼튼하다　　발명하다

6 정약용이 거중기를 [발명하다].

7 수원 화성은 큰 돌을 사용해 지어서 [튼튼하다].

단풍 구경

핵심 내용 이해

Q. 다음 낱말 카드를 활용하여 글쓴이가 간 곳을 차례대로 정리해 보자!

> 케이블카　설악산　권금성

- 우리 가족은 단풍을 구경하러 (설악산)에 도착했다.
- 다음으로 (케이블카)를 타고 이동했다.
- 마지막으로 (권금성)에 도착해서 바다와 단풍을 오랫동안 보았다.

새로 알게 된 사실

Q. 이 글을 읽고 새롭게 알게 된 내용을 적어 보자!

- 예 가을에 설악산의 단풍 풍경이 예쁘다는 것을 알게 되었다.

나의 생각 정리

Q. 다음 글을 읽고 '나'는 가을에 어떤 풍경을 보았는지 써 보자!

아름다운 가을

가을에는 하늘이 맑고, 적당히 시원한 바람이 분다. 또 곳곳에는 알록달록한 색으로 옷을 갈아입은 나무들이 있다. 나무에 주렁주렁 열린 과일들도 볼 수 있다. 다양한 색깔의 나무들이 조화를 이루는 모습을 보면, 가을은 아름다운 계절이라는 생각이 저절로 든다.

- '나'는 예 가을에 아파트 단지에 단풍이 예쁘게 피어 있고, 공원에도 알록달록한 단풍이 있는 것을 보았다.

어휘력 확인

1~2 다음 낱말에 알맞은 뜻을 찾아 선으로 이어 보세요.

1 적 — ㉠ 나아가 적을 침.
2 공격 — ㉡ 서로 싸우거나 해치고자 하는 상대

3~5 다음 문장의 빈칸에 알맞은 낱말을 찾아 색칠해 보세요.

3 비행기를 타고 서울에서 제주도로 [출발했다].

> 출발했다　　도착했다

4 언니는 엄마가 사 주신 새 옷으로 [갈아입었다].

> 벗었다　　갈아입었다

5 운동장에서 친구들과 함께 즐겁게 모래성을 [쌓았다].

> 쌓았다　　무너졌다

6~7 다음 빈칸에 모두 들어갈 수 있는 낱말을 뜻을 참고하여 써 보세요.

6 그림 속 네덜란드의 [풍경]이 멋지다.

> 산이나 들, 강 등의 자연의 모습

7 벚꽃이 활짝 핀 시골의 [풍경]은 한 폭의 그림 같았다.

12일차

공부한 날   월   일

가족의 다양한 모습

핵심 내용 이해

Q. 다음 낱말 카드를 활용하여 가족의 다양한 형태를 정리해 보자!

| 한 부모 가정 | 입양 가정 | 다문화 가정 | 두 부모 가정 |

✎ 엄마와 아빠, 아이들이 살고 있는 가정을 (두 부모 가정)이라고 해요.

✎ 두 부모 가정 중에는 엄마와 아빠가 다른 국적을 가진 (다문화 가정)이 있어요.

✎ (입양 가정)은 입양을 통해 법적으로 부모와 자식의 관계를 맺은 가족이에요.

✎ (한 부모 가정)은 부모님 중에서 한 명이 혼자서 자녀를 키우는 가정을 말해요.

새로 알게 된 사실

Q. 이 글을 읽고 새롭게 알게 된 내용을 적어 보자!

✎ 예 가족에는 다양한 모습이 있다는 것을 알게 되었다.

나의 생각 정리

Q. 다음 글을 읽고 '나'의 가족이 주말에 하는 일을 소개해 보자!

> 우리 가족은 네 명이야. 아빠, 엄마, 형, 그리고 나. 우리 가족은 주말에 보드 게임을 같이 해. 보드 게임을 하면 가족끼리 즐거운 시간을 보낼 수 있고, 이야기도 많이 하게 돼. 물론 가끔은 진 게 너무 화가 나서 기분이 안 좋을 때도 있어. 하지만 보드 게임을 하는 시간이 즐거워서 주말을 기다리게 돼.

✎ '나'는 예 주말에 가족들과 공원에서 자전거나 퀵보드를 타면서 즐거운 시간을 보낸다.

어휘력 확인

1~2 다음 빈칸에 알맞은 글자를 쓰고, 어울리는 뜻을 찾아 선으로 이어 보세요.

1 부 + 모 ·   · ㉠ 아들과 딸을 이르는 말

2 자 + 녀 ·   · ㉡ 아버지와 어머니를 함께 이르는 말

3~4 다음 뜻과 어울리는 낱말을 찾아 ○표 해 보세요.

3 관계나 인연을 이루거나 만들다.

(맺다)   (끊다)

4 남자와 여자가 정식으로 부부가 되다.

(결혼하다)   (이혼하다)

5~7 다음 문장의 빈칸에 알맞은 낱말을 보기 에서 찾아 써 보세요.

보기
삶   법   인종

5 미국에는 백인, 흑인, 황인 등 다양한 [인종]이 산다.

6 아프리카 친구들은 사람다운 [삶]을 살고 싶어 했다.

7 한국과 프랑스는 국가가 달라서 지켜야 할 [법]이 다르다.

13일차

공부한 날   월   일

동물들의 겨울나기

핵심 내용 이해

Q. 다음 낱말 카드를 활용하여 동물들이 겨울을 나는 방법을 나눠 보자!

| 겨울잠 | 체온 | 털갈이 |

✎ (겨울잠)을 자는 동물들이 있어요. 겨울에는 날씨가 추워지면서 개구리나 뱀 같은 동물은 (체온)이 떨어져서 에너지를 절약하려고 잠을 자요.

✎ (털갈이)를 하는 동물들도 있어요. 호랑이와 멧돼지 같은 동물들은 겨울에 (체온)이 떨어지지 않기 때문에 겨울에도 활발하게 움직여요.

새로 알게 된 사실

Q. 이 글을 읽고 새롭게 알게 된 내용을 적어 보자!

✎ 예 겨울잠을 자면서 겨울을 나는 동물과 털갈이를 하면서 겨울을 나는 동물이 있다는 것을 알았다.

나의 생각 정리

Q. 다음 글을 읽고 '나'는 동물원의 동물들이 겨울을 나는 방법이 다른 까닭이 무엇이라고 생각하는지 써 보자!

> **동물원 곰의 겨울나기**
>
> 야생에 사는 곰은 겨울잠을 자지만, 동물원의 곰은 겨울잠을 자지 않아요. 동물원에 사는 동물들은 겨울에도 충분한 먹이가 있기 때문이에요. 또 동물원은 야생보다 따뜻하게 관리되어요. 그래서 겨울에도 체온을 유지할 수 있어요.

✎ '나'는 예 동물원의 동물들은 겨울에도 충분히 먹이를 공급받고, 따뜻하게 지내기 때문에 겨울을 나는 방법이 야생의 동물과 다르다고 생각한다.

어휘력 확인

1~2 다음 뜻에 알맞은 낱말을 찾아 ○표 해 보세요.

1 그날그날의 비, 구름, 바람, 기온 등이 나타나는 상태

(날짜)   (날씨)

2 자연 현상에 따라 일 년을 구분한 것으로 봄, 여름, 가을, 겨울이 있음.

(기온)   (계절)

3 다음 문장과 어울리도록 틀린 글자를 바르게 고쳐 써 보세요.

날씨가 추워서 채온이 떨어졌다.   체 → 온

4~5 다음 문장의 빈칸에 알맞은 낱말을 찾아 색칠해 보세요.

4 날씨가 추워서 [두꺼운] 이불을 덮고 잤다.

(얇은)   (두꺼운)

5 강아지가 공원에서 활발하게 [움직였다].

(멈췄다)   (움직였다)

6~7 다음 빈칸에 모두 들어갈 수 있는 낱말을 뜻을 참고하여 써 보세요.

6 다리를 다쳐서 [활동]을 자제해야 한다.   ┐ 몸을 움직여 행동함.

7 날씨가 추워지면 동물들은 [활동]이 어려워진다.   ┘

모차르트와 아버지

핵심 내용 이해

Q. 다음 낱말 카드를 활용하여 모차르트와 아버지의 관계를 정리해 보자!

| 작곡 | 음악가 | 선생님 | 화해 |

✎ 모차르트가 어릴 때, 모차르트의 아버지는 예 음악을 가르쳐 준 선생님이었다.

✎ 모차르트가 10대 때, 예 왕궁의 음악가를 그만두면서 아버지와 사이가 멀어졌다.

✎ 모차르트가 20대 때, 예 아버지를 위한 음악을 작곡하고 화해했다.

새로 알게 된 사실

Q. 이 글을 읽고 새롭게 알게 된 내용을 적어 보자!

✎ 예 모차르트와 아버지가 특별한 사이였다는 것을 알게 되었다.

나의 생각 정리

Q. 다음 글을 읽고 '나'는 모차르트가 음악을 통해 부모님에 대한 사랑을 표현한 까닭이 무엇이라고 생각하는지 써 보자.

모차르트와 어머니

모차르트는 어머니를 위한 노래도 만들었어요. 어머니가 돌아가신 후, 프랑스의 〈아, 어머니께 말씀드리죠〉라는 민요를 듣고, 그 노래를 본떠서 연주곡을 만들었어요. 이 연주곡에 영국의 한 시인이 가사를 붙이면서 우리가 잘 알고 있는 〈반짝반짝 작은 별〉이라는 동요가 되었어요.

✎ '나'는 예 모차르트가 가장 잘하는 것이 음악이기 때문에 음악을 통해 부모님에 대한 사랑을 표현했다고 생각한다.

어휘력 확인

1~2 다음 낱말에 알맞은 뜻을 찾아 선으로 이어 보세요.

1 천재 • • ㉠ 남보다 뛰어난 재주를 가진 사람

2 연주회 • • ㉡ 음악을 청중에게 들려주는 모임

3~5 다음 문장의 빈칸에 알맞은 낱말을 **보기**에서 찾아 써 보세요.

| 보기 |
| 반대　　　성장　　　발견 |

3 지수는 건강하고, 슬기로운 어린이로 성장 했다.

4 민규와 짝꿍이 되면서 몰랐던 점을 새로 발견 했다.

5 엄마는 내가 친구들끼리만 놀이동산에 가면 안 된다고 반대 하셨다.

6~7 다음 문장의 빈칸에 알맞은 낱말을 찾아 색칠해 보세요.

6 왕실에서는 귀족 끼리 모여 파티를 했다.

　귀족　　　민족

7 수현이는 피아노를 연주 하는 실력이 뛰어났다.

　연주　　　운동

며느릿감 고르기

핵심 내용 이해

Q. 다음 낱말 카드를 활용하여 이 글의 줄거리를 정리해 보자!

| 쌀 | 정 씨 처녀 | 며느리 | 아들 |

✎ 최 부자는 어리석은 (아들)과 결혼할 지혜로운 (며느리)를 찾았어요. 그래서 (쌀) 한 말로 100일을 버틸 수 있는 사람을 찾았지요.
(정 씨 처녀)는 100일 동안 부지런히 일하고 곡식으로 삯을 받았어요. 최 부자는 정 씨 처녀를 바로 며느릿감으로 삼았어요.

새로 알게 된 사실

Q. 이 글을 읽고 새롭게 알게 된 내용을 적어 보자!

✎ 예 정 씨 처녀처럼 부지런하고 열심히 살아야 좋은 결과를 얻는다는 것을 알았다.

나의 생각 정리

Q. 다음 글을 읽고 '나'라면 쌀 한 말로 100일을 어떻게 보낼 것인지 써 보자!

쌀은 지금도 중요한 음식이지만, 과거에는 더 귀한 곡식이었어요. 그래서 옛이야기에는 가진 쌀로 재산을 늘리는 사람의 이야기가 자주 등장해요. 최 부자가 쌀 한 말로 100일을 지낼 며느리를 구한 것도 귀한 쌀을 아끼고, 늘릴 수 있는 사람을 찾기 위해서였어요.

✎ '나'는 예 쌀을 반으로 나누어서 반은 먹을 때 쓰고, 나머지 반은 맛있는 떡이나 죽을 만들어 사람들에게 팔아서 재산을 모을 것이다.

어휘력 확인

1~2 다음 낱말에 알맞은 뜻을 찾아 선으로 이어 보세요.

1 곡식 • • ㉠ 물건을 간직하여 두는 곳

2 곳간 • • ㉡ 사람의 식량이 되는 쌀, 보리, 콩 등을 이르는 말

3~4 다음 문장의 빈칸에 알맞은 낱말을 찾아 색칠해 보세요.

3 윤호는 집에서 가져온 과자를 친구들과 나누었다 .

　받았다　　　나누었다

4 화장실에서 이상한 소리가 들리자 희영이는 밖으로 도망쳤다 .

　잡았다　　　도망쳤다

5 다음 문장과 어울리도록 틀린 글자를 바르게 고쳐 써 보세요.

　머슴은 일을 하고 곡식으로 삭을 받았다.　　삯

6~7 다음 빈칸에 모두 들어갈 수 있는 낱말을 뜻을 참고하여 써 보세요.

6 오늘 학교에 준비물을 가지고 오지 않아서 걱정 이 되었다.

　　　안심이 되지 않아 속을 태움.

7 엄마는 동생이 감기에 걸리자 걱정 스러운 표정을 지으셨다.

지진이 일어났을 때 대피 방법

핵심 내용 이해

Q. 다음 낱말 카드를 활용하여 지진이 일어났을 때 해야 할 일을 정리해 보자!

전기 코드   엘리베이터   식탁   공원

✎ 지진이 일어났을 때는 <예> 전기 코드를 빼고, 식탁 밑에서 기다린다.

✎ 지진이 멈추었을 때는 <예> 엘리베이터 대신 계단을 이용하여 밖으로 나가 큰 건물이 없는 공원으로 피한다.

새로 알게 된 사실

Q. 이 글을 읽고 새롭게 알게 된 내용을 적어 보자!

✎ <예> 지진이 일어났을 때와 멈추었을 때 해야 할 일을 알게 되었다.

나의 생각 정리

Q. 다음 글을 읽고 만약 학교에서 지진이 일어난다면 '나'는 어떻게 해야 할지 써 보자!

> 지진이 일어나면 안전하게 대피해야 해요. 만일 교실에 있을 때 지진이 일어난다면 책상 밑에 들어가 웅크리고 있어야 해요. 그리고 가방을 머리 위에 올려 머리를 보호해요. 만일 영화관이나 백화점 같은 곳에 있을 때는 출구나 계단으로 한꺼번에 몰려가지 않도록 해요. 안내 방송이 나올 때까지 침착하게 기다린 후에 이동해요.

✎ '나'는 <예> 선생님께서 이동하라고 하실 때까지 책상 밑으로 들어가 있을 것이다. 그리고 머리 위에 옷이나 가방을 올려놓을 것이다.

어휘력 확인

1~2 다음 뜻에 알맞은 낱말을 찾아 ○표 해 보세요.

1 위에서 아래로 내려가다.

떨어지다   올라가다

2 위아래나 오른쪽, 왼쪽으로 자꾸 움직이다.

멈추다   (흔들리다)

3~4 다음 낱말에 알맞은 뜻을 찾아 선으로 이어 보세요.

3 가구 •   • ㉠ 사람이 오르내리기 위해 건물이나 비탈에 만든 층층대

4 계단 •   • ㉡ 집안 살림에 쓰는 기구로 장롱, 책장 같은 큰 제품

5~7 다음 문장의 빈칸에 알맞은 낱말을 <보기>에서 찾아 써 보세요.

보기
기다리다   빼놓다   다치다

5 미끄럼틀에서 친구와 부딪치는 바람에 **다치다**.
상처가 생기다.

6 에너지 절약을 위해 쓰지 않는 전기 코드를 **빼놓다**.
여럿 가운데 골라 놓다.

7 아빠가 치킨을 시켜 주셔서 가족 모두 치킨이 오기를 **기다리다**.
바라다.

인사하는 방법이 달라요

핵심 내용 이해

Q. 다음 낱말 카드를 활용하여 다른 나라의 인사법을 정리해 보자!

코   손바닥   볼   혀

✎ 티베트에서는 (혀)를 내밀며 인사한다.

✎ 이누이트 족은 (코)를 비비면서 인사한다.

✎ 프랑스에서는 양쪽 (볼)을 번갈아 맞대며 인사한다.

✎ 인도와 네팔에서는 (손바닥)을 맞대어 가슴 앞에 모으고 고개를 숙이며 인사한다.

새로 알게 된 사실

Q. 이 글을 읽고 새롭게 알게 된 내용을 적어 보자!

✎ <예> 인사하는 방법이 각 나라나 민족마다 다르다는 것을 알게 되었다.

나의 생각 정리

Q. 다음 글을 읽고 '나'는 여러 나라의 인사말의 의미에 대해 어떻게 생각하는지 써 보자!

> **여러 나라의 인사말**
> 우리나라는 '안녕하세요?'라며 인사해요. 인도와 네팔의 인사말은 '나마스테'예요. 나마스테는 '당신을 존중합니다.'라는 뜻을 담고 있어요. 프랑스에서는 '봉주르'라고 말하며 인사해요. 봉주르는 우리말의 '안녕하세요'와 비슷한 뜻이에요.

✎ '나'는 <예> 나라마다 인사말은 다르지만 인사말에 담긴 의미는 비슷하다고 생각한다.

어휘력 확인

1~3 다음 낱말에 알맞은 뜻을 찾아 선으로 이어 보세요.

1 맞대다 •   • ㉠ 두 물체를 맞대어 문지르다.

2 비비다 •   • ㉡ 서로 마주 닿게 하다.

3 내밀다 •   • ㉢ 신체나 물체의 일부를 밖이나 앞으로 나가게 하다.

4~5 다음 빈칸에 모두 들어갈 수 있는 낱말을 뜻을 참고하여 써 보세요.

4 **각** 학교마다 교가가 있다.
낱낱의

5 김치 맛은 **각** 가정에 따라 달라진다.

6~7 다음 빈칸에 알맞은 글자를 쓰고, 어울리는 뜻을 찾아 선으로 이어 보세요.

6 상대 + **방** •   • ㉠ 인사하는 방법

7 인사 + **법** •   • ㉡ 어떤 일을 할 때 짝을 이루는 사람

물가에는 어떤 생물이 살까요?

핵심 내용 이해

Q. 다음 낱말 카드를 활용하여 물 위와 물속에 사는 생물을 정리해 보자!

> 부레옥잠   납자루   소금쟁이   물자라

✎ 물 위에 사는 생물은 수련, (부레옥잠), (소금쟁이)가 있다.

✎ 물속에 사는 생물은 물방개, (납자루), (물자라)가 있다.

새로 알게 된 사실

Q. 이 글을 읽고 새롭게 알게 된 내용을 적어 보자!

✎ 예 여름철 물가에 사는 다양한 생물의 특징을 알게 되었다.

나의 생각 정리

Q. 다음 글을 읽고 '나'는 부레옥잠과 수련의 이름을 어떻게 생각하는지 써 보자!

> **부레옥잠과 수련의 이름**
>
> 부레옥잠은 잎자루의 모양이 물고기의 부레와 비슷하고, 물옥잠의 한 종류여서 '부레옥잠'이라는 이름이 붙여졌어요. 연꽃과 비슷하게 생긴 수련은 저녁이 되면 꽃잎을 오므려서 '잠자는 연꽃'이라는 뜻으로 '수련'이라는 이름이 붙여졌어요.

✎ '나'는 예 부레옥잠과 수련의 이름이 특징과 잘 어울린다고 생각한다.

어휘력 확인

1~2 다음 뜻에 알맞은 낱말을 찾아 ○표 해 보세요.

1 가장자리 끝이 점점 줄어들며 모이다.

> 오므러들다   (오므라들다)

2 한쪽으로 밀리어 나가거나 넘어지다.

> (미끄러지다)   미끌어지다

3~4 다음 문장의 빈칸에 알맞은 낱말을 보기 에서 찾아 써 보세요.

> **보기**
> 암컷   수컷

3 닭의 암컷 은 암탉, 닭의 수컷 은 수탉이라고 부른다.

4 돼지의 암컷 은 암퇘지, 돼지의 수컷 은 수퇘지라고 부른다.

5~7 다음 낱말에 알맞은 뜻을 찾아 선으로 이어 보세요.

5 물 + 속   ·   ㉠ 물이 있는 곳의 가장자리

6 물 + 가   ·   ㉡ 물의 가운데

7 물 + 풀   ·   ㉢ 물속이나 물가에 자라는 풀

빛의 화가 '모네'

핵심 내용 이해

Q. 다음 글자 카드를 활용하여 글쓴이가 이 글을 쓴 목적을 완성해 보자!

> 빛   네   모

✎ 글쓴이는 독자에게 빛 이 보여 주는 모습을 그대로 그리고 싶어 했던 모 네 에 대해서 알려 주고 싶어서 이 글을 썼다.

새로 알게 된 사실

Q. 이 글을 읽고 새롭게 알게 된 내용을 적어 보자!

✎ 예 빛에 따라 사물이나 풍경이 달라 보이는 모습을 그리려고 했던 화가들을 인상주의 화가라고 부른다는 것을 알게 되었다.

나의 생각 정리

Q. 다음 글을 읽고 '나'는 튜브 물감의 발명에 대해 어떻게 생각하는지 써 보자!

> **튜브 물감의 발명**
>
> 인상주의 화가들이 그림을 잘 그릴 수 있었던 데에는 튜브에 담긴 물감도 도움이 됐어요. 튜브 물감은 작고 가벼워서 가지고 다니기 편했거든요. 튜브 물감이 나오기 전에는 돼지 방광에 물감을 넣었는데, 크기가 너무 커서 가지고 다니기 불편했어요.

✎ '나'는 예 튜브 물감의 발명이 인상주의 화가들이 그림을 잘 그릴 수 있게 도움을 주었다고 생각한다.

어휘력 확인

1~2 다음 낱말에 알맞은 뜻을 찾아 선으로 이어 보세요.

1 별명   ·   ㉠ 어떤 대상에 대하여 마음속에 새겨지는 느낌

2 인상   ·   ㉡ 생김새나 특징을 바탕으로 원래 이름 대신에 부르는 이름

3~5 다음 문장의 빈칸에 알맞은 낱말을 보기 에서 찾아 써 보세요.

> **보기**
> 빛   빗   빚

3 엉킨 머리카락을 빗 으로 빗었다.

4 동생에게 아직 갚지 못한 빚 이 있다.

5 낮에는 빛 이 너무 강해서 눈을 뜨기 어려웠다.

6~7 다음 문장의 빈칸에 알맞은 낱말을 찾아 색칠해 보세요.

6 친구가 그린 그림이 대상을 받았다.

> (그린)   담은

7 힘이 세다고 자랑하다가 큰코다칠 뻔했다.

> 밝다고   (세다고)

20일차

공부한 날   월   일

지역마다 다른 집 모양

핵심 내용 이해

Q. 다음 낱말 카드를 활용하여 지역마다 다른 집의 특성을 정리해 보자!

| 수상 가옥 | 이글루 | 유르트 |

- 열대 지역에 사는 사람들은 물 위에 (**수상 가옥**)을 지었다.
- 초원 지역에 사는 사람들은 이동식 집 (**유르트**)를 지었다.
- 북극 지역에 사는 사람들은 눈을 이용해서 (**이글루**)를 지었다.

새로 알게 된 사실

Q. 이 글을 읽고 새롭게 알게 된 내용을 적어 보자!

- **예** 사람들이 사는 지역의 기후에 따라서 집의 모양이 다르다는 것을 알게 되었다.

나의 생각 정리

Q. 다음 글을 읽고 '나'는 '게르'에 대해 어떻게 생각하는지 써 보자!

몽골의 이동식 집, 게르

초원 지역에 사는 몽골 사람들도 가축을 기르며 이동하기 때문에 이동식 집을 지어요. 몽골 사람들의 이동식 집은 '게르'라고 해요. 게르를 만드는 방법은 유르트와 비슷해요. 나무로 모양을 만들고 그 위에 털이나 천을 덮어서 만들어요.

- '나'는 **예** 몽골 사람들의 이동식 집인 게르가 초원 지역에 사는 사람들의 이동식 집인 유르트와 비슷하다고 생각한다.

어휘력 확인

1~2 다음 문장의 빈칸에 알맞은 낱말을 찾아 색칠해 보세요.

1 불볕 **더위** 가 기승을 부려 기온이 높아졌다.

| 더위 | 추위 |

2 꽃샘 **추위** 가 갑자기 찾아와서 옷을 두껍게 입었다.

| 더위 | 추위 |

3~5 다음 문장의 빈칸에 알맞은 낱말을 **보기** 에서 찾아 써 보세요.

보기

| 지었어요 | 짓고 | 지으면 |

3 약국에서 약을 **지으면** 효과가 좋다.

4 그는 혼자서 한숨을 **짓고** 조용히 앉아 있다.

5 추운 지역에 사는 사람들은 눈을 이용해서 집을 **지었다** .

6~7 다음 낱말에 알맞은 뜻을 찾아 선으로 이어 보세요.

6 초원 — ㉠ 비와 바람을 모아 이르는 말

7 비바람 — ㉡ 저온 건조하여 나무가 자랄 수 없는 곳에서 풀이 나 있는 곳

21일차

공부한 날   월   일

고마운 엄마께

핵심 내용 이해

Q. 다음 글자 카드를 활용하여 글쓴이가 이 편지를 쓴 목적을 완성해 보자!

| 마 | 엄 | 음 |

- 글쓴이는 아픈 자신을 밤새도록 보살펴 준 **엄** **마** 에게 고마운 **마** **음** 을 전하기 위해 이 편지를 썼다.

새로 알게 된 사실

Q. 이 글을 읽고 새롭게 알게 된 내용을 적어 보자!

- **예** 얼굴을 보면서 말하기 쑥스러우면 편지를 써서 마음을 전할 수 있다는 것을 알게 되었다.

나의 생각 정리

Q. 다음 글을 읽고 '나'는 이 편지를 쓴 친구를 어떻게 생각하는지 써 보자!

엄마, 평소에 반찬 투정을 많이 부려서 죄송해요. 고기 반찬만 먹고 채소 반찬은 자꾸 남겨서 정말 죄송해요. 하지만 채소는 너무 먹기 힘들어서 그랬어요. 그래도 조금씩 더 먹어 보려고 노력할게요.

- '나'는 **예** 편지를 쓴 친구가 반찬 투정을 많이 하고 채소를 싫어한다고 생각한다.

어휘력 확인

1~3 다음 낱말에 알맞은 뜻을 찾아 선으로 이어 보세요.

1 드리다 — ㉠ '있다'의 높임말

2 계시다 — ㉡ '주다'의 높임말

3 께 — ㉢ '에게'의 높임말

4~5 다음 밑줄 친 낱말과 비슷한 뜻을 가진 낱말을 찾아 ○표 해 보세요.

4 나는 무슨 일인지 몰라서 얼떨떨했다.

| 얼얼했다 | 어리둥절했다 |

5 직접 얼굴을 보면서 말하려니까 수줍었다.

| 쑥스러웠다 | 우스웠다 |

6~7 다음 문장과 어울리도록 틀린 글자를 바르게 고쳐 써 보세요.

6 나는 몇일 전에 많이 아팠다. | 며 | 칠 |

7 엄마 얼굴이 머리속에 떠오른다. | 머 | 릿 | 속 |

22일차

공부한 날   월   일

통일을 이루자!

핵심 내용 이해

Q. 다음 낱말 카드를 활용하여 글쓴이가 이 글을 쓴 목적을 완성해 보자!

북한	통일	이산가족	힘

글쓴이는 남한과 (북한)이 자유롭게 오가고, (이산가족)이 다시 만나고, 나라의 (힘)이 강해질 수 있기 때문에 (통일)이 되어야 한다고 주장하기 위해 이 글을 썼다.

새로 알게 된 사실

Q. 이 글을 읽고 새롭게 알게 된 내용을 적어 보자!

예 남한과 북한이 통일하면 우리나라에 좋은 점이 많다는 것을 알게 되었다.

나의 생각 정리

Q. 다음 글을 읽고 '나'는 이산가족 문제를 어떻게 생각하는지 써 보자!

6·25 전쟁 이후 이산가족을 찾기 위한 노력은 서서히 진행됐어요. 1983년 '천만 이산가족 찾기' 방송을 통해 이산가족이 서로의 소식을 알게 되었고, 남북의 이산가족은 1985년 첫 만남을 시작으로 2018년까지 총 21차례 만남을 가졌어요.

'나'는 예 이산가족이 서로의 소식을 알고, 서로 만나기 위해서 앞으로도 노력해야 한다고 생각한다.

어휘력 확인

1~2 다음 낱말에 알맞은 뜻을 찾아 선으로 이어 보세요.

1 원래 • • ㉠ 하루라도 빠르게
2 하루빨리 • • ㉡ 처음부터 또는 근본부터

3~5 다음 문장의 빈칸에 모두 들어갈 수 있는 낱말을 보기에서 찾아 써 보세요.

보기
체   채

3 책상에 엎드린 채 잠이 들었다.

4 밥을 입에 넣은 채 로 말하지 마세요.

5 이산가족은 서로의 소식을 모른 채 살고 있다.

6~7 다음 뜻에 알맞은 낱말을 써 보세요.

6 목숨을 이어 오거나 생활을 해 오다.

살다 + 오다 = 살아오다

7 일정한 곳을 오고 가다, 혹은 주거니 받거니 하다.

오다 + 가다 = 오가다

23일차

공부한 날   월   일

태풍은 무엇일까요?

핵심 내용 이해

Q. 다음 글자 카드를 활용하여 태풍이 무엇인지 정리해 보자!

바	비	구	람	름

태풍은 수증기를 잔뜩 머금은 구 름 이 빠르게 빙빙 돌면서 강한 비 바 람 이 몰 아치는 현상을 말한다.

새로 알게 된 사실

Q. 이 글을 읽고 새롭게 알게 된 내용을 적어 보자!

예 강한 비바람이 몰아치는 태풍이 지구에 필요하다는 것을 알게 되었다.

나의 생각 정리

Q. 다음 글을 읽고 '나'는 태풍의 이름에 대해 어떻게 생각하는지 써 보자!

태풍의 이름

태풍은 2000년부터 여러 나라가 각각 10개씩 낸 이름을 번갈아 가면서 쓰고 있어요. 우리나라는 메기, 노루, 고니 등의 태풍 이름을 냈어요. 태풍에 이름을 지어 부르면서 태풍에 대한 관심을 높일 수 있게 되었지요.

'나'는 예 태풍에 이름을 지어 부르면 친근하게 느껴지고 관심을 높일 수 있다고 생각한다.

어휘력 확인

1~3 다음 낱말에 알맞은 뜻을 찾아 선으로 이어 보세요.

1 한풀 • • ㉠ 그러한 데다가
2 게다가 • • ㉡ 기세나 기운이 어느 정도로
3 골고루 • • ㉢ 두루두루 빼놓지 않고 고루고루

4~5 다음 문장의 빈칸에 알맞은 낱말을 보기에서 찾아 써 보세요.

보기
잠기다   불다   깨끗하다

4 바람이 너무 세게 불다 .
어느 방향으로 움직이다

5 홍수 때문에 다리가 물에 잠기다 .
가라앉게 되다.

6~7 다음 문장과 어울리도록 틀린 글자를 바르게 고쳐 써 보세요.

6 밤에는 천둥과 번게가 쳤다.   번 개

7 태풍이 불면 더위가 조금 꺽인다.   꺾 인 다

정답과 해설 · 42쪽

석빙고에 담긴 조상들의 지혜

핵심 내용 이해

Q. 다음 글자 카드를 활용하여 석빙고가 무엇인지 정리해 보자!

| 여 | 음 | 고 | 창 | 름 | 얼 |

석빙고는 겨울에 꽁꽁 언 **얼** **음** 을 더운 **여** **름** 까지 녹지 않게 보관해 두었던 얼음 **창** **고** 이다.

새로 알게 된 사실

Q. 이 글을 읽고 새롭게 알게 된 내용을 적어 보자!

예) 냉동고가 없던 옛날에도 석빙고를 만들어서 얼음을 보관해 먹었다는 것을 알게 되었다.

나의 생각 정리

Q. 다음 글을 읽고 '나'는 얼음에 대해 어떻게 생각하는지 써 보자!

> 옛날에 강의 얼음을 깨거나 잘라서 보관하는 일은 쉽지 않았어요. 그래서 얼음은 백성들이 얻기 어려운 귀한 것이었어요. 석빙고의 얼음은 주로 관리와 신분이 높은 사람들에게 나누어 주었지요. 하지만 병사들과 죄수들에게 나누어 주는 특별한 배려도 있었어요.

'나'는 예) 요즘에는 흔하게 먹을 수 있는 얼음이 옛날에는 관리나 신분이 높은 사람들이 먹는 귀한 것이었다는 사실이 놀랍다고 생각한다.

어휘력 확인

1~3 다음 낱말에 알맞은 뜻을 찾아 선으로 이어 보세요.

1. 냉동고 · ㉠ 벼의 겉을 벗겨 낸 껍질
2. 조상 · ㉡ 자신의 세대 이전의 모든 세대
3. 왕겨 · ㉢ 어는점 이하의 낮은 온도를 유지하며 음식을 보존하는 곳

4~5 다음 문장의 빈칸에 알맞은 낱말을 찾아 색칠해 보세요.

4. 자기 전에 양치질하는 걸 **잊지** 말자.

| 잇지 | **잊지** |

5. 동생과 둘이 바닷가에서 모래성을 **쌓았다**.

| 싸았다 | **쌓았다** |

6~7 다음 문장에서 밑줄 친 낱말의 반대말을 써 보세요.

6. 얼음이 꽁꽁 얼어서 녹지 않았다.　　**얼다** ↔ **녹다**

7. <u>추운</u> 겨울에도 불을 땐 온돌방은 더웠다.　　**춥다** ↔ **덥다**

정답과 해설 · 42쪽

누가 더 나을까?

핵심 내용 이해

Q. 다음 낱말 카드를 활용하여 이 글의 내용을 정리해 보자!

| 늑대 | 먹이 | 개 | 배 |

산에서 자유롭게 생활하는 (**늑대**)는 (**배**)가 고프더라도 자유롭게 사는 게 낫다고 생각하고, 집에서 사람들이 주는 (**먹이**)를 먹으며 편하게 사는 (**개**)는 자유롭지 못해도 배부르게 사는 게 낫다고 생각한다.

새로 알게 된 사실

Q. 이 글을 읽고 새롭게 알게 된 내용을 적어 보자!

예) 자유롭게 생활하는 것이 더 나은지, 배부르게 생활하는 것이 더 나은지 서로 생각이 다를 수 있음을 알았다.

나의 생각 정리

Q. 다음 글을 읽고 '나'는 자유로운 생활을 어떻게 생각하는지 써 보자!

> **도시에 놀러 간 시골 쥐**
>
> 시골 쥐가 도시에 놀러 갔어요. 그런데 도시는 먹을거리는 많았지만, 사람들 때문에 한시도 편할 날이 없었어요. 시골 쥐는 배는 좀 고파도 자유롭게 사는 게 낫다며 다시 시골로 내려갔어요.

'나'는 예) 자유롭게 살려면 배고픈 것을 참을 줄 알아야 한다고 생각한다.

어휘력 확인

1~2 다음 낱말에 알맞은 뜻을 찾아 선으로 이어 보세요.

1. 자유 · ㉠ 처해 있는 사정이나 형편
2. 처지 · ㉡ 자기 마음대로 할 수 있는 상태

3~4 다음 밑줄 친 낱말과 비슷한 뜻을 가진 낱말을 찾아 ○표 해 보세요.

3. 나는 침대에서 자는 <u>척하고</u> 가만히 있었다.

| 착하고 | **체하고** |

4. 그는 누구보다 돈이 많다고 <u>으스대며</u> 말했다.

| 으스러지며 | **우쭐거리며** |

5~6 다음 문장과 어울리도록 틀린 글자를 바르게 고쳐 써 보세요.

5. 사람들은 그를 <u>안스럽게</u> 보았다.　　**안 쓰 럽 게**

6. 가슴에 <u>메인</u> 리본이 잘 어울린다.　　**매 인**

7 다음 중 소리를 흉내 낸 낱말이 아닌 것에 ○표 해 보세요.

| 꼬르륵 | 퐁당퐁당 | **딸깍** |

26일차

공부한 날   월   일

헌 이 줄게 새 이 다오

핵심 내용 이해

Q. 다음 글자 카드를 활용하여 글쓴이에게 무슨 일이 있었는지 정리해 보자!

| 니 | 앞 | 머 | 할 |

흔들리던 **앞니**가 빠져서 짝꿍에게 놀림을 받을까 봐 속상했는데 **할머니**가 이가 예쁘게 빨리 날 수 있는 비결을 알려 주면서 위로해 주었다.

새로 알게 된 사실

Q. 이 글을 읽고 새롭게 알게 된 내용을 적어 보자!

예 옛날에는 이가 빠지면 지붕 위로 던지며 '까치야 까치야, 헌 이 줄게 새 이 다오.'라며 노래를 불렀다는 걸 알게 되었다.

나의 생각 정리

Q. 다음 글을 읽고 '나'는 이가 빠졌을 때 하는 행동을 어떻게 생각하는지 써 보자!

다른 나라는 이가 빠지면 어떻게 했을까?

서양에서는 빠진 이를 베개 밑에 넣어 두면 이빨 요정이 와서 가져간다고 믿었어요. 필리핀에서는 빠진 이를 땅에 묻으며 소원을 빌었어요. 브라질에서는 빠진 이를 창밖으로 던지면 새가 헌 이를 가져가고 새 이를 가지고 온다고 생각했어요.

'나'는 예 이가 빠지면 새 이가 잘 나기를 바라는 마음을 담은 행동을 한다고 생각한다.

어휘력 확인

1~3 다음 낱말에 알맞은 뜻을 찾아 선으로 이어 보세요.

1 비결 · · ㉠ 이를 낮잡아 이르는 말
2 할미 · · ㉡ 손자, 손녀에게 할머니 자신을 이르는 말
3 이빨 · · ㉢ 세상에 알려지지 않은 자기만의 뛰어난 방법

4~5 다음 문장의 빈칸에 알맞은 낱말을 찾아 색칠해 보세요.

4 형은 고집을 부리며 문 앞에서 **버티고** 서 있었다.

[버티고]   [버리고]

5 어제는 학원 수업을 **빠지고** 엄마와 박물관에 갔다.

[퍼지고]   [빠지고]

6~7 다음 문장과 어울리도록 틀린 글자를 바르게 고쳐 써 보세요.

6 게임을 해도 된다는 말에 귀가 솔직했다.   솔 깃

7 동생한테 화가 나서 소리를 지른 게 후해됐다.   후 회

27일차

공부한 날   월   일

괴롭힘을 멈춰요!

핵심 내용 이해

Q. 다음 글자 카드를 활용하여 친구를 괴롭히는 행동에는 무엇이 있는지 정리해 보자!

| 건 | 몸 | 말 | 물 |

장난을 치면서 친구 **몸**을 꼬집거나 툭 치는 행동

휴대 전화로 친구에게 나쁜 **말**을 하거나 놀리는 말을 하는 행동

친구에게 맛있는 걸 사 달라고 꼬드기거나 **물건**을 함부로 가져가는 행동

새로 알게 된 사실

Q. 이 글을 읽고 새롭게 알게 된 내용을 적어 보자!

예 친하다고 친구 물건을 함부로 가져가거나 친구 몸을 툭 치는 행동도 친구를 괴롭히는 행동이 될 수 있음을 알게 되었다.

나의 생각 정리

Q. 다음 글을 읽고 '나'는 친구에 대해 하는 뒷말을 어떻게 생각하는지 써 보자!

뒷말을 멈춰요!

친구가 없는 곳에서 뒷말을 하거나 친구의 부족한 부분을 들추며 헐뜯는 말을 하는 것도 친구를 괴롭히는 행동이에요. 하고 싶은 말이나 서운한 게 있으면 친구에게 정중하게 직접 말해야 해요. 여럿이서 뒷말을 하며 친구를 괴롭히면 안 돼요.

'나'는 예 친구가 없는 곳에서 친구의 부족한 부분을 말하는 행동이 뒷말이며, 뒷말은 친구를 괴롭히는 행동이기 때문에 하면 안 된다고 생각한다.

어휘력 확인

1~3 다음 낱말에 알맞은 뜻을 찾아 선으로 이어 보세요.

1 허물없이 · · ㉠ 아무렇게나 되는대로
2 허투루 · · ㉡ 조심하거나 깊이 생각하지 않고 마음 내키는 대로 마구
3 함부로 · · ㉢ 서로 매우 친하여, 체면을 돌보거나 조심할 필요가 없이

4~5 다음 문장의 빈칸에 알맞은 낱말을 찾아 색칠해 보세요.

4 친구가 나에게 **집적거리며** 자꾸 장난을 쳤다.

[집적거리며]   [휘적거리며]

5 우리는 무서운 마음을 **억누르고** 다시 용기를 냈다.

[저지르고]   [억누르고]

6~7 다음 뜻에 알맞은 낱말을 써 보세요.

6 눈의 앞, 눈으로 볼 수 있는 가까운 곳

눈 + 앞 = **눈앞**

7 떳떳이 나서지 않고 뒤에서 이러쿵저러쿵 하는 말

뒤 + 말 = **뒷말**

씨앗이 이동하는 방법

핵심 내용 이해

Q. 다음 글자 카드를 활용하여 글쓴이가 이 글을 쓴 목적을 완성해 보자!

| 방 | 씨 | 법 | 앗 |

글쓴이는 식물의 **씨 앗** 이 다른 곳으로 이동하는 다양한 **방 법** 을 알려 주기 위해서 이 글을 썼다.

새로 알게 된 사실

Q. 이 글을 읽고 새롭게 알게 된 내용을 적어 보자!

예 씨앗을 뿌리지 않아도 씨앗이 스스로 다른 곳으로 이동해서 멀리 퍼질 수 있다는 사실을 알게 되었다.

나의 생각 정리

Q. 다음 글을 읽고 '나'는 씨앗의 이동에 대해 어떻게 생각하는지 써 보자!

동물에게 붙어서 이동하는 씨앗

씨앗은 사람이나 동물에게 붙어서 여기저기로 이동할 수도 있어요. 어떤 식물의 열매나 씨에는 갈고리나 뻣뻣한 털이 달려 있는데, 이를 이용해서 옷이나 털에 달라붙을 수 있어요. 도깨비바늘이나 도둑놈의갈고리 같은 식물이 이렇게 이동해요.

'나'는 예 씨앗이 갈고리나 털을 이용해서 옷이나 털에 붙어서 이동하는 방법이 신기하다고 생각한다.

어휘력 확인

(1~3) 다음 낱말에 알맞은 뜻을 찾아 선으로 이어 보세요.

1 달라붙다 ・　・㉠ 끈기 있게 찰싹 붙다.
2 퍼뜨리다 ・　・㉡ 움직여 옮기다. 자리를 바꾸다.
3 이동하다 ・　・㉢ 널리 퍼지게 하다.

(4~5) 다음 빈칸에 모두 들어갈 수 있는 낱말을 뜻을 참고하여 써 보세요.

4 할머니 댁에 가서 꽃밭에 **씨앗** 을 뿌렸다.
　─ 곡식이나 채소 따위의 씨
5 거짓말을 들으면 마음에 의심의 **씨앗** 이 자란다.

(6~7) 다음 문장과 어울리도록 틀린 글자를 바르게 고쳐 써 보세요.

6 나뭇잎이 바람에 날라간다.　**날 아 간 다**
7 길가에 꽃들이 스스로 피여난다.　**피 어 난 다**

<씨름>에 담긴 옛사람의 모습

핵심 내용 이해

Q. 다음 낱말 카드를 활용하여 김홍도의 <씨름>을 보고 알 수 있는 내용을 정리해 보자!

| 신분 | 씨름 | 단오절 | 조선 |

씨름을 하는 때는 (**단오절**) 무렵이다.
조선 후기에는 (**신분**)의 구별이 작아졌다.
(**조선**) 사람들은 (**씨름**)을 즐겼다.

새로 알게 된 사실

Q. 이 글을 읽고 새롭게 알게 된 내용을 적어 보자!

예 옛날에는 신분이 높은 사람과 낮은 사람이 있었다는 것과 신분에 따라서 옷차림이 달랐다는 것을 알게 되었다.

나의 생각 정리

Q. 다음 글을 읽고 '나'는 부채를 선물하는 풍습을 어떻게 생각하는지 써 보자!

단오절과 부채

옛날에는 단오절을 중요한 명절로 여겼어요. 단오절이 되면 윗사람이 아랫사람에게 부채를 선물했어요. 임금님이 신하들에게 부채를 선물하기도 했지요. 다가올 무더운 여름을 건강하게 지내기를 바라는 마음을 담은 거예요.

'나'는 예 무더운 여름을 잘 지내기 위해 꼭 필요한 부채를 선물하는 단오절의 풍습이 참 좋다고 생각한다.

어휘력 확인

(1~2) 다음 낱말에 알맞은 뜻을 찾아 선으로 이어 보세요.

1 승부 ・　・㉠ 엿을 파는 사람
2 엿장수 ・　・㉡ 이기는 것과 지는 것

(3~4) 다음 빈칸에 모두 들어갈 수 있는 낱말을 뜻을 참고하여 써 보세요.

3 볏짚으로 만든 짚 **신** 을 신은 사람은 신분이 낮다.
　─ 걸을 때 발에 신는 물건을 이르는 말
4 가죽으로 만든 가죽 **신** 을 신은 사람은 신분이 높다.

(5~6) 다음 문장과 어울리도록 틀린 글자를 바르게 고쳐 써 보세요.

5 추석 무렵에 추수를 한다.　**무 렵**
6 칠판을 보지 않고 딴 대를 보았다.　**데**

(7~8) 다음 문장에서 밑줄 친 낱말의 반대말을 써 보세요.

7 신분이 높은 사람도 씨름을 구경한다.　**높다** ↔ **낮다**
8 나이가 많은 사람도 씨름을 구경한다.　**많다** ↔ **적다**

과학적인 기구 측우기

핵심 내용 이해

Q. 다음 낱말 카드를 활용하여 측우기가 무엇인지 정리해 보자!

| 비 | 강우량 | 과학적 | 세종 |

측우기는 조선 (세종) 때 (강우량)을 측정하기 위해 전 세계에서 최초로 발명된 (비)의 양을 재는 (과학적)인 기구이다.

새로 알게 된 사실

Q. 이 글을 읽고 새롭게 알게 된 내용을 적어 보자!

예 우리나라가 전 세계 최초로 비의 양을 재는 기구를 발명했고, 농사를 잘 지으려면 비의 양을 아는 게 중요하다는 것을 알게 되었다.

나의 생각 정리

Q. 다음 글을 읽고 '나'는 측우기에 대해 어떻게 생각하는지 써 보자!

발명의 날

우리나라는 매년 5월 19일을 '발명의 날'로 지정해서 기념하고 있어요. 발명의 날을 통해 발명에 더욱 관심을 기울이고, 발명 의욕을 높이기 위한 여러 행사를 진행해요. 5월 19일을 발명의 날로 지정한 이유는 측우기를 반포한 날이기 때문이에요.

'나'는 예 측우기를 반포한 날을 발명의 날로 만들 만큼, 측우기는 발명의 좋은 예를 잘 보여 준다고 생각한다.

어휘력 확인

1~3 다음 낱말에 알맞은 뜻을 찾아 선을 이어 보세요.

1 강우량 · · ㉠ 세상에 널리 퍼뜨려 모두 알게 함.

2 기구 · · ㉡ 일정 기간 동안 일정한 곳에 내린 비의 양

3 반포 · · ㉢ 집안 살림에 쓰는 물건이나 도구, 기계 등을 이르는 말

4~6 다음 문장의 빈칸에 알맞은 낱말을 보기 에서 찾아 써 보세요.

| 보기 |
| 예측   측정   설치 |

4 교실에 에어컨을 [설치] 했어요.

5 짝꿍이 지각할 거라는 [예측] 이/가 맞았어요.

6 안경점에 가서 양쪽 눈의 시력을 [측정] 했어요.

7~8 다음 뜻에 알맞은 낱말을 찾아 ○표 해 보세요.

7 아래에서 위까지의 높은 정도

(깊이)   (높이)

8 위에서 밑바닥까지, 겉에서 속까지의 깊은 정도

(깊이)   (높이)

약점 유형 분석표

- 일차별로 채점 후, 본문의 틀린 문제 번호에 ○표 하세요.
- 자신이 잘 틀리는 문제 유형이 무엇인지 확인해 봅니다.
- 틀린 문제는 해설을 통해 왜 틀렸는지 정확히 이해할 수 있도록 합니다.

일차	회제 파악	주제 파악	내용 이해	구조 이해	내용 추론	비판과 평가	상황에 적용
Day 01							
Day 02							
Day 03							
Day 04	❶		❷		❸		
Day 05	❶		❷		❸		
Day 06	❶		❷		❸	❹	
Day 07		❶	❷		❸		❹
Day 08	❶		❷		❸		❹
Day 09	❶		❷ ❸			❹	
Day 10	❶		❸		❷		❹
Day 11		❶	❸	❷			❹
Day 12	❶		❷		❸	❹	
Day 13	❶		❸		❷		❹
Day 14	❶		❷		❸		❹
Day 15	❶		❷		❸	❹	

일차	화제 파악	주제 파악	내용 이해	구조 이해	내용 추론	비판과 평가	상황에 적용
Day 16	❶		❸		❷		❹
Day 17	❶	❷	❸				❹
Day 18	❶		❷		❸		❹
Day 19	❶		❷		❸		❹
Day 20	❶		❷ ❸				❹
Day 21		❷		❶	❸		❹
Day 22	❶		❷		❸		❹
Day 23	❶		❷		❸	❹	
Day 24	❶		❷		❸	❹	
Day 25	❶		❷			❸	❹
Day 26			❷ ❸	❶			❹
Day 27	❶		❷			❸	❹
Day 28	❶	❷	❸				❹
Day 29	❶		❷		❸		❹
Day 30	❶		❷		❸		❹

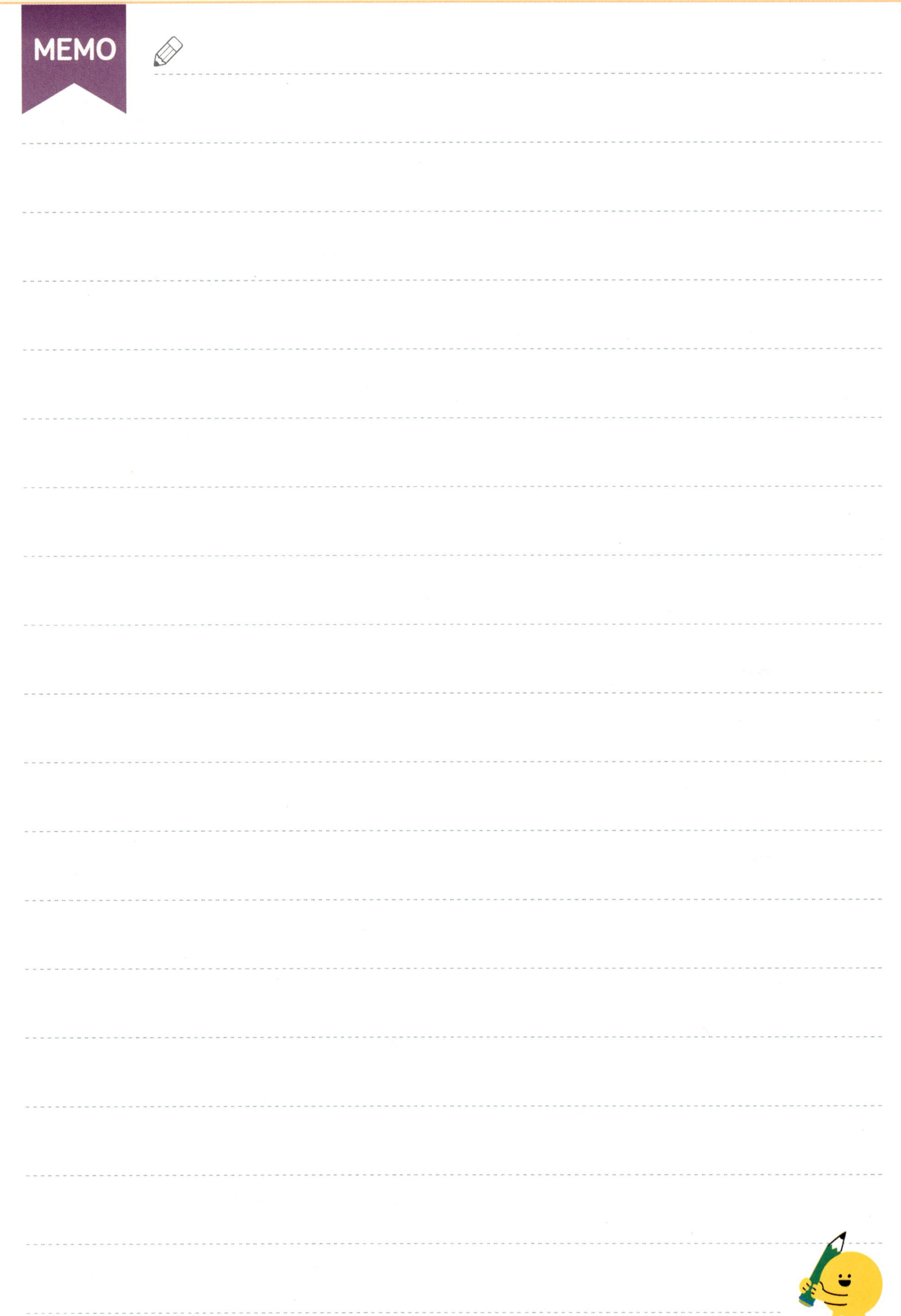